中国残疾人事业
十二五发展纲要辅导读本

中国残疾人联合会 编

华夏出版社

中国残疾人事业十二五发展纲要辅导读本编委会

主　任

王新宪

副主任

王乃坤　吕世明　孙先德　程　凯　贾　勇

编　委

相自成　李伟洪　杨　洋　马志强　陈新民
薄绍晔　张仪凤　尤　红　张新龙　王　涛
陈亚安　王梅梅　甄晓宁　凌晓光　崔慧萍

主　编

王乃坤　程　凯

副主编

陈新民　张全军　郭春宁

撰稿人

（以下按姓氏拼音顺序排列）

常　征	陈　功	陈森斌	董学模
段小蕾	龚　蔚	韩纪斌	韩咏梅
黄北大	黄　伟	李　坤	李　藜
李　宁	李欣利	李　哲	厉才茂
刘　诚	刘立军	吕庆喆	孟　晓
纳　新	聂　静	彭冰泉	秦新梅
任占斌	沈　静	孙　光	王莉莉
王相争	王治江	吴晓高	杨　虹
勇志军	尤　亮	元　芳	张　成
张东旺	张　钧	张全军	张晶帆
张学超	张　瑶	张振飞	赵素京
钟爱民	周　凯	朱春林	

目 录

国务院关于批转中国残疾人事业
　　"十二五"发展纲要的通知 ……………………（1）

中国残疾人事业"十二五"发展纲要 ……………（3）

温家宝总理主持召开国务院常务会议讨论通过
　　中国残疾人事业"十二五"发展纲要 …………（37）

健全残疾人社会保障体系和服务体系
　　推动"十二五"时期残疾人事业加快发展
　　　　………………………………… 回良玉（39）

扎实推进残疾人社会保障体系和服务体系建设
　　　　………………………………… 邓朴方（45）

创造残疾人更加美好的明天 ………… 张海迪（47）

关于制定中国残疾人事业"十二五"发展纲要的说明
　　　　………………………………… 王新宪（49）

一、残疾人事业面临的形势…………………………（55）
　（一）"十一五"时期党和政府发展残疾人事业的重大举措
　　　　…………………………………………（55）
　（二）残疾人事业"十一五"发展纲要执行情况…………（62）
　（三）我国残疾人事业面临的困难和问题 ……………（66）
　（四）"十二五"时期残疾人事业面临的发展机遇 ………（67）

二、"十二五"时期残疾人事业发展的总目标和指导原则 …… （69）
  （一）关于指导思想 ………………………………………… （69）
  （二）关于指导原则 ………………………………………… （72）
  （三）关于总目标 …………………………………………… （77）

三、残疾人社会保障 ……………………………………………… （81）
  （一）社会救助 ……………………………………………… （82）
  （二）社会保险 ……………………………………………… （87）
  （三）社会福利 ……………………………………………… （93）
  （四）慈善事业 ……………………………………………… （95）

四、残疾人基本公共服务 ………………………………………… （97）
  （一）康复 …………………………………………………… （97）
  （二）教育 …………………………………………………… （117）
  （三）就业 …………………………………………………… （137）
  （四）扶贫 …………………………………………………… （146）
  （五）托养 …………………………………………………… （155）
  （六）文化 …………………………………………………… （162）
  （七）体育 …………………………………………………… （171）
  （八）无障碍环境建设 ……………………………………… （183）
  （九）权益维护 ……………………………………………… （195）
  （十）残疾预防 ……………………………………………… （201）

五、服务能力建设 ………………………………………………… （215）
  （一）残疾人组织与工作队伍建设 ………………………… （215）
  （二）法制建设 ……………………………………………… （240）
  （三）科技工作 ……………………………………………… （246）
  （四）信息化建设 …………………………………………… （250）
  （五）基础设施建设 ………………………………………… （254）
  （六）统计与监测 …………………………………………… （260）
  （七）理论与实践研究 ……………………………………… （268）

（八）社会环境 ……………………………………… (273)
（九）国际交流与合作 ……………………………… (277)
六、纲要的实施、监测和绩效评估 ……………………… (285)
（一）纲要的实施 …………………………………… (285)
（二）评估制度 ……………………………………… (286)
（三）评估内容 ……………………………………… (287)
（四）评估方法 ……………………………………… (288)
（五）评估指标简要说明 …………………………… (288)

附 录
  1. 中共中央国务院关于促进残疾人事业发展的意见 …… (291)
  2. 关于加快推进残疾人社会保障体系
     和服务体系建设的指导意见 ……………………… (300)

重要名词术语索引 ………………………………………… (311)

国务院关于批转中国残疾人事业"十二五"发展纲要的通知

（国发〔2011〕13号）

各省、自治区、直辖市人民政府，
国务院各部委、各直属机构：

  国务院同意国务院残疾人工作委员会制定的《中国残疾人事业"十二五"发展纲要》，现转发给你们，请认真贯彻执行。

中华人民共和国国务院
二〇一一年五月十六日

中国残疾人事业"十二五"发展纲要

为全面贯彻落实《中共中央国务院关于促进残疾人事业发展的意见》(中发〔2008〕7号),加快推进残疾人社会保障体系和服务体系建设,进一步改善残疾人状况,促进残疾人平等参与社会生活、共享改革发展成果,依据《中华人民共和国国民经济和社会发展第十二个五年规划纲要》,制定《中国残疾人事业"十二五"发展纲要》(以下简称"纲要")。

一、残疾人事业面临的形势

"十一五"时期,我国残疾人事业迈出历史性的新步伐。党中央、国务院印发《关于促进残疾人事业发展的意见》,对发展残疾人事业作出重大部署,提出加快推进残疾人社会保障体系和服务体系建设、努力使残疾人和全国人民一道向着更高水平小康社会迈进的目标,为未来一个时期残疾人事业的发展指明了方向。国家修订《中华人民共和国残疾人保障法》,批准加入联合国《残疾人权利公约》,制定实施《残疾人就业条例》和残疾人社会保障、特殊教育、医疗康复等领域的一系列政策法规,为发展残疾人事业、保障残疾人权益奠定了法律制度基础。完成第二次全国残疾人抽样调查,为规划和发展残疾人事业提供了科学依据。成功举办2008年北京残奥会、上海世界特奥会、广州亚残运会,上海世博会设立生命阳光馆,开展全国残疾人职业技能竞赛、全国残疾学生技能竞赛和残疾人特殊艺术展演,宣传我国残疾人事业发展成就,表彰全国残疾人自强模范和扶残助残先进,人道主义思想广泛弘扬,扶残助残的社会氛围日益浓厚,残疾人参与社会生活的环境进一步改善。

在各级党委、政府的重视和社会各界的支持下,《中国残疾人事业"十一五"发展纲要(2006-2010年)》各项任务指标全面完成,残疾人状况得到明显改善,政府和社会为残疾人服务的能力进一步提升:实施一批重点康复工程,1037.9万残疾人得到不同程度的康复。残疾人特殊教育学校达到1704所,在校残疾学生总数为42.6万人,残疾儿童少年义务教育入学水平明显提高;残疾人职业培训机构达到4704个,376.5万人次残疾人接受职业教育和培训。残疾人就业服务机构达到3019个,城镇新就业残疾人179.7万人次;扶持618.4万人次农村残疾人摆脱贫困;城乡残疾人接受各种形式的社会救助分别达到1623.7万人次和4237.6万人次。残疾人法律服务机构达到3231个,为57.9万人次残疾人提供法律服务和法律援助。创建100个全国无障碍建设示范城市,城市无障碍环境显著改善。基层残疾人组织得到加强,残疾人综合服务设施网络初步建立,为残疾人服务的条件得到改善。广大残疾人积极投身改革开放和社会主义现代化建设伟大实践,自强不息,顽强拼搏,在经济社会发展中发挥了重要作用。

但是,我国残疾人事业基础还比较薄弱,仍然滞后于经济社会发展;残疾人社会保障和服务政策措施还不够完善,稳定的制度性保障还需要进一步推进;残疾人总体生活状况与社会平均水平存在较大差距,在基本生活、医疗、康复、教育、就业、社会参与等方面存在许多困难;农村残疾人的社会保障与服务亟待改善,残疾儿童在接受教育、抢救性康复等方面仍面临一些问题。歧视残疾人、侵害残疾人权益的现象仍时有发生。

今后五年是全面建设小康社会的关键时期,是深化改革开放、加快转变经济发展方式的攻坚时期，也是加快发展残疾人事业的重要时期。必须加快推进残疾人社会保障体系和服务体系建设，加快改善残疾人状况，不断缩小残疾人生活状况与社会平均水平的差距，努力使残疾人同全国人民一道向着更高水平的小康社会迈进。

二、"十二五"时期残疾人事业发展的总目标和指导原则

"十二五"时期，残疾人事业的发展要高举中国特色社会主义伟大旗帜，以邓小平理论和"三个代表"重要思想为指导，深入贯彻落实科学发展观，全面落实《中共中央国务院关于促进残疾人事业发展的意见》，按照"政府主导、社会参与，国家扶持、市场推动，统筹兼顾、分类指导，立足基层、面向群众"的要求，健全残疾人社会保障体系和服务体系，使残疾人基本生活、医疗、康复、教育、就业、文化体育等基本需求得到制度性保障，促进残疾人状况改善和全面发展，为残疾人平等参与社会生活创造更好的环境和条件，为全面建设小康社会和构建社会主义和谐社会作出贡献。

（一）总目标

——残疾人生活总体达到小康，参与和发展状况显著改善。

——建立起残疾人社会保障体系和服务体系基本框架，保障水平和服务能力明显提高。

——完善残疾人事业法律法规政策体系，依法保障残疾人政治、经济、社会、文化教育权利。

——加强残疾人组织和人才队伍建设，提高残疾人事业科技应用和信息化水平。

——系统开展残疾预防，有效控制残疾的发生和发展。

——弘扬人道主义思想，为残疾人平等参与社会生活、共享经济社会发展成果创造更加有利的环境。

（二）指导原则

1. 坚持以残疾人为本。将切实改善残疾人民生、促进残疾人全面发展作为发展残疾人事业的根本出发点和落脚点。激励残疾人自尊、自信、自强、自立，创造社会财富、实现人生价值。

2. 坚持以加快发展为主题，以残疾人社会保障体系和服务体系建设为主线。将残疾人事业纳入国民经济和社会发展大局，立足国情，讲求实效，加大投入，加快发展，缩小残疾人生活状况与社会平均水平的差距，促进残疾人事业与经济社会协调发展。

3. 坚持党委领导、政府负责的残疾人工作领导体制。将残疾人工作纳入政府重要议事日程和目标管理。建立稳定增长的残疾人事业经费投入保障机制。充分发挥残疾人和残疾人组织的作用，支持残联依照法律法规和章程开展工作，参与残疾人事业社会管理和公共服务。

4. 坚持社会化工作方式。鼓励和引导社会各界参与、支持残疾人社会保障和服务，培育理解、尊重、关心、帮助残疾人的社会风尚。

5. 坚持统筹兼顾和分类指导。政策、资金、项目重点向中西部地区、革命老区、民族地区、边疆地区、贫困地区、农村和基层倾斜，促进区域和城乡残疾人社会保障和服务均衡发展，增强基层为残疾人服务的能力。做好残疾人社会保障体系和服务体系建设省级试验区和专项试点城市工作，发挥典型示范作用。

6. 坚持解决当前问题与完善制度体系相结合。优先解决残疾人反映突出、要求迫切的实际困难。加强制度建设，完善运行机制，提高服务能力，依法发展残疾人事业。

专栏一：主要工作目标

1. 社会保障

——符合条件的残疾人全部纳入城乡最低生活保障制度，实现应保尽保；提高低收入残疾人生活救助水平。

——城乡残疾人普遍加入基本养老保险和基本医疗保险。逐步提高基本医疗和康复保障水平。

——有条件的地方探索建立贫困残疾人生活补助和重度残疾人护理补贴制度。扩大残疾人社会福利范围，适当提高社会福利水平。

——实施"集善工程"、"长江新里程计划"等一批助残慈善项目，推进残疾人慈善事业加快发展。

2. 公共服务

——完善康复服务网络，通过实施重点康复工程帮助1300万残疾人得到不同程度的康复，普遍开展社区康复服务，初步实现残疾人"人人享有康复服务"目标。

——完善残疾人教育体系，健全残疾人教育保障机制。适龄残疾儿童少年普遍接受义务教育，积极发展残疾儿童学前康复教育，大力发展残疾人职业教育，加快发展残疾人高中阶段教育和高等教育。

——加大职业技能培训和岗位开发力度，稳定和扩大残疾人就业，城镇新就业残疾人100万；规范残疾人就业服务体系，保障有就业需求的残疾人普遍得到就业服务和职业培训。

——加强农村残疾人扶贫开发，扶持1000万农村贫困残疾人改善生活状况、增加收入、提高发展能力；为100万农村残疾人提供实用技术培训；改善农村贫困残疾人家庭居住条件。

——建立残疾人托养服务体系，为智力、精神和重度残疾人托养服务提供200万人次补助。

——加强残疾人公共文化和体育健身服务，进一步丰富残疾人精神文化生活。

——建立残疾人法律救助工作协调机制，加快残疾人法律救助工作站建设，为符合规定的残疾人法律援助案件提供补助。

——加快推进城乡无障碍环境建设，有条件的地方为贫困残疾人家庭无障碍改造提供补助。

——制定实施国家残疾预防行动计划，开展残疾预防体系建设试点项目。

3. 支撑条件

——加强残疾人社会保障和服务政策法规建设，制定无障碍建设条例、残疾人康复条例，修订《残疾人教育条例》。

——加强残疾人组织建设，建设好专职、专业和志愿者队伍，加快残疾人康复、教育、就业、维权、托养、文化体育、社会工作等专门人才培养。

——新建、改建、扩建一批骨干残疾人服务设施。

——建立稳定增长的残疾人事业经费投入保障机制。

——做好残疾人社会保障与服务统计和残疾人状况监测。建设残疾人人口综合数据管理系统和中国残疾人服务网。

——产出一批残疾人事业科技和理论研究重大成果。

三、"十二五"时期残疾人事业的主要任务和政策措施

(一) 社会保障

主要任务：

——残疾人基本生活得到稳定的制度性保障。

——城乡残疾人普遍按规定加入基本养老保险和基本医疗保险。

——逐步扩大残疾人社会福利范围，提高社会福利水平。

政策措施：

1. 将残疾人普遍纳入覆盖城乡居民的社会保障体系并予以重点保障和特殊扶助，落实并完善针对残疾人特殊困难和需求的生活补助、护理补贴、社会保险补贴、生活救助等专项社会保障政策措施。

2. 将符合条件的残疾人全部纳入城乡最低生活保障制度，实现应保尽保；靠父母或兄弟姐妹供养的成年重度残疾人单独立户的，按规定纳入低保范围。提高对低收入残疾人的生活救助水平。地方可对符合条件的重度残疾人、一户多残、老残一体等困难残疾人家庭和低收入残疾人家庭给予临时救助。对城乡流浪乞讨生活无着的残疾人按规定给予及时救助和妥善安置。贯彻落实《关于优先解决城乡低收入残疾人家庭住房困难的通知》，将住房困难的城乡低收入残疾人家庭优先纳入基本住房保障范围。将符合条件的城乡贫困残疾人纳入医疗救助范围，逐步提高救助标准。开展残疾人康复救助，对贫困残疾人无法通过医疗保险和医疗救助渠道解决的康复费用予以补助。

3. 督促用人单位依法为残疾职工缴纳社会保险费，符合条件

的残疾人按规定享受失业保险待遇。将残疾人纳入就业扶持和就业援助政策范围,对企业吸纳、灵活就业和公益性岗位安置的残疾人,按规定给予社会保险补贴。按规定落实城镇贫困残疾人个体工商户缴纳基本养老费补贴政策。支持符合条件的企业按规定为残疾职工办理补充养老保险和补充医疗保险。制定非公有制经济从业残疾人员、残疾农民工、被征地农村残疾人、灵活就业残疾人参加各类社会保险的优惠政策。对工(农)疗机构、辅助性工场等集中安置残疾人就业单位办理社会保险给予优惠政策。

在城镇居民养老保险试点过程中按照自愿参保的原则将符合规定条件的残疾人纳入其中。落实贫困残疾人参加城镇居民基本医疗保险、新型农村合作医疗个人缴费部分的政府补贴政策。落实为重度残疾人等缴费困难群体参加新型农村社会养老保险代缴部分或全部最低标准保险费政策。

逐步降低或取消医疗救助的起付线,合理设置封顶线。在将重性精神病患者经常服药费用纳入新农合、城镇居民基本医疗保险基金支付范围的基础上,对仍有困难的给予救助。逐步调整基本医疗保险药品目录、诊疗项目范围和医疗服务设施标准,提高残疾人医疗康复保障水平。逐步规范和增加工伤保险职业康复项目。鼓励开设针对残疾人特殊需求的商业保险险种。

4. 建立贫困残疾人生活补助和重度残疾人护理补贴制度。有条件的地方开展一户多残、老残一体等困难残疾人生活补助试点和重度残疾人护理补贴试点。有条件的地方对重度残疾人适配基本型辅助器具、残疾人家庭环境无障碍建设和改造、日间照料、护理和居家服务给予政府补贴。制定落实残疾人生活用水、电、气、暖费用,挂号费、诊疗费,泊车费,盲人、聋人手机短信和宽带费用以及农村筹资筹劳等方面的优惠政策。研究制定无民事行为能力和限制民事行为能力残疾人财产信托、人身和财产保险等保护措施。

5. 落实《伤病残军人退役安置规定》,做好伤病残军人移交安置工作，逐步提高伤病残军人保障待遇。保障伤病残军人优先享受康复、教育、就业、扶贫及文化、体育等公共服务。

(二) 康　复

主要任务：

——完善康复服务网络，健全保障机制，加快康复专业人才培养，初步实现残疾人"人人享有康复服务"目标。

——全面开展社区康复服务；实施重点康复工程，帮助1300万残疾人得到不同程度的康复。

——构建辅助器具适配体系，组织供应500万件各类辅助器具，有需求的残疾人普遍适配基本型辅助器具。

政策措施：

1. 以专业康复机构为骨干、社区为基础、家庭为依托，发挥医疗机构、城市社区卫生服务中心、村卫生室、特教学校、残疾人集中就业单位、残疾人福利机构等的作用，建立健全社会化的残疾人康复服务网络，全面开展医疗康复、教育康复、职业康复、社会康复，提供功能技能训练、辅助器具适配、心理辅导、康复转介、残疾预防、知识普及和咨询等康复服务。重点解决中西部地区、农牧区和贫困残疾人康复服务的可及性问题。

2. 加强省、市、县三级专业康复机构的规范化建设。制定康复机构和精神病患者康复机构的建设标准和服务规范。建设一批专业化骨干康复机构以及综合医院康复医学科和康复医院。扶持一批有条件的省、市级康复机构成为区域性康复技术资源中心，扶持一批社区康复站成为基层康复工作示范点。加强综合医院、精神专科医院康复医学科室建设，规范康复医学服务行为，开展康复医疗与训练、人员培训、技术指导、康复技术研究等工作。加强民政福利机构康复设施建设。

3. 城市社区卫生服务中心、乡镇卫生院要根据康复服务需求设立康复室，配备适宜的康复设备和人员。建立示范性社区康复站。依托各级各类医疗、康复、教育机构，充分利用社区资源，加强社区康复服务能力建设，制定社区康复服务质量标准，开展规范化社区康复服务，实现康复进社区、服务到家庭，为残疾人提供基本康复服务。

4. 实施0-6岁残疾儿童免费抢救性康复项目，建立残疾儿童抢救性康复救助制度，有条件的地区逐步扩大康复救助范围。实施白内障患者复明救治、盲人定向行走训练、低视力残疾人康复、聋儿听力语言康复、肢体残疾人矫治手术及康复训练、麻风畸残矫治手术及防护用品配置、智力残疾人康复训练与服务、精神病防治康复等国家重点康复工程。

5. 制定国家扶持辅助器具产业发展政策，研究完善辅助器具等残疾人专用品进口税收优惠政策。构建辅助器具适配体系，完善辅助器具标准，实施《残疾人辅助器具机构建设规范》，发挥国家和区域残疾人辅助器具资源中心的作用，加强各级残疾人辅助器具服务中心（站）建设，推广辅助器具评估适配等科学方法，推进辅助器具服务进社区、到家庭。加强国家康复器械质量监督检验中心建设，强化辅助器具质量监督检验工作。扶持研发、生产一批残疾人急需的辅助器具，组织供应500万件辅助器具，提高适用性和使用率。完善中国残疾人辅助器具服务网，办好中国国际康复博览会。

6. 制定康复医学发展规划，加强康复医学学科建设，提高康复医学发展水平，不断提高康复服务质量。建立国家康复人才教育基地。实施康复人才培养"百千万"工程，使康复专业人才总量增加、结构合理、水平提高。逐步建立完善康复专业技术人员和技能人员职业资格评价体系和晋升体系。制定完善听力语言康复，脑瘫、智力残疾、孤独症儿童康复训练，精神病防治康复等技术标准。

（三）教　育

主要任务：

——完善残疾人教育体系，健全保障机制，提高残疾人受教育水平。

——适龄残疾儿童少年普遍接受义务教育，提高残疾儿童少年义务教育质量。

——发展残疾儿童学前康复教育；大力发展残疾人职业教育，加快发展残疾人高中阶段教育和高等教育。

——减少残疾人青壮年文盲。

政策措施：

1. 贯彻落实《残疾人教育条例》、《国家中长期教育改革和发展规划纲要（2010－2020年)》和《国务院办公厅转发教育部等部门关于进一步加快特殊教育事业发展意见的通知》（国办发〔2009〕41号），建立完善从学前教育到高等教育的残疾人教育体系，健全特殊教育保障机制，将特殊教育纳入国家教育督导制度和政府教育评价体系，保障残疾人受教育的权利。

2. 将残疾人义务教育纳入基本公共服务体系。继续完善以特殊教育学校为骨干、以随班就读和特教班为主体的残疾儿童少年义务教育体系，加快普及并提高适龄残疾儿童少年义务教育水平。采取社区教育、送教上门、跨区域招生、建立专门学校等形式对适龄重度肢体残疾、重度智力残疾、孤独症、脑瘫和多重残疾儿童少年实施义务教育。动员和组织农牧区适龄残疾儿童少年接受义务教育，推进区域内残疾儿童少年义务教育均衡发展。建立完善残疾儿童少年随班就读支持保障体系，依托有条件的教育机构设立特殊教育资源中心，辐射带动特殊教育学校和普通学校，提高随班就读质量。支持儿童福利机构特教班建设。

3. 建立多部门联动的0－6岁残疾儿童筛查、报告、转衔、早期康复教育、家长培训和师资培养的工作机制,鼓励和支持幼儿园、特教学校、残疾儿童康复和福利机构等实施残疾儿童学前康复教育。实施"阳光助学计划",资助残疾儿童接受普惠性学前康复教育。逐步提高残疾儿童学前康复教育普及程度。重视0-3岁残疾儿童康复教育。帮助0-6岁残疾儿童家长及保育人员接受科学的康复教育指导。鼓励、扶持和规范社会力量兴办残疾儿童学前康复教育机构。

4. 普通高中、中等职业学校要创造条件招收残疾学生。鼓励和扶持特教学校开设高中部(班),支持特教高中、残疾人中等职业学校建设,改善办学条件。扩大残疾人中等职业学校招生规模,拓宽专业设置,改革培养模式,加快残疾人技能型人才培养。帮助农村残疾人和残疾人家庭子女接受职业教育。残疾人教育机构、职业培训机构、托养机构、残疾人扶贫基地等要承担扫除残疾人青壮年文盲的任务和职责,探索残疾人青壮年文盲扫盲工作机制和模式。

5. 普通高校要创造条件扩大招收残疾学生规模,为残疾学生学习、生活提供便利。要尊重少数民族的风俗习惯,为少数民族残疾学生创造良好学习生活环境。继续办好南京特殊教育职业技术学院、长春大学特殊教育学院、北京联合大学特殊教育学院、天津理工大学聋人工学院、滨州医学院特殊教育学院等高等特殊教育学院(专业),适当扩大招生规模,拓宽专业设置,完善办学机制,提高办学层次和质量。通过自学考试、远程教育等方式帮助更多的残疾人接受高等教育。完善盲、聋、重度肢体残疾等特殊考生招生、考试办法。聋人参加各类外语考试免试听力。

6. 加大特殊教育教师培训力度,提升特殊教育师资能力。高等师范院校普遍开设特殊教育课程,鼓励和支持高等师范院校和综合性院校举办特殊教育专业,加快特殊教育教师培养。根据国家规定落实并逐步提高特教津贴。在优秀教师表彰中提高特殊教育教师比例。推进中西部地区特殊教育学校建设。国家制定特殊教育学校基本办学标准，地方政府制定学生人均公用经费标准和教职工编制标准。改善特殊教育学校办学条件。深化课程改革，完善教材建设，加强教学研究，不断提高特殊教育教学质量和水平，全面提高残疾学生思想道德、科学文化、身心健康素质和社会适应能力。

7. 全面实施残疾学生免费义务教育。对义务教育阶段残疾学生在"两免一补"基础上，针对残疾学生的特殊需要，进一步提高补助水平。逐步实施残疾学生高中阶段免费教育。普通高校全日制本专科在校生中家庭经济困难的残疾学生及残疾人家庭子女优先享受国家助学金。动员社会力量广泛开展各种形式的扶残助学活动。

8. 将手语、盲文研究与推广工作纳入国家语言文字工作规划，建立手语、盲文研究机构，规范、推广国家通用手语、通用盲文，提高手语、盲文的信息化水平。建立手语翻译员培训、认证、派遣服务制度。

（四）就 业

主要任务：

——完善残疾人就业促进和保护政策措施，稳定和扩大残疾人就业，提高残疾人就业质量，鼓励残疾人创业，城镇新就业残疾人100万人。

——规范残疾人就业服务体系，有就业需求的各类残疾人普遍获得就业服务和职业技能培训。

政策措施：

1. 全面贯彻《中华人民共和国就业促进法》和《残疾人就业条例》。落实对残疾人集中就业单位税收优惠和对从事个体经营的残疾人实施收费减免、税收扶持有关政策，完善残疾人就业保障金征收使用管理政策。编制残疾人集中就业单位专产专营和政府优先采购产品与服务目录。将残疾人就业纳入各级政府就业联动和督导工作。

2. 实施百万残疾人就业工程。切实落实按比例就业政策,党政机关、人民团体、事业单位及国有企业带头安排残疾人,促进更多残疾人在各类用人单位按比例就业,逐步建立残疾人按比例就业岗位预留制度;政府开发的适合残疾人就业的公益性岗位,应优先安排残疾人就业;落实完善残疾人就业促进税收优惠政策,鼓励用人单位吸纳残疾人就业;通过资金扶持、小额贷款贴息、经营场所扶持、社会保险补贴、税收优惠等措施,扶持残疾人自主创业和灵活就业。以社区便民服务、社区公益性岗位、家庭服务、电子商务等多种形式促进残疾人社区就业和居家就业。落实高校残疾人毕业生就业扶持政策。加强对外来务工残疾人、女性残疾人和少数民族残疾人的职业培训和就业服务。

3. 加强残疾人职业教育培训和职业能力建设。以就业为导向,鼓励各级各类特殊教育学校、职业学校及其他教育培训机构开展多层次残疾人职业教育培训,着力加强订单式培训、定向培训和定岗培训,强化实际操作技能训练和职业素质培养,着力提高培训后的就业率。建立残疾人职业培训补贴与培训质量、一次性就业率相衔接的机制。加强残疾人职业能力开发,建立健全残疾人职业技能人才奖励机制。举办全国残疾人职业技能竞赛,参加国际残疾人奥林匹克职业技能竞赛。

4. 全面实施《盲人医疗按摩管理办法》。组织好国家盲人医疗按摩人员资格考试,做好盲人医疗按摩人员执业资格和专业技术职称评审工作。扩建北京按摩医院。培养盲人医疗按摩人员。鼓励医疗机构录用盲人医疗按摩人员。帮助有执业资格的盲人开办医疗按摩所。制定盲人保健按摩管理办法,规范盲人保健按摩行业管理。培训盲人保健按摩人员并扶持就业。为听力言语残疾人提供培训，帮助听力言语残疾人就业。大力推进职业康复劳动项目，促进智力和精神残疾人辅助性就业。

5. 各地公共就业服务机构和基层劳动就业社会保障公共服务平台免费为残疾人提供有针对性的职业介绍、职业指导等就业服务。将就业困难残疾人纳入就业援助范围，通过即时岗位援助、公益性岗位安置、社会保险补贴等政策，加大就业援助力度。结合公共就业人才服务专项活动，为残疾人提供专门服务。采取有效措施积极引导经营性人力资源服务机构履行社会责任，为残疾人提供优质、高效、贴心的就业服务。加强劳动保障监察，督促各类用人单位认真遵守国家促进残疾人就业的法律法规，禁止针对残疾人的就业歧视和违法雇佣残疾人，维护残疾人公平就业权利。

6. 实施残疾人就业服务能力建设工程。加强国家残疾人就业服务指导中心建设，制定残疾人职业技能鉴定辅助标准，完善残疾人职业技能鉴定办法。加快推进残疾人就业服务机构规范化建设，县级以上残疾人就业服务机构具备独立开展就业服务的条件，建立残疾人职业指导、职业信息分析、职业能力评估和劳动保障协理相结合的专业就业保障服务队伍，为用人单位提供适合残疾人的就业信息发布和推荐残疾人就业等支持性服务，免费为残疾人提供职业指导、职业适应评估、就业和失业登记、职业介绍等服务。依托基层残疾人专职委员队伍，培训残疾人就业服务与社保协理员。加强残疾人就业服务信息网建设，将其纳入公共就业人才服务信息网络系统。

7. 依托农村扶贫开发和统筹城乡就业政策，扶持农村残疾人开展种养业、家庭服务业和其他增收项目，有序组织农村残疾人转移就业。

（五）扶 贫

主要任务：

——加强农村残疾人扶贫开发，扶持1000万农村贫困残疾人改善生活状况、增加收入、提高发展能力。

——为100万农村残疾人提供实用技术培训。

——继续实施"阳光安居工程"，改善农村贫困残疾人家庭居住条件。

政策措施：

1. 贯彻落实《中国农村扶贫开发纲要（2011－2020年）》，将贫困残疾人作为重点扶持群体纳入政府扶贫开发规划，统筹安排，同步实施，优先帮扶。制定并实施《农村残疾人扶贫开发规划（2011－2020年）》。完善贫困残疾人口的识别机制，将家庭年人均纯收入低于当地最低生活保障标准的农村贫困残疾人纳入农村低保范围，将有劳动能力的农村贫困残疾人纳入扶贫范围。帮助有劳动能力的贫困残疾人优先享受国家扶贫开发和惠农政策，做好农村低保制度和扶贫开发政策的有效衔接。中央和地方多渠道安排筹措资金，加大对农村贫困残疾人的帮扶力度。

2. 继续开展残疾人康复扶贫。增加中央康复扶贫贷款贴息资金。加大康复扶贫贷款管理体制改革力度，健全担保体系，简化贷款程序，提高贷款扶持贫困残疾人户的到位率和扶贫效益。加强对扶持贫困残疾人的能人大户和扶贫基地的信贷支持。开展产业化扶贫，实施"阳光助残扶贫基地建设工程"，扶持创建一批农村残疾人扶贫基地，带动贫困残疾人农户发展生产、增加收入。

3. 加强对农村贫困残疾人的培训。为100万农村贫困残疾人开展实用技术培训，合理设置适合不同类别残疾人的培训项目，使经过培训的残疾人至少掌握1－2门实用增收技术。政府举办或补助的面向"三农"的培训机构和项目免费培训残疾人。

4. 在移民扶贫和农村危房改造工程中对农牧区贫困残疾人家庭住房建设和改造予以优先安排。继续使用国家彩票公益金支持"阳光安居工程"——中西部地区农村贫困残疾人家庭危房改造项目。

5. 加强基层残疾人扶贫服务社建设,依托农村金融机构、供销合作社、农民专业合作社、贫困村互助社、各种行业协会组织等农村社会化服务体系,为残疾人提供多种形式的生产生活服务。

6. 广泛开展"帮、包、带、扶"活动,动员城乡基层组织、干部、群众、志愿者结对帮扶农村贫困残疾人。

(六) 托 养

主要任务:

——初步建立残疾人托养服务体系。

——继续实施"阳光家园计划",为残疾人托养服务提供200万人次补助。

政策措施:

1. 以智力、精神、重度残疾人为重点对象,组织开展托养服务需求调查,摸清底数,制定托养服务发展计划。

2. 建立健全以省级或省会城市托养服务机构为示范、设区的市和有条件的县托养服务机构为骨干、乡镇(街道)和社区日间照料为主体、居家托养服务为基础的残疾人托养服务体系。省级或省会城市、设区的市及有条件的县(市、区)建设一批残疾人托养服务骨干示范机构。引导支持社会组织和个人兴办非营利性残疾人托养服务机构。

3. 大力发展居家托养服务。通过政策和资金扶持,动员社会服务组织、志愿服务人员、家庭邻里等力量,依托社区和家庭,为更多居住在家并符合托养条件的残疾人提供生活照料、康复护理、生活和职业能力培训、精神慰藉、安全保护等方面的服务。

4. 坚持政府投入为主，鼓励通过社会募集等多种渠道筹措托养服务资金，逐步提高托养服务的补助标准，扩大受益面。

5. 制定实施残疾人托养服务机构建设标准和服务规范。加强行业管理，探索建立针对残疾人托养服务机构、提供残疾人居家托养服务的社会组织资助制度和服务质量监管制度。对规范达标的托养服务机构给予居民家庭水、电、气、暖费用同价优惠待遇。按照专职与志愿相结合的原则，加强托养服务队伍建设，培训管理和服务人员。

（七）文 化

主要任务：

——加强公共文化服务，满足残疾人基本文化需求。

——丰富残疾人文化生活，发展残疾人文化艺术。

政策措施：

1. 各类公共文化场所免费或优惠向残疾人开放，提供设施及信息交流无障碍服务。群众艺术馆、文化馆、乡镇综合文化站、社区文化中心（街道文化站）、特殊教育学校、残疾人组织、社会福利机构、社会残疾人服务机构等组织残疾人开展形式多样、健康有益的群众性文化、艺术、娱乐活动。农家书屋、全国文化信息资源共享工程等国家公共文化服务重点项目中要有为残疾人服务的内容。在国家和地方各级政府组织开展的各项文化活动以及各类文化评奖、艺术比赛中，鼓励和吸纳残疾人或残疾人文化艺术团体参与。

2. 以"残疾人文化周"为载体，开展基层群众性残疾人文化活动。在城乡社区实施"残疾人文化进社区"项目。扶持出版为残疾人服务的图书、音像制品。扶持残疾人题材的影视剧、戏剧、广播剧等文艺作品的创作、发行。建设网上中国残疾人数字图书馆，拓展面向各类残疾人的数字资源服务。扶持各种音像制品、网络视频和学习课件加配字幕。

3. 各级公共图书馆应设立盲人阅览室，配置盲文图书及有关阅读设备，做好盲人阅读服务。资助中西部地区设区的市、县两级公共图书馆盲人阅览室建设。充分发挥中国视障文化资讯服务中心（中国盲文图书馆）资源辐射和公共文化服务作用。盲人读物出版规模比"十一五"翻两番，加强盲人信息化产品研发、生产和应用。

4. 扶持以特殊教育学校为主的残疾人特殊艺术人才培养基地。举办全国残疾人艺术汇演、全国特教学校学生艺术汇演和全国残疾人文化艺术博览会。鼓励扶持残疾人参加工艺美术、书画、文学、摄影等艺术活动和创作，培育残疾人文化艺术品牌。开展残疾人文化艺术国际交流。

（八）体　育

主要任务：

——加强残疾人群众体育工作，促进残疾人康复健身，提高社会参与能力。

——提高残疾人竞技体育水平，在重大残疾人国际赛事中争取优异成绩。

政策措施：

1. 公共体育设施免费向残疾人开放，为残疾人参加体育健身提供便利。社会体育指导员要积极组织、帮助残疾人参加体育健身活动。社区和社会福利机构、特殊教育学校、康复机构、托养服务机构等残疾人相对集中的基层单位要结合康复训练、职业培训、特殊教育等，广泛开展残疾人群众性体育健身活动。重视农村残疾人体育工作，引导农村残疾人因地制宜参加健身活动。推动残奥、聋奥、特奥均衡发展，经常参加特奥运动的智力残疾人发展到120万人。

2. 贯彻落实《全民健身计划（2011-2015年）》，实施"残疾人自强健身工程"。推广适合残疾人身心特点的健身康复体育项目，举办全国性、区域性残疾人群众性体育展示活动。为基层残疾人体育活动场所和残疾人综合服务设施配置适宜的器材器械，建设一批群众体育活动示范点。积极做好残疾人体育健身服务，培养残疾人社会体育健身指导员。开展残疾人群众性体育促进康复健身效果的评估和科学研究。

3. 改革残疾人体育竞赛制度。实施残疾人运动员等级评定办法。建立优秀残疾人运动员集训队伍，培育残疾人体育技术人员、管理人员队伍。发挥国家残疾人体育训练基地的示范作用，进一步加强残疾人体育基地建设和管理。加强残疾人体育教育、科研工作和道德作风建设。解决退役残疾人运动员社会保障和教育、就业等问题。

4. 办好全国残运会、特奥会、聋人运动会等赛事。组团参加残奥会、特奥会、听障奥运会等重要国际赛事，争取优异成绩，为国争光。

（九）无障碍环境

主要任务：

——加快推进无障碍建设与改造，开展全国无障碍建设市、县、区创建工作。

——加强信息无障碍建设，公共服务信息方便残疾人使用。

——开展残疾人家庭无障碍改造，对贫困残疾人家庭提供改造补助。

政策措施：

1. 制定实施无障碍建设条例，依法开展无障碍建设。完善无障碍建设标准体系，新建、改建、扩建设施严格按照国家相关规范建设无障碍设施，加快推进既有道路、建筑物、居住小区、园林绿地特别是与残疾人日常生活密切相关的已建设施无障碍改造。提高无障碍建设质量和水平，加强无障碍设施日常维护与管理。开展创建全国无障碍建设市、县、区工作。普及无障碍知识，加强宣传与推广。

2. 实施无障碍环境建设工程。将无障碍建设纳入社会主义新农村和城镇化建设内容，与公共服务设施同时规划、同时设计、同时施工、同时验收。航空、铁路及城市公共交通要加大无障碍建设和改造力度，公共交通工具要逐步完善无障碍设备配置，公共停车区要设置残疾人停车位。广泛开展残疾人家庭无障碍改造工作，有条件的地方要对贫困残疾人家庭无障碍改造提供补助。基本完成残疾人综合服务设施的无障碍改造。

3. 将信息无障碍纳入信息化相关规划，更加关注残疾人享受信息化成果、参与信息化建设进程。制定信息无障碍技术标准，推进通用产品、技术信息无障碍。推进互联网和手机、电脑、可视设备等信息无障碍实用技术、产品研发和推广，推动互联网网站无障碍设计。各级政府和有关部门采取无障碍方式发布政务信息。推动公共服务行业、公共场所、公共交通工具建立语音提示、屏显字幕、视觉引导等系统。推进聋人手机短信服务平台建设。推进药品和食品说明的信息无障碍。图书和声像资源数字化建设实现信息无障碍。

（十）法制建设和维权

主要任务：

——进一步完善残疾人事业法律法规政策体系，加强普法宣传，提高全社会依法维护残疾人权益的意识，为残疾人社会保障体系和服务体系建设提供良好法制环境。

——完善残疾人维权工作机制，畅通联系残疾人的渠道，深入开展残疾人法律救助工作，着力解决残疾人普遍性、群体性的利益诉求。

政策措施：

1. 进一步健全残疾人事业法律法规体系。制定无障碍建设条例、残疾人康复条例，修订《残疾人教育条例》。完成残疾人保障法地方实施办法的修改工作，指导地方适时制定和修改残疾人优惠政策和扶助规定。在涉及残疾人的立法中纳入保障残疾人权益的内容。尊重和保障残疾人在相关立法和残疾人事务中的知情权、参与权、表达权和监督权。

2. 进一步加大残疾人保障法等保障残疾人权益法律法规的实施力度，积极配合各级人大、政协开展执法检查、视察和调研，依法维护残疾人合法权益。建立健全残联系统人大代表、政协委员服务工作机制，充分发挥残疾人组织和残疾人代表在国家政治、经济、社会、文化生活中的民主参与、民主管理和民主监督作用。

3. 将残疾人保障法等法律法规纳入国家"六五"普法规划，开展形式多样的普法宣传活动，提高全社会依法维护残疾人权益的意识，提高残疾人对残疾人保障法等法律法规的知晓率，提升残疾人运用法律武器维护自身合法权益的能力。对残联系统工作人员开展法制教育培训，培训残疾人维权工作人员。

4. 深入推进残疾人法律救助工作。切实加强残疾人法律救助工作协调机制建设，在政策制定、重大案件解决上发挥有效作用。拓展残疾人法律服务工作领域和服务内容，开展"送法进社区"、"送法进乡村"等活动，把残疾人法律服务向社区、乡村和老少边穷地区延伸，为残疾人提供个性化、专业化服务，依法解决残疾人切身利益问题。继续推动将残疾人权益保护事项纳入法律援助补充事项范围，扩大残疾人法律援助覆盖面。加快残疾人法律救助工作机构建设，在省、市和有条件的县建立残疾人法律救助工作站。为符合规定的残疾人法律援助案件提供经费补助。加强残疾人法律救助工作的信息化管理和基础理论研究。

5. 进一步完善残疾人信访工作机制，畅通信访渠道，健全信访事项督查督办与突发群体性事件应急处置机制。加大矛盾纠纷排查化解力度，将残疾人信访反映的困难和问题解决在基层。根据各类别残疾人的不同特点、需求，制定出台相关政策，解决残疾人在社会保障和服务等方面普遍性、群体性的权益诉求。加大重大侵害残疾人权益的信访案件协调督办力度，严厉打击侵害残疾人权益的违法犯罪行为，维护残疾人权益和社会稳定。

（十一）残疾预防

主要任务：

——建立综合性、社会化预防和控制网络，形成信息准确、方法科学、管理完善、资源共享、监控有效的残疾预防机制。

——实施重点预防工程，有效控制残疾的发生和发展。

政策措施：

1. 制定和实施国家残疾预防行动计划。开展残疾预防体系建设试点项目。广泛开展以社区为基础、以一级预防为重点的三级预防工作，健全政府统筹规划和协调、各有关部门和团体齐抓共管、各司其职、密切配合的残疾预防工作体系和工作机制。

2. 针对危害面广、可预防的致残因素，实施一批重点预防工程。开展免费孕前优生健康检查试点。逐步建立健全全国产前筛查诊断网络，做好孕产期保健和产前诊断，开展新生儿疾病筛查、诊断和治疗，建立残疾儿童早发现、早报告、早治疗制度，有效控制孤独症、脑瘫、重度智力残疾等先天残疾的发生，有效控制先天性苯丙酮尿症和先天性甲状腺功能低下所引起的儿童智力残疾的发生。强化计划免疫和基本医疗卫生保健，大量减少传染病致残。积极开展高血压、冠心病、脑血管疾病等慢性病的预防监测和治疗，倡导健康生活方式，减少慢性病致残。有效落实各项地方病防治措施，防止出现地方性克汀病新发病例、重度氟骨症患者、大骨节病临床新发病例和急性、亚急性克山病病例。加强初级眼保健工作，提高白内障手术能力，普及青少年视力检查和眼保健，减少白内障、糖尿病视网膜病变、低视力、儿童盲、屈光不正等导致的可避免盲。规范临床药物使用管理，完善控制药物不良反应的措施和不良反应的报告制度，减少药物致残。加强环境保护、安全生产、工伤预防、交通安全和防灾减灾工作，提高应急处理和医疗急救能力，控制、减少环境因素和事故致残。重视精神残疾预防，对重点人群开展心理健康教育和心理干预。

3. 普及残疾预防知识，提高公众残疾预防意识。组织好世界精神卫生日、全国爱耳日、爱眼日、预防出生缺陷日、防治碘缺乏病日等主题宣传教育活动，重点做好新婚夫妇、孕产期妇女、有害环境地区居民、交通和矿山行业职工、中小学生等重点人群的宣传教育工作。普及婚前卫生指导、孕前优生咨询和医学检查。

4. 加强有关残疾预防法律法规建设。执行《残疾人残疾分类分级》国家标准，实施残疾报告制度。加强信息收集，建立残疾预防的综合信息网络平台和数据库，开展致残因素监控和残疾预防对策研究。加强国家社科基金重大项目"中国残疾预防对策研究"的组织实施和成果转化应用工作。

专栏二:"十二五"主要助残服务项目

1. **0－6岁残疾儿童抢救性康复工程**:为残疾儿童实施免费抢救性康复,建立残疾儿童抢救性康复救助制度和0－6岁残疾儿童筛查、报告、转衔、早期康复教育工作机制。

2. **千万残疾人康复工程**:开展白内障患者复明救治、精神病防治康复等国家重点康复工程,帮助1300万残疾人得到不同程度的康复。适配500万件辅助器具。

3. **阳光助学计划**:为贫困残疾儿童提供学前康复教育资助。

4. **百万残疾人就业工程**:扶持城镇新就业残疾人100万名。

5. **阳光助残扶贫基地建设工程**:扶持创建农村残疾人扶贫基地,带动农村贫困残疾人家庭发展生产、增加收入。

6. **阳光家园计划**:对残疾人托养服务提供200万人次补助。

7. **阳光安居工程**:继续使用彩票公益金支持中西部地区农村贫困残疾人家庭危房改造;有条件的地方要对贫困残疾人家庭无障碍改造给予补助。

8. **残疾人文化建设工程**:在城乡社区实施"残疾人文化进社区"项目。支持中西部地区设区市、县两级公共图书馆盲人阅览室建设和省、市两级电视台开办手语节目。扶持特殊艺术人才培养基地。

9. **残疾人自强健身工程**:建设一批残疾人群众体育活动示范点,为基层残疾人体育活动场所、残疾人综合服务设施配置器材器械,推广适合残疾人的体育健身项目。

10. **志愿助残阳光行动**:开展志愿助残阳光行动,注册助残志愿者达到1000万人,受助残疾人达到1.5亿人次。

(十二) 残疾人组织和工作队伍建设

主要任务：

——完善残疾人组织体系，履行"代表、服务、管理"职能。

——加强基层残疾人组织建设和社区残疾人工作，提高为残疾人服务的能力。

——建设高素质的残疾人工作专职、专业和志愿者队伍。

——充分发挥残疾人专门协会作用。

政策措施：

1. 进一步加强残联组织建设，完善各级残联机构设置，配备适应工作需要的人员编制。加强与残疾人的血肉联系，切实履行职能；掌握残疾人社会保障和服务的基本情况和基础数据，积极向政府反映残疾人的特殊困难和需求；协助政府做好有关政策、法规、规划的制定和行业管理工作。做好第二代残疾人证发放管理工作。

2. 按照《关于进一步加强和规范基层残疾人组织建设的意见》的要求，在规划城乡基层组织建设的过程中，对基层残疾人组织给予积极指导和支持，进一步推进基层残疾人组织规范化建设。建立健全乡镇（街道）、村（社区）残疾人组织，除分类指导地区外，城乡基层残疾人组织实现全覆盖。加大基层残疾人组织的工作经费投入。着力培育基层残疾人工作者和残疾人专职委员队伍。加强残疾人专职委员培训，改善工作条件，妥善解决好其待遇问题，为基层残疾人工作提供组织和人才保障。

3. 将残疾人社会保障和服务纳入城乡社区建设规划和内容。社区建设协调领导机构要吸收同级残联为成员，城乡社区居民委员会要充分发挥残疾人协会和残疾人专职委员的作用，整合社区资源开展残疾人康复、社保经办、就业服务、日间照料、文化体育、法律服务、无障碍等工作。

4. 县级以上残联全部建立残疾人专门协会，省、设区的市残联建立残疾人专门协会活动场所，进一步加强专门协会规范化建设，活跃专门协会工作，切实发挥"代表、服务、维权"职能。加强对残疾人社会组织的联系、指导和支持。

5. 加强残联干部队伍建设，将残联干部队伍建设纳入干部队伍和人才队伍建设整体规划，加大培养、使用和交流力度。选好配强各级残联领导班子。做好残疾人干部的选拔、培养和使用工作，省级残联配备盲人、聋人专职理事，逐步配备智力、精神残疾人亲属理事。建立完善残疾人人才库。深入开展残疾人工作者"人道、廉洁、服务、奉献"的职业道德教育，加大设区的市、县级残联干部培训力度。进一步发挥各级残联代表大会代表作用。

6. 制定并实施《中国残疾人事业中长期人才发展规划纲要（2011－2020年）》。加快培养残疾人社会保障和服务等专业人才队伍。建立完善人才保障和激励机制，按照国家有关规定落实对为残疾人服务工作人员的工资待遇倾斜政策。

7. 将志愿助残工作纳入国家志愿服务总体规划，开展"志愿助残阳光行动"。建立健全助残志愿者招募注册、服务对接、评价激励、权益维护等机制，促进志愿助残服务的专业化、常态化和长效化。助残志愿者注册人数达到1000万。

8. 大力弘扬自强不息精神，鼓励和帮助残疾人参与社会生活，充分发挥残疾人在残疾人事业中的作用。广泛开展自强活动，培育、发现自强典型。召开第五次全国"自强与助残"表彰大会。

(十三) 科技、信息化和基础设施建设

主要任务：

——加强残疾人事业领域的科技创新和成果应用及信息化建设工作，提高残疾人事业的信息化管理水平，为残疾人社会保障体系和服务体系提供技术支撑。

——加强残疾人事业基础设施建设，完善布局，改善条件，增强服务能力。

政策措施：

1. 建设残疾人人口综合数据管理系统，实现与社会保障和公共服务管理信息平台的数据交换和资源共享，为残疾人享有社会保障和服务提供身份认证和基础信息，为残疾人事业发展提供客观真实的基础数据。建设全国统一的中国残疾人服务网，开展个性化、多形式的网上便民、惠民服务。继续加强中国残联和地方残联网站资源和无障碍建设，加大政务信息公开力度。建立和完善残联系统信息化标准体系。加强信息化机构、队伍建设和基层信息专业技术人才培养。

2. 国家科技支撑计划、自然科学基金、社会科学基金等支持、推动残疾人事业领域的科技创新、政策理论研究和科技应用。发挥中国残疾人信息和无障碍技术研究中心作用，加快"中国残疾人信息无障碍关键技术支撑体系及示范应用"研究成果的转化与应用。继续实施"科技助残行动计划"。开展残疾人康复服务平台研发及应用示范等研究。鼓励和支持高等院校、科研机构和企事业单位研究残疾鉴定、康复、特殊教育、职业技能鉴定、辅助器具等领域的标准和技术。培育一批以科技为先导的为残疾人服务的产业品牌和企业。

3. 加强对残疾人服务设施的统筹规划，将残疾人康复、教育、就业、福利、托养、文化体育、综合服务等专业服务设施建

设纳入城乡公益性建设项目，在立项、规划和建设用地等方面优先安排，加大投入，重点扶持，使残疾人服务设施布局合理、条件改善、服务能力增强。实施残疾人综合服务设施建设标准，继续完善残疾人综合服务设施建设。应建未建地区要建设符合要求的残疾人综合服务设施；无障碍设施不规范的残疾人综合服务设施应进行改造；建设规模不达标的残疾人综合服务设施应进行扩建。中央对中西部困难地区的残疾人综合服务设施建设继续给予适当补助。

（十四）统计、监测和政策研究

主要任务：

——加强统计和监测，掌握残疾人基本状况和基础数据，及时跟踪残疾人事业有关工作的进展情况和取得的成效。

——加强残疾人社会保障和服务理论与实践研究，完善管理运行制度和服务标准。

政策措施：

1. 完善残疾人社会保障体系和服务体系统计指标，制定统计数据标准。加强基层业务台账工作，推行统计电子化和网络化管理应用。开展残疾人事业统计季报工作，提高统计数据的准确性和实效性。加强对各类统计数据资源的综合分析，发布残疾人事业年度统计公报。推进残疾人事业相关统计指标纳入社会保障和公共服务统计指标体系。加强统计队伍建设，定期做好培训、检查、监督、管理工作。

2. 做好残疾人状况监测工作，稳定工作队伍，落实保障条件，提高数据质量，加强分析利用。筹备第三次全国残疾人抽样调查，推进残疾人抽样调查的制度化、规范化。

3. 加强有关学科建设，充分发挥高校和研究机构残疾人事业研究基地的学术优势，办好残疾人事业发展研究会，进一步加强残疾人事业的理论与实践研究。重点开展残疾人公民权利、人道主义思想等基础性研究和残疾人社会福利、劳动权益保护、残疾人服务业、残疾人服务提供模式、服务机构运行管理、服务质量标准与监管、无障碍等方面政策研究。编写出版残疾人社会保障和服务研究、培训系列丛书。

(十五) 社会环境和残疾人慈善事业

主要任务：

——进一步弘扬人道主义思想，广泛宣传"平等、参与、共享"的现代文明社会残疾人观，为残疾人社会保障体系和服务体系建设营造良好社会环境。

——发挥残疾人社会服务组织作用，大力发展残疾人慈善事业，建立社会力量参与残疾人社会保障和服务的有效机制。

政策措施：

1. 宣传、文化、广播影视、新闻出版等部门和单位采取有效措施，进一步支持残疾人事业。新闻媒体要加大残疾人事业宣传力度，广泛宣传党和政府扶残助残优惠政策措施、社会各界的助残善举和残疾人的自强精神，加强网络等新媒体宣传。中央、省、设区的市广播电台要积极创造条件开设残疾人专题节目、电视台要积极创造条件开办手语栏目。对困难地区广播电台开设残疾人专题节目、电视台开设手语栏目给予扶持。继续推进影视剧和电视节目加配字幕。组织好全国残疾人事业好新闻作品评选和各地人民广播电台残疾人专题节目展播活动。组织好全国助残日、国际残疾人日等主题宣传活动。继续开展"手拉手红领巾助残"等活动。

2. 通过用地保障、信贷支持和政府采购等形式，鼓励民间资本参与发展残疾人社会福利事业，兴办残疾人康复、托养服务等各类社会福利机构。采取公办民营、民办公助、政府购买服务等多种形式,通过资金、场地、人才等扶持措施鼓励各类社会组织、企事业单位和个人参与发展残疾人服务业。改进和完善对残疾人社会服务组织资助办法,建立服务质量标准和监管制度,有条件的地方可以试点竞争性投标,确保服务的效率和质量。加强残疾人服务业规划和行业管理。

3. 大力发展残疾人慈善事业。残疾人福利基金会要积极为残疾人事业筹集善款,开展爱心捐助活动。发展中国狮子联会。实施好"集善工程"、"长江新里程计划"等残疾人慈善品牌项目。红十字会、慈善会等社会组织要积极开展残疾人慈善项目,鼓励社会单位和个人增强慈善意识,为残疾人事业发展贡献力量。

（十六）国际交流与合作

做好联合国《残疾人权利公约》履约工作,建立健全国家履约机制,促进残疾人事业发展和残疾人权益保障。积极参与国际残疾人事务,加强对外宣传,展示我国残疾人人权保障和社会发展的成就。

加强与联合国有关机构、各国政府、国际残疾人组织、各国残疾人组织和民间机构的交流与合作,拓展国际交流领域,提高国际合作水平,增进与各国残疾人之间的相互了解和友谊,借鉴国外残疾人事务的有益经验和做法,促进我国残疾人事业的发展。

专栏三:"十二五"主要能力建设项目

1. **残疾人综合服务设施新建、扩建、改造**:扶持应建未建设施新建,建设规模未达标的设施扩建,进行无障碍设施改造。

2. **专业康复机构建设**:建设一批专业化的省、市级骨干残疾人康复机构。

3. **示范性社区康复站建设**:建设一批示范性社区康复站。

4. **专业托养服务机构建设**:建设一批专业化的市、县级骨干残疾人托养服务机构。

5. **特殊教育机构建设**:推进中西部特殊教育学校建设;建设一批中高等残疾人职业教育示范校;建立一批高等院校残疾人学生实习训练基地。

6. **就业服务能力建设**:支持省级和各省会城市、计划单列市残疾人就业服务机构规范化建设。

7. **残疾人人口综合数据管理系统建设**:建设覆盖3000万残疾人口的综合数据管理系统,与社会保障和公共服务管理信息平台实现数据交换和资源共享。

8. **科技助残行动计划**:开展残疾人康复服务平台研发及应用示范等科技助残项目。

9. **残疾预防综合信息网络平台和数据库建设**:整合各部门数据资源,对主要致残因素进行监测和分析,为残疾预防工作提供科学依据。

10. **残疾人事业专业人才培养**:加快培养残疾人康复、特殊教育、就业服务、托养服务、体育健身、维权等专业人员和残联专职工作人员、基层残疾人专职委员队伍。

四、纲要的实施、监测和绩效评估

残疾人事业是中国特色社会主义事业的重要组成部分。残疾人工作是保障和改善民生的重点。实施好《中国残疾人事业"十二五"发展纲要》是各级政府和全社会义不容辞的责任。

各地区要依据本纲要制定当地残疾人事业"十二五"发展纲要，各部门要制定配套实施方案，各地区、各部门要将本纲要的主要任务指标纳入当地国民经济和社会发展总体规划、民生工程及部门规划，统一部署、统筹安排、同步实施。要综合运用各种财税支持手段，积极引导社会力量投入，形成多渠道、全方位的资金投入格局，建立投入稳定增长的残疾人事业发展经费保障长效机制，确保纲要规定的各项任务落到实处。

各级政府残疾人工作委员会及相关部门要根据纲要执行评估指标体系开展年度监测评估和跟踪问效，及时发现和解决执行中的问题。各部门每年要向同级政府残疾人工作委员会报告纲要执行情况。各级政府残疾人工作委员会在"十二五"中期和期末对纲要实施情况进行考核、绩效评估和信息公开。

专栏四：残疾人事业"十二五"发展纲要执行评估指标体系

	监测指标	单位	权重	目标值
社会保障	1. 贫困残疾人生活补助比例	%	4	≥50
	2. 重度残疾人护理补贴比例	%	4	≥30
	3. 城镇残疾人参加基本养老保险比例	%	6	≥80
	4. 城镇残疾人参加基本医疗保险比例	%	6	≥90
	5. 农村残疾人参加新农合比例	%	6	≥98
	6. 农村残疾人参加新农保比例（试点地区）	%	6	≥85
	7. 农村残疾人生活救助和扶贫开发人数	万人	4	≥1000
公共服务	1. 重点康复工程服务人数	万人	5	≥1300
	2. 康复服务比例	%	4	≥80
	3. 学龄残疾儿童少年接受义务教育比例	%	5	≥90
	4. 城镇新增残疾人就业人数	万人	5	≥100
	5. 农村残疾人实用技术培训人数	万人	5	≥100
	6. 残疾人接受托养服务人数	万人(次)	4	≥200
	7. 社区服务比例	%	4	≥70
	8. 社区活动参与率	%	4	≥65
生活水平	1. 城镇残疾人家庭人均可支配收入	元	7	≥13700
	2. 农村残疾人家庭人均纯收入	元	7	≥6900
	3. 城镇残疾人家庭恩格尔系数	%	5	≤42
	4. 农村残疾人家庭恩格尔系数	%	5	≤44
	5. 百户残疾人家庭彩色电视机拥有量	台	4	≥90

温家宝总理主持召开
国务院常务会议讨论通过
《中国残疾人事业"十二五"发展纲要》

2011年5月11日,温家宝总理主持召开国务院常务会议,讨论通过《中国残疾人事业"十二五"发展纲要》。

会议指出,党中央、国务院高度重视发展残疾人事业。"十一五"时期,我国残疾人事业取得历史性新成就。五年来,全国有1038万残疾人得到不同程度的康复,特殊教育学校发展到1704所,残疾少年儿童义务教育水平明显提高,接受社会救助的城乡残疾人达到5861万人次,城镇新就业残疾人180万人次,累计扶持农村贫困残疾人解决温饱618万人次。广大残疾人自强不息、顽强拼搏,在经济社会发展中发挥了重要作用。

会议强调,当前我国残疾人事业基础依然比较薄弱,残疾人社会保障和服务政策措施还不够完善,残疾人总体生活状况与社会平均水平仍存在较大差距。"十二五"时期,必须按照政府主导、社会参与,国家扶持、市场推动,统筹兼顾、分类指导,立足基层、面向群众的原则,健全残疾人社会保障体系和服务体系,力争到2015年,使我国残疾人生活总体达到小康,参与和发展状况显著改善。为此,一要加强残疾人社会保障体系建设,保障残疾人基本生活。将符合条件的残疾人全部纳入城乡最低生活保障范围,提高低收入残疾人生活救助水平。帮助城乡残疾人普遍按规定参加基本养老保险和基本医疗保险。建立贫困残疾人生活补助和重度残疾人护理补贴制度。扩大残疾人社会福利范围,提高福利水平。加快发展残疾人慈善事业。二要大幅增加残疾人基本公共服务供给,促进残疾人全面发展。建立残疾人托养服务体系,为智力、精神和重度残疾人托养服务提供200万人次补助。新安排城镇100万残疾人就业,扶持1000万农村贫困残疾人改善生活状况。加快推进城乡无障碍环境建设,积极扶持辅助器具产业发展,大力发展残疾人教育、文化和体育事业。三要加强残疾人康复和残疾预防工作,有效控制残疾的发生和发展。完善康复网络,初步实现残疾人"人人享有康复服务"目标。制定实施国家残疾预防行动计划,建立综合性、社会化预防和控制网络。针对危害面广、可预防的致残因素,实施一批重点预防工程。普及残疾预防知识。四要优化社会环境,促进残疾人事业可持续发展。弘扬人道主义思想,加快发展志愿助残服务,增强全社会扶残助残意识。进一步完善残疾人事业法律法规政策体系,加强残疾人组织、人才队伍和基础设施建设。建立稳定增长的残疾人事业投入保障机制。开展国际交流合作。会议要求各地区、各部门加强组织领导和督促检查,制定实施方案,切实抓好落实。

(新华社 2011 年 5 月 12 日电文)

健全残疾人社会保障体系和服务体系
推动"十二五"时期残疾人事业加快发展[*]

回良玉

"十一五"时期是我国发展进程中极不平凡的五年，也是残疾人事业迈出历史性新步伐的五年。党中央、国务院高度重视残疾人工作。党的十七大报告明确提出"发扬人道主义精神，发展残疾人事业"，中央政治局和政治局常委会议专题研究残疾人工作并做出重大部署，党中央、国务院印发了《关于促进残疾人事业发展的意见》，全国人大常委会修订了残疾人保障法，残疾人事业在新的起点上加快发展。可以说，"十一五"时期，是我国残疾人事业发展最快、残疾人得到实惠最多的五年，广大残疾人实现了很多梦想，受到了多方面保障，同时也为国家赢得了许多荣誉，作出了突出贡献。

一是残疾人生存和发展状况明显改善。全国有1037.9万残疾人得到不同程度的康复；新安排城镇残疾人就业179.7万人次，累计扶持农村贫困残疾人解决温饱618.4万人次，通过参加生产劳动增加收入的农村残疾人达1749.7万人，接受各种形式社会救助的城乡残疾人达5861.3万人次；残疾少年儿童义务教育入学水平明显提高，3.5万多残疾人考生被高等院校录取。广大残疾人弘扬"自尊、自信、自强、自立"精神，综合素质不断提高，参

---

[*] 本文为中共中央政治局委员、国务院副总理、国务院残疾人工作委员会主任回良玉同志2011年4月8日在国务院残工委第六次全体会议上的讲话摘要，题目为编者所加。

与社会更加广泛,为改革开放和经济社会发展作出了积极贡献。

二是残疾人社会保障体系和服务体系建设扎实推进。公布施行了《残疾人就业条例》,出台了《关于加快推进残疾人社会保障体系和服务体系建设的指导意见》,以及残疾人特殊教育等方面的政策性文件,进一步完善了残疾人工作领导体制,建立了稳定的财政投入增长机制,残疾人社会保障体系和服务体系建设扎实推进、初见成效。残疾人康复服务机构达到1.5万个,特殊教育学校达到1704所,残疾人职业培训机构达到4704个,就业服务机构达到3019个,法律服务机构达到3231个,残疾人综合服务设施网络初步建立。全国有55.9万残疾人专职委员活跃在城乡社区;完成了第二次全国残疾人抽样调查,制定残疾分类分级国家标准,残疾人基层基础工作得到了加强。

三是残疾人事业发展的社会环境更加和谐。成功举办了北京残奥会、上海特奥会和广州亚残运会等重大活动,残疾人体育健儿奋勇争先,他们自强不息的精神,感动了中国、感动了世界。上海世博会首设残疾人主题馆,扩大了残疾人事业的影响。中国残疾人艺术团在国内外演出700多场,特殊艺术魅力享誉世界。这些文化体育活动不仅展示了残疾人的才华和能力,而且弘扬了人道主义思想和坚韧不拔的民族精神,推动了社会精神文明进步,营造了扶残助残的浓厚社会氛围,为残疾人事业发展创造了更加和谐、有利的社会环境。

四是我国残疾人事业国际影响日益扩大。我们积极参与联合国《残疾人权利公约》的制定,成为率先签署和批准加入公约的国家,并于2010年提交了首次国家履约报告,全面阐述了我国在残疾人人权保障方面的基本原则和立场,介绍了加快推进残疾人社会保障体系和服务体系建设取得的成效,展示了我国在保障残疾人生存权和发展权方面的巨大进步,在国际社会树立了我国社会发展和文明进步的良好形象。

同时，我们也应该清醒地看到，我国残疾人事业发展仍然面临许多困难，残疾人状况与社会平均水平相比还存在明显的差距。有关数据显示，残疾人家庭人均收入仅为全国平均水平的60%，仍有相当一部分适龄残疾儿童未能上学，超过一半有就业能力的残疾人未能就业，近四分之一的城镇残疾人未参加任何社会保险，约有40%的城镇未就业残疾人和70%的农村未就业残疾人主要靠家庭供养。今后五年，要进一步加快推进残疾人社会保障体系和服务体系建设，全面改善残疾人状况，努力使广大残疾人同全国人民一道向着更高水平的小康社会迈进。

"十二五"时期是全面建设小康社会的关键时期，也是加快残疾人事业发展的重要时期。国民经济和社会发展"十二五"规划纲要明确提出，要"加快残疾人事业发展，健全残疾人社会保障体系和服务体系，为残疾人生活和发展提供稳定的制度性保障"。"十二五"时期，残疾人事业发展总的要求是，全面落实《中共中央国务院关于促进残疾人事业发展的意见》，建立残疾人社会保障体系和服务体系基本框架，使残疾人基本生活、医疗、康复、教育、就业等基本需求得到制度性保障，为残疾人平等参与社会生活创造更好的环境和条件，促进残疾人状况改善和全面发展。具体来说，就是"完善保障保基本、突出服务促发展、增加供给惠民生、强化机制利长远"。

第一，完善保障保基本，就是要完善残疾人社会保障制度，保障贫困残疾人基本生活。目前，我国还有1000多万城乡贫困残疾人，他们的生活还相当困苦。要把完善残疾人社会保障体系、让贫困残疾人生活得幸福而有尊严，放在更加重要的位置。要将残疾人普遍纳入覆盖城乡居民的社会保障体系，并给予重点保障和特殊扶助；要按规定落实残疾人相关社会保险补贴，帮助残疾人普遍加入基本养老保险和基本医疗保险；要加快研究建立残疾人专项社会保障政策措施，形成残疾人社会福利方面的支柱性制度安排；要推动残疾人慈善事业大发展，建立鼓励社会力量和民间资本参与支持残疾人事业的有效机制。

第二，突出服务促发展，就是要健全残疾人公共服务体系，促进残疾人社会参与和全面发展。要将残疾人服务体系作为国家基本公共服务体系的重要组成部分和重点发展领域予以重视和支持。要建立健全以专业机构为骨干、社区为基础、家庭邻里为依托，以公共教育、就业服务、医疗卫生、康复和残疾预防、社会保障、住房保障、文化体育和无障碍建设为主要内容的残疾人基本公共服务体系。公共服务机构要为残疾人提供优先优惠的服务。残疾人专业服务机构要改善条件，完善功能，规范管理，提高服务能力。要逐步形成政府主导、市场引导、社会参与的服务供给模式，建立健全服务标准体系、监测评价体系和管理运行制度，加强对残疾人服务体系建设的支持引导和监督管理。

第三，增加供给惠民生，就是要增加残疾人基本公共服务供给，使广大残疾人得到更多的实惠。要加大对残疾人事业的投入，大幅度增加残疾人基本公共服务的供给，帮助广大残疾人共享改革开放和经济社会发展的成果。要优先发展残疾人急需、受益面广、效益好的基本公共服务项目，着重保障残疾人生活、医疗、康复、教育、就业等基本需求，使更多的残疾人特别是重度残疾人、农村残疾人和残疾儿童能够享受到均等化的基本公共服务。要重点实施好0-6岁残疾儿童抢救性康复、残疾人辅助器具适配、残疾儿童学前康复教育、残疾人职业培训和就业服务、"阳光家园计划"等重点服务项目。要加大农村贫困残疾人扶贫开发力度，着力加强对农村残疾人的生产扶助、生活救助和住房保障。要加强残疾人公共文化体育服务，发展残疾人文化艺术。要更加重视残疾预防工作，认真完成国家残疾预防对策研究重大课题，制订和实施好残疾预防国家行动计划，有效控制残疾的发生和发展。

第四，强化机制利长远，就是要进一步强化残疾人社会保障体系和服务体系长效机制建设，为残疾人事业长远发展打下基础。要加强残疾人社会保障和服务的制度建设，建立投入稳定增长的残疾人事业发展经费保障机制。要新建、扩建、改建一批骨干服务设施，完善建设标准、服务标准和管理运行制度，使残疾人服务设施布局合理、条件改善、服务能力增强。要加强残疾人组织建设，建设好专职、专业和助残志愿者队伍，加快残疾人康复、教育、就业、维权、托养、文化体育、社会工作等专门人才培养。要加强残疾人事业领域的科技创新和成果应用，提高残疾人事业的信息化水平，为残疾人社会保障体系和服务体系建设提供技术支撑。要继续开展残疾人事业领域的国际交流与合作，做好联合国《残疾人权利公约》履约工作，建立健全国家履约机制，促进残疾人事业发展和残疾人权益保障。

当前，我国残疾人事业正处在最好的发展时期。多年的工作实践基本确立了中国特色残疾人事业的发展道路，中央7号文件为残疾人事业发展指明了方向，即将印发的残疾人事业"十二五"发展纲要明确了未来五年残疾人工作的目标任务，描绘了美好蓝图。中央加强社会建设、保障和改善民生的一系列政策措施，将为残疾人事业加快发展提供更有利的政策环境和更雄厚的物质基础。目标、任务和政策都已明确，关键在于提高认识、加强领导、形成合力、狠抓落实，推动"十二五"时期残疾人事业再上新台阶。

一要坚持以人为本，充分认识新形势下做好残疾人工作的重要意义。以科学发展为主题，坚持从最广大人民根本利益出发谋发展、促发展，加快推进以保障和改善民生为重点的社会建设，是我们党和政府"十二五"时期总揽经济社会发展全局，立足当前、着眼长远作出的重大决策。残疾人是一个特殊困难、特别需要扶助的社会群体，残疾人状况最能体现社会关爱。各地区、各有关部门要充分认识新形势下做好残疾人工作的重要意义,继续把残疾人工作放在保障和改善民生各项工作的突出位置,以真挚的人道主义情怀关心残疾人,以高度的政治责任感重视残疾人工作,确保政策到位、投入到位、工作到位,为残疾人创造更多的福祉。

二要坚持政府主导,形成推动残疾人事业发展的工作合力。要继续坚持党委领导、政府负责的残疾人工作领导体制,进一步加强各级政府残工委建设,充分发挥各成员单位的积极性、主动性和创造性,完善各司其职、密切配合、齐抓共管、高效运作的工作机制,形成工作合力。要继续支持残联依照法律法规和章程开展工作,参与残疾人事业社会管理和公共服务。各级残联要努力提高管理能力和服务水平,成为党和政府的参谋助手,成为残疾人之家。

三要坚持求真务实,把残疾人事业"十二五"规划各项任务落到实处。狠抓落实、善抓落实,是做好"十二五"时期残疾人工作的关键。各地区要抓紧制定本地区残疾人事业"十二五"规划,各有关部门要制定配套实施方案,要将残疾人事业"十二五"时期发展的任务指标纳入本地区国民经济和社会发展总体规划、纳入本系统发展规划,统一部署、统筹安排、同步实施,确保落到实处。

四要坚持开拓创新,不断提高残疾人事业管理科学化水平。与时俱进、开拓创新,是做好"十二五"时期残疾人工作的动力之源。要充分认识在新的历史条件下发展残疾人事业的复杂性和艰巨性,深刻理解和准确把握残疾人事业发展的规律,着力加强残疾人事业的理论研究、政策制定和监测评估,不断研究新情况、解决新问题,不断提高残疾人事业管理科学化水平,推动残疾人事业可持续发展。

扎实推进残疾人
社会保障体系和服务体系建设*

邓朴方

回顾五年来的残疾人工作，我们国家取得了很大的成绩。我们办了几件大事，参加了联合国《残疾人权利公约》，修改了残疾人保障法，完成了第二次全国残疾人抽样调查，举办了北京残奥会、上海特奥会和广州亚残运会等运动会，参加了上海世博会。残疾人日常工作特别是基础性的工作也一步一步地做了下去，集中体现在"两个体系"建设上。残疾人事业得到发展，残疾人群众得到了更多的实惠。最重要的是，2008年发布了《中共中央国务院关于促进残疾人事业发展的意见》，这是力度最大，最具长远意义的文件。

我感到五年来的工作总的讲是比较顺畅的，一是得益于国家的发展和国家政策有利，社会环境改善。二是得益于残工委发挥作用，在座的各成员单位的支持，特别是回副总理坚定有力的领导。三是残联上下共同努力，下了实功夫，广大残疾人也能够理解和支持。

为此，我特别想说的话是，要向五年来所有为残疾人事业作出贡献的方方面面表达我内心由衷的感谢。

现在我们制定残疾人事业"十二五"发展纲要，这是一个好

---

* 本文为全国政协副主席、国务院残疾人工作委员会副主任、中国残疾人联合会名誉主席邓朴方同志2011年4月8日在国务院残工委第六次全体会议上的讲话摘要，题目为编者所加。

的规划。现在我就贯彻这个纲要提三点建议。

一是我们一定要牢记我国将长期处于社会主义初级阶段，我们仍然是发展中国家。一切工作从国情从实际出发，不来虚的，要扎扎实实一步一个脚印，长期奋斗。

二是经济起飞必然要求社会改革，如果不能建设和谐社会，社会就会丧失公平正义，执政党就会丧失执政的正当性和群众基础，国家发展就会落入"中等收入陷阱"，中华民族的振兴就会停滞甚至倒退，这是我们国家面临的一个关口。残疾人事业要放到这个视角来看，我们的眼界就会开阔，我们的工作就会更加有力。

三是要不断地研究新情况，提出新问题，有针对性地探索解决问题。比如，目前我国正处于城市化过程，这是一个长时间的动态的复杂的过程，如何针对不同地域不同时期不同人群的不同特点来开展工作，是需要探索的。再比如，我国经济发展的刘易斯拐点可能就在眼前，之后就会产生劳动力价格升高、劳动力素质要求提高和物价提高的现象，这对弱势群体特别是对困难多的残疾人不利，需要未雨绸缪。再比如，近年来我国新生儿缺陷上升，其中必然有一部分形成残疾，这也要引起我们重视。确实还有很多问题摆在我们面前，需要我们去解决。

总之，回顾"十一五"心情澎湃，前瞻"十二五"充满期待。我们有信心，我们会成功。

创造残疾人更加美好的明天*

张海迪

今年是总结和评估"十一五"残疾人事业发展状况,安排实施"十二五"发展规划重要的一年。五年来,残疾人事业进一步融入国家发展大局,残疾人生活状况明显改善,同时残疾人事业发展的社会环境也越来越好。可以说,这五年残疾人在教育、康复、就业等方面实现了很多梦想,得到了很多保障。我和同志们一样都为此感到高兴。这进步凝聚着党中央、国务院对残疾人和残疾人事业的关怀,这进步也是地方各级党委政府和社会各界关爱支持的结果。在这一进程中,回副总理、朴方副主席、各位副主任和各成员单位为残疾人事业倾注了大量心血,付出了艰苦努力。8300多万残疾人和他们的亲人会从心里感谢大家,作为一名残疾人工作者,我也在这里向同志们表示衷心的感谢!

过去的五年,中国残联按照国务院残工委的职责分工和工作部署,认真履行"代表、服务、管理"的职能,积极发挥残工委秘书处的作用,协调推动有关规划、政策、法规的制定落实,协同实施一系列残疾人事业重大社会文化体育活动,努力推进残疾人康复、教育、就业、文化、维权等各项业务工作,为全面完成残疾人事业"十一五"发展纲要规定的各项任务作出努力。地方各级残联在当地政府残工委领导下,结合实际抓好中央有关政策

---

* 本文为国务院残疾人工作委员会副主任、中国残疾人联合会主席张海迪同志 2011 年 4 月 8 日在国务院残工委第六次全体会议上的讲话摘要,题目为编者所加。

的贯彻落实，做了大量深入具体的工作，创造了很多好的经验和做法。我们通过调研考察看到，许多残疾人的状况确实有了改善。但是我国残疾人数量庞大，总体生活与社会平均水平差距较大，现在他们还有很多困难和问题需要解决，我们将按照着力保障和改善民生的新要求加倍努力，做好"十二五"时期的残疾人工作。在此，希望得到各有关部门一如既往的大力支持。

对"十二五"时期的残疾人事业发展，中央在"十二五"规划建议中已经提出了明确要求，国家"十二五"规划纲要也作出总体安排，《中国残疾人事业"十二五"发展纲要》对今后五年的残疾人工作作出了具体部署。这是保障和改善残疾人生活的重大举措，既与国家经济社会发展相适应，又符合残疾人事业发展实际，同时也表达了广大残疾人的共同意愿。

各级残联组织和广大残疾人工作者在实施残疾人事业"十二五"发展纲要中担负着重要责任。我们要牢固树立科学发展观，积极探索和延伸符合中国残疾人事业发展的道路，奋发进取、甘于奉献，全心全意帮助残疾人创造更好的生活条件，不断提高残疾人的生活水平，提高他们和家庭成员的幸福指数，提高残疾人的社会、经济、政治、文化地位。帮助他们实现理想的生活。

我们将在国务院残疾人工作委员会领导下，与有关部门密切配合，努力完成纲要规定的各项任务，让残疾人兄弟姐妹走向美好的明天。

关于制定中国残疾人事业"十二五"发展纲要的说明[*]

王新宪

一、关于残疾人事业面临的形势

"十一五"时期,中国残疾人事业取得历史性新成就。党中央、国务院印发了《关于促进残疾人事业发展的意见》。全国人大常委会修订了残疾人保障法,批准加入了联合国《残疾人权利公约》。成功举办了北京残奥会、上海特奥会和广州亚残运会等重大活动。《中国残疾人事业"十一五"发展纲要(2006－2010年)》全面完成,残疾人社会保障和服务体系建设扎实推进,残疾人生存和发展状况明显改善。五年来,全国有1037.9万残疾人得到不同程度的康复。特殊教育学校发展到1704所,残疾少年儿童义务教育水平明显提高。接受各种形式社会救助的城乡残疾人达5861.3万人次。新安排城镇残疾人就业179.7万人次,累计扶持农村贫困残疾人解决温饱618.4万人次,通过参加生产劳动增加收入的农村残疾人达1749.7万人。广大残疾人弘扬"自尊、自信、自强、自立"精神,综合素质不断提高,参与社会更加广泛,为改革开放和经济社会发展作出了积极贡献。

但是,残疾人状况与社会平均水平相比还存在明显的差距,在基本生活保障、康复、教育、就医、就业等方面还面临许多困

---

[*] 本文为国务院残疾人工作委员会副主任、中国残疾人联合会理事长王新宪同志2011年4月8日在国务院残工委第六次全体会议上的发言,文字有节略。

难。残疾人社会保障和服务的政策措施还不够完善，城乡和区域残疾人事业发展还不平衡。这些困难和问题，需要通过继续制定和实施国家专项规划，将残疾人事业纳入国民经济和社会发展的大局，加大投入、加快发展，努力予以解决。

二、《中国残疾人事业"十二五"发展纲要》的编制过程和主要特点

"十二五"时期是全面建设小康社会的关键时期，是深化改革开放、加快转变经济发展方式的攻坚时期，也是残疾人社会保障体系和服务体系建设的重要时期。制定和实施好残疾人事业"十二五"发展纲要，意义十分重大。

按照国务院残工委第五次全体会议的要求，我们于2010年3月成立领导小组和办事机构，启动残疾人事业"十二五"发展纲要的编制工作。在编制过程中，全面总结了残疾人事业"十一五"时期的成绩和经验，认真学习领会了《中共中央关于制定国民经济和社会发展第十二个五年规划的建议》对发展残疾人事业的要求，广泛听取了国务院残工委成员单位、省（区、市）残联和中国残联各专门协会的意见，公开征询了广大残疾人、残疾人亲友、残疾人工作者、社会组织和有关方面的建议，组织专家对残疾人基本公共服务等重大问题进行了专题研究。在此基础上，起草了《中国残疾人事业"十二五"发展纲要（2011－2015年）草案》（以下简称《纲要草案》），征求吸纳了国务院残工委36个成员单位和农业部、中国保监会对《纲要草案》的意见，上述单位在3月上旬完成了会签。

《纲要草案》认真贯彻"十二五"时期中央保障和改善民生的新要求，把握残疾人事业发展的新趋势，体现广大残疾人过上更好生活的新期盼，明确"十二五"时期残疾人工作的战略重点

和主要任务，具有宏观性、前瞻性和指导性。在内容上，贯穿了加快发展的主题，突出了残疾人社会保障体系和服务体系建设的主线，更加强调统筹兼顾、分类指导，促进城乡、区域和不同类别残疾人之间社会保障与服务的均衡发展，进一步明确了促进残疾人事业与经济社会协调发展、帮助残疾人与全国人民共同迈向更高水平小康社会的发展方向。在形式上，通篇以残疾人"两个体系"基本框架为结构，采取正文加专栏的形式，在专栏中列举了有关发展指标、评估指标和重点工程，使规划内容更加直观、清晰，便于执行和监督检查。

回副总理、朴方副主席一直十分关心《纲要草案》制定工作，专门听取工作汇报并作出重要指示。各成员单位积极参与《纲要草案》制定工作，在调查研究阶段，每一个成员单位都提出了书面建议；在征求意见过程中，各成员单位又提出了近200条宝贵的建设性的意见和建议。在座的各位委员都认真审阅和郑重签署了《纲要草案》（会签稿）。应该说，《纲要草案》的编制，是一个发扬民主、集思广益、科学决策的过程，是一个宣传残疾人事业、研究残疾人事业、推动残疾人事业的过程，凝聚着国务院领导同志的关怀和重视，凝聚着各成员单位的智慧和力量，凝聚着社会各界的爱心和支持，反映了广大残疾人和亲属的热切期望。

三、"十二五"时期残疾人事业发展的指导原则和总目标

《纲要草案》全面贯彻落实科学发展观，按照中央建议和国家总体规划的要求，结合残疾人事业发展的规律和阶段性特征，提出了六个方面的指导原则：坚持以残疾人为本，坚持以加快发展为主题、以残疾人社会保障体系和服务体系建设为主线，坚持

党委领导、政府负责的残疾人工作领导体制,坚持社会化工作方式,坚持统筹兼顾和分类指导,坚持解决当前问题与完善制度体系相结合。

根据《中共中央国务院关于促进残疾人事业发展的意见》和国办转发的《关于加快推进残疾人社会保障体系和服务体系建设的指导意见》对残疾人事业2015年、2020年发展目标的要求,《纲要草案》提出了六个方面的主要目标:一是残疾人生活总体达到小康,参与和发展状况显著改善;二是建立起残疾人社会保障体系和服务体系基本框架,保障水平和服务能力明显提高;三是完善残疾人事业法律法规政策体系,依法保障残疾人政治、经济、社会、文化权利;四是加强残疾人组织和人才队伍建设,提高残疾人事业科技应用和信息化水平;五是系统开展残疾预防,有效控制残疾的发生和发展;六是弘扬人道主义思想,为残疾人平等参与社会生活、共享经济社会发展成果创造更加有利的环境。

其中,残疾人生活总体达到小康是一个统领性的目标,与残疾人事业"十一五"发展目标相互衔接,又反映了中央提出的"十二五"时期为建成全面小康社会打下具有决定性意义基础的总体要求。这些目标的提出既有一定高度和力度,又符合实际,是经过努力可以实现的。

四、"十二五"时期残疾人事业的重点和主要任务

《纲要草案》紧紧围绕"两个体系"建设,以加强残疾人专项社会保障制度建设为重点、以健全残疾人服务体系为核心,对"十二五"时期残疾人社会保障、基本公共服务和重大基础性工作都作出了全面部署。

一是把加强残疾人社会保障体系建设、为残疾人基本生活提供稳定的制度性保障放在各项任务的首位。强调进一步提高残疾人生活救助水平，帮助残疾人普遍加入基本养老保险和基本医疗保险，鼓励残疾人生活津贴、重度残疾人护理津贴等制度创新和制度建设，逐步扩大残疾人社会福利，提高残疾人社会保障水平。

二是明确了残疾人基本公共服务的范围和发展思路，大幅度增加了残疾人基本公共服务的供给，更加强调了对重度残疾人、农村残疾人和残疾儿童少年的保障与服务。《纲要草案》提出了10大残疾人服务项目，提出了帮助1300万残疾人得到不同程度康复、供应适配500万件辅助器具、为200万残疾人托养服务提供补贴，扶持100万城镇残疾人实现稳定就业、为100万农村残疾人提供实用技术培训等约束性任务指标。

三是把形成有利于残疾人社会保障体系和服务体系可持续发展的体制机制放在突出重要的位置。对进一步完善残疾人社会保障和公共服务的政策法规，加强残疾人组织、人才队伍和基础设施建设，形成稳定增长的投入保障机制，发挥社会组织、市场主体、民间资本和志愿者等力量的作用，推动城乡和区域残疾人事业协调发展，推进残疾人事业领域的科技应用和信息化，加强统计、监测、政策研究等基础性工作和营造有利于残疾人事业发展的社会环境等都提出了明确的要求。《纲要草案》还提出做好联合国《残疾人权利公约》履约工作，建立健全国家履约机制，以形成推动事业发展的内外合力。

四是更加强调了做好残疾预防工作。由于人口老龄化、工业化和城镇化等因素，我国处于残疾高发时期。残疾预防工作形势十分严峻，加强残疾预防应该成为"十二五"时期残疾人工作的一个战略重点。为此，《纲要草案》提出制定和实施国家残疾预防行动计划，建立综合性、社会化预防和控制网络，形成信息准确、方法科学、管理完善、资源共享、监控有效的残疾预防机制，要求广泛开展以社区为基础、以一级预防为重点的三级预防工作，实施一批重点预防工程，有效控制残疾的发生和发展。

五是特别强调了规划的实施、监测和绩效评估。明确了政府、政府残疾人工作委员会和各有关部门在规划实施中的责任，制定了主要约束性指标评价体系，强化了对规划实施的监测和绩效评估，对制定实施方案和编制地方性残疾人事业"十二五"发展纲要提出了要求，为保证各项任务落到实处打下了好的基础。

一、残疾人事业面临的形势

残疾人事业"十二五"发展纲要概括了残疾人事业面临的形势，总结了"十一五"时期党和政府发展残疾人事业的重大举措和《中国残疾人事业"十一五"发展纲要（2006－2010年）》的执行情况，分析了残疾人事业面临的形势和存在的困难、问题，对"十二五"时期残疾人事业的发展目标、指导原则和政策措施的基础和背景做了全面描述。

（一）"十一五"时期党和政府发展残疾人事业的重大举措

"十一五"时期，党和政府采取一系列重大举措，推动残疾人事业迈出历史性新步伐：

1. 中共中央政治局会议对促进残疾人事业发展作出部署

2008年3月28日，中共中央政治局召开会议，对促进残疾人事业发展作出部署，中共中央总书记胡锦涛主持会议。会议指出，关心残疾人是社会文明进步的重要标志，残疾人事业是中国特色社会主义事业的重要组成部分。我国有8300多万残疾人，涉及2.6亿家庭人口。促进残疾人事业发展，改善残疾人状况，已成为全面建设小康社会和构建社会主义和谐社会一项重要而紧迫的任务。各级党委和政府必须紧紧围绕全面建设小康社会奋斗目标，完善促进残疾人事业发展的政策和法律，健全残疾人社会保障制度，加强残疾人服务体系建设，营造残疾人平等参与的社会环境，缩小残疾人生活状况与社会平均水平的差距。

会议强调，要加强残疾人医疗康复和残疾预防工作，保障残疾人享有基本医疗卫生服务，完善残疾人康复服务保障措施。要保障残疾人基本生活，按照重点保障和特殊扶助的要求，建立残疾人社会保险制度，发展残疾人社会福利和慈善事业。要促进残疾人全面发展，发展残疾人教育，促进残疾人就业，繁荣残疾人文化体育事业。要改善对残疾人的服务，加快无障碍建设，发展残疾人服务业。要优化残疾人事业发展环境，大力弘扬人道主义思想和中华民族传统美德，增强全社会扶残助残意识，加强残疾人事业法律和制度建设，推进国际交流合作。

会议要求，各级党委和政府要加强对残疾人工作的领导，进一步完善残疾人工作领导体制，把残疾人工作列入重要议事日程。要把残疾人事业纳入国民经济和社会发展总体规划、相关专项规划和年度计划，建立稳定的经费保障机制。各级政府残疾人工作委员会要强化职责，统筹协调有关促进残疾人事业发展的方针、政策、法规、规划的制定与实施。各有关部门要切实提高为残疾人提供社会保障和公共服务的水平。要充分发挥残疾人组织作用，加强残疾人专职、专业和志愿者队伍建设。各级残联要切实履行职能，代表残疾人共同利益，维护残疾人合法权益，努力为残疾人服务。社会各界要积极参与、支持残疾人事业。

2. 中共中央、国务院印发《关于促进残疾人事业发展的意见》

2008年3月28日，中共中央、国务院印发《关于促进残疾人事业发展的意见》（中发〔2008〕7号）（以下简称"中央7号文件"），这是建国以来第一个以党中央、国务院名义下发的关于发展残疾人事业的文件。中央7号文件深刻阐述了促进残疾人事业的重要意义，提出了促进残疾人事业发展的指导原则和总体要求，明确加强残疾人医疗康复和残疾预防工作、保障残疾人基本生活、促进残疾人全面发展、改善对残疾人的服务、优化残疾人事业发展的社会环境和加强对残疾人工作的领导等各个方面的政策措施，要求促进残疾人事业在新的起点上加快发展，努力使残疾人同全国人民一道向着更高水平的小康社会迈进。为把中央7号文件的要求落到实处，各地区相继制定了实施办法，国务院办公厅转发了《关于加快推进残疾人社会保障体系和服务体系的指导意见》（国办发〔2010〕19号）（以下简称"国办19号文件"），残疾人事业进入加快推进残疾人社会保障体系和服务体系建设（以下简称残疾人"两个体系"建设）、努力为残疾人生存和发展提供制度性保障的新阶段。

3. 修订《中华人民共和国残疾人保障法》

2008年6月24日，十一届全国人大常委会第二次会议表决通过全面修订的《残疾人保障法》，并于2008年7月1日起施行。对《残疾人保障法》的全面修订，是惠及全国8300多万残疾人的一件大事，对于发展残疾人事业，保障残疾人平等、充分地参与社会生活，保障残疾人的合法权益，共享社会物质文化成果，具有重要的意义。新修订的《残疾人保障法》具有以下特点：明确了反歧视原则，明确规定"禁止基于残疾的歧视。禁止侮辱、侵害残疾人。禁止通过大众传播媒介或者其他方式贬低损害残疾人人格"；更加强调以权利为本，进一步明确了残疾人获得康复、教育、文化、劳动就业、社会保障、无障碍环境等权利的范围和途径；更加注重残疾预防，规定国家有计划地开展残疾预防工作，优先开展残疾儿童抢救性治疗和康复；明确了按比例安排残疾人就业制度；进一步强化了各级政府在保障残疾人权益方面的职责等。《残疾人保障法》的修订为制定残疾人事业"十二五"发展纲要奠定了扎实的基础。

4. 加入联合国《残疾人权利公约》

我国一直积极参与联合国《残疾人权利公约》的推动与谈判进程，并发挥了重要的建设性作用。2006年12月13日第61届联大通过了《残疾人权利公约》（Convention of the Rights of Persons with Disabilities）（以下简称"公约"），这是国际社会在21世纪通过的第一个人权公约。我国于 2007 年 3 月 30 日公约开放签署的当天签署该公约,十一届全国人大常委会第三次会议于 2008 年 6 月 26 日批准该公约。我国于 2010 年递交了首次国家履约报告,全面陈述了我国在残疾人人权保障方面的基本原则和立场,展示了我国政府为加快推进残疾人"两个体系"建设所作出的努力和取得的成就,以残疾人生存权和发展权的实际进步向国际社会交上了一份出色的答卷。

5. 制定实施残疾人就业、社会保障、特殊教育、医疗康复等领域的一系列政策法规

2007 年 2 月 14 日国务院第 169 次常务会议通过《残疾人就业条例》,自 2007 年 5 月 1 日起施行。《残疾人就业条例》突出体现了残疾人就业保护和就业促进的原则,明确了政府、社会、残疾人的责任和义务,确立了一系列的政策制度,标志着残疾人就业工作全面步入法制化轨道。2007 年 5 月 6 日,国务院办公厅下发《关于进一步加强残疾人体育工作的意见》(国办发〔2007〕31 号),阐述了残疾人体育工作的重要意义,对于广泛开展残疾人群众性体育活动、加强残疾人体育队伍建设、营造有利于残疾人体育事业发展的社会环境和加强对残疾人体育工作的组织领导提出了明确要求。2009 年 5 月 7 日,国务院办公厅转发教育部等部门《关于进一步加快特殊教育事业发展意见》(国办发〔2009〕41 号),提出全面提高残疾儿童少年义务教育普及水平,不断完善残疾人教育体系;完善特殊教育经费保障机制,提高特殊教育保障水平;加强特殊教育的针对性,提高残疾学生的综合素质;加强特殊教育师资队伍建设,提高教师专业化水平;强化政府职能,全社会共同推进特殊教育事业发展。

《中共中央、国务院关于加大统筹城乡发展力度进一步夯实农业农村发展基础的若干意见》(中发〔2010〕1 号)将农村残疾人保障和服务放在优先位置予以强调,明确要求"加大对农村残疾人生产扶助和生活救助力度,农村各项社会保障政策优先覆盖残疾人"。《国家中长期教育改革和发展规划纲要(2010-2020 年)》将特殊教育设专章予以重点部署，提出了完善特殊教育体系、健全特殊教育保障机制的一系列政策措施。《国务院关于开展新型农村社会养老保险试点的指导意见》（国发〔2009〕32号）明确："对农村重度残疾人等缴费困难群体，地方政府为其代缴部分或全部最低标准的养老保险费。"《国务院关于开展城镇居民基本医疗保险试点的指导意见》（国发〔2007〕20号）第五条明确了对重度残疾学生、丧失劳动能力的重度残疾人参加城镇居民基本医疗保险的补贴标准。《国务院关于当前发展学前教育的若干意见》（国发〔2010〕41号）要求："资助家庭经济困难儿童、孤儿和残疾儿童接受普惠性学前教育。发展残疾儿童学前康复教育。"国务院办公厅转发的扶贫办、民政部、财政部、统计局、中国残联《关于做好农村最低生活保障制度和扶贫开发政策有效衔接扩大试点工作的意见》（国办发〔2010〕31号），将农村贫困残疾人确定为重点保障和扶持对象。《国务院办公厅关于发展家庭服务业的指导意见》（国办发〔2010〕43号）强调，鼓励发展残疾人居家服务，鼓励和扶持残疾人从事家庭服务业。

2010年6月，中国残联会同国家发改委、民政部、财政部、住房和城乡建设部、扶贫办，联合发布《关于优先解决城乡低收入残疾人家庭住房困难的通知》，明确了统筹考虑和优先安排解决城乡低收入残疾人家庭住房困难的制度安排。2010年9月，卫生部、人力资源和社会保障部、民政部、财政部、中国残联联合下发《关于将部分残疾人医疗康复项目纳入基本医疗保障范围的通知》，将以治疗性康复为目的的运动疗法等9项医疗康复项目纳入基本医疗保障范围。

6. 完成第二次全国残疾人抽样调查

第二次全国残疾人抽样调查在国务院领导下，经过两年的周密准备，自2006年4月1日至5月31日入户调查，年底公布调查结果。调查显示，截止2006年4月，我国共有各类残疾人8296万，占全国总人口的比例为6.34%。自1987年以来的20年间，我国残疾人口总量增加，占总人口的比例上升，残疾类型结构发生变化，基本生活状况还存在很多困难。调查历时四年，调查摸清了全国及31个省、市、自治区残疾人口数量和全国残疾人口性别、年龄、残疾等级构成及教育、就业和社会保障等方面的情况，为进一步加强和改进对残疾人的社会保障和公共服务提供了科学可靠的依据。第二次全国残疾人抽样调查之后，党和国家制定出台一系列促进残疾人事业加快发展的政策法规，残疾人基础数据库搭建起长期运转平台，残疾人状况年度动态监测启动实施，实现了残疾人信息调查体系的常态化；调查数据的研究开发利用取得丰硕成果。这些都为科学判断形势，准确作出目标提供了基础。

7. 成功举办 2008 年北京残奥会、上海世界特奥会、广州亚残运会

2008 年 9 月 6 日至 17 日，4000 多名世界各国各地区的残疾人运动员欢聚北京，创造了残奥运动发展新的高峰，谱写了壮丽辉煌的生命赞歌，给世界带来了感动、激励和震撼。北京完美兑现了"两个奥运，同样精彩"的承诺，为世界奉献了一届高水平、有特色的残奥会，留下了丰富的精神和物质遗产，也为人类文明史增添了浓墨重彩的一笔。中国残疾人体育代表团肩负党和人民的期望和重托，遵照胡锦涛总书记的重要指示精神，在残奥会赛场上自强不息、奋勇争先，取得了优异成绩，实现了运动成绩和精神文明双丰收，为祖国和人民赢得了重大的荣誉。

2007 年 10 月 2 日，第十二届世界夏季特殊奥林匹克运动会在上海隆重开幕，胡锦涛总书记出席开幕式并宣布运动会开幕。1 万多名运动员、教练员欢聚在金秋的上海，参加了 21 个比赛项目和 4 个表演项目。特奥会圣火在希腊、埃及、英国、美国、韩国、日本、澳大利亚和中国等五大洲 8 个国家 23 个城市传递；气势恢宏又感人至深的开幕式深深震撼了全球 80 多个国家 10 亿观众，平等、包容、关爱的特奥理念得到广泛的传播。

2010年12月2日至9日，2010年亚洲残疾人运动会在广州成功举办，实现了"两个亚运，同样精彩"的目标。作为亚洲残疾人体育组织重组后举办的首届亚洲残疾人运动会，广州亚残运会见证了亚洲残疾人体育运动的新起点。约2500名运动员在8天时间里享受激情，顽强拼搏，描绘了一幅和谐、团结、友谊的壮丽画卷。

以上重大活动，明显提升了举办地的残疾人事业发展水平，营造了更加有力的残疾人事业发展环境。

8. 上海世博会设立残疾人主题馆

生命阳光馆是世博会159年历史上首次设立的残疾人馆。胡锦涛总书记视察生命阳光馆时深情地说，设立生命阳光馆很有意义，我们要大力推动残疾人事业发展，让关爱的阳光照亮每一位残疾人的心灵。联合国秘书长潘基文、国际展览局秘书长洛塞泰斯等对生命阳光馆给予高度评价。各省、市、自治区以及港、澳、台地区的368位残疾人艺术家在生命阳光馆展示精湛的艺术才华；包括20多万残疾人在内的214万海内外观众在生命阳光馆感受自强不息的精神力量、人文关爱及对未来美好生活的憧憬。生命阳光馆获得了国际展览局特别颁发的"国际展览局奖章"银奖。生命阳光馆"消除歧视、摆脱贫穷、关爱生命、共享阳光"的主题与所倡导的融合与关爱的崇高理念、人道主义精神，带给世界感动与启示，成为世博会历史上独特而辉煌的篇章。

9. 开展全国残疾人职业技能竞赛和残疾人特殊艺术展演

劳动保障部、中国残联主办的第三届全国残疾人职业技能竞赛于2007年8月24-27日在陕西省西安市举行。竞赛的主题是"劳动光荣、创造光荣、工匠光荣"，竞赛共设置计算机、服装、手工制作、工艺美术等5大类32个竞赛项目，来自全国各地、各行各业的近千名残疾人选手，共同向全社会展示我国残疾人顽强拼搏、自强不息的精神风貌和高超娴熟的职业技能。获得竞赛名次的优秀选手被授予"全国技术能手"称号。2010年6月首届全国残疾人职业中专学校学生技能竞赛在山东省济南市举行,展示了特殊教育、职业教育的成果和残疾学生自强不息、比学技能的风采。

教育部、民政部、文化部、广电总局和中国残联共同主办第七届全国残疾人艺术汇演,并于2009年11月13日成功举办"生命·阳光"专场汇报演出晚会,回良玉副总理、邓朴方名誉主席等出席观看演出。晚会讴歌生命的顽强与尊严,礼赞阳光的温暖与力量,歌颂各族人民的大团结,唱响社会和谐的主旋律,展示了基层残疾人特殊艺术的独特魅力,带给观众美的享受和心灵的启迪。中国残疾人艺术团在国内外演出700多场,特殊艺术享誉世界。

10. 表彰全国残疾人自强模范和扶残助残先进集体和个人

第四次全国自强模范暨扶残助残先进集体和个人表彰大会2009年7月3日在北京举行。党和国家领导人胡锦涛、温家宝、李长春、习近平、李克强等亲切会见全体与会代表。回良玉副总理在讲话中高度评价自强模范和助残先进集体和个人的高尚品质和模范行为,要求各级政府和有关部门加快推进残疾人"两个体系"建设,为残疾人平等参与社会生活、促进残疾人全面发展创造更好的环境和条件,鼓励广大残疾人自强不息、奋发图强,在改革开放和社会主义现代化建设的伟大实践中建功立业。全国自强模范与助残先进个人事迹报告团先后赴8个省市和8所高校巡回报告28场,报告团成员的先进事迹深深感动了广大干部群众,颂扬了人道主义的时代精神,引起了强烈的社会反响。

(二) 残疾人事业"十一五"发展纲要执行情况

经过全国上下五年来的共同努力,国务院批转的《中国残疾人事业"十一五"发展纲要(2006－2010年)》圆满完成。"十一五"

成为残疾人事业发展最快、残疾人得到实惠最多的时期,残疾人状况明显改善,政府和社会为残疾人服务的能力显著提高。

1. 残疾人社会保障加快推进

5861.3万人(次)获得各种救济救助,近千万人享受最低生活保障。残疾人社会保险参保率逐步提高,城镇残疾人基本医疗保险参保率达74.4%,农村残疾人参加新型农村合作医疗(以下简称"新农合")比例达到96%。政府为参加新型农村社会养老保险(以下简称"新农保")的农村重度残疾人等缴费困难群体代缴部分或全部最低标准的养老保险费,"新农保"试点地区持证残疾人参保率达72%。建立各级残疾人托养服务机构4000余个,集中托养残疾人14万人;实施"阳光家园"计划,资助30余万人(次)智力、精神和重度残疾人接受各种形式的托养服务。

2. 残疾人获得基本公共服务的机会明显增加

(1)康复服务覆盖面继续扩大 通过实施一批重点康复工程,1037.9万名残疾人得到不同程度康复,是"十五"期间的1.6倍,其中,完成白内障复明手术423.6万例,对9.8万名聋儿进行听力语言康复训练,对50.5万名肢体残疾人和13.2万名智力残疾儿童进行康复训练与服务,对495.2万名重性精神病患者开展综合防治康复,近4万名贫困残疾儿童得到抢救性康复,培训残疾儿童家长28.4万人。为残疾人供应辅助器具514.7万件。编印藏语和维语听障儿童康复教材。2500多个县(市、区)开展社区康复,培训32万多名社区康复协调员。积极开展残疾预防,减少残疾发生。中央军委支持建设的四川省八一康复中心和政府筹资建设的一批重点康复服务设施建成并投入使用。

(2)残疾人教育工作取得新的进展 盲、聋、智力三类残疾儿童少年义务教育入学率达79%,普及程度进一步提高。国家和地方政府加大特殊教育设施建设投入,全国特殊教育学校发展到1700多所，义务教育普通学校附设特教班 2800 多个。高中阶段特殊教育和职业教育快速发展，特殊教育普通高中在校生近 7000 人，中等职业教育在校生 1 万余人。35272 名残疾学生被高等院校录取。广泛开展扶残助学，17 万人次残疾学生得到资助。

（3）残疾人就业状况进一步改善 "十一五"期间，新安排城镇残疾人就业 179.7 万人，城镇实际在业残疾人 441.2 万人，1749.7 万农村残疾人通过参加生产劳动增加了收入，376.7 万残疾人得到职业教育与培训，50 万人次残疾人获得职业资格证书，培训后就业率稳步提高。残疾人就业保障金收缴和使用管理得到加强。

（4）扶贫开发取得新成效 各级政府将农村贫困残疾人纳入扶贫开发计划，统筹安排，同步实施。全面完成《农村残疾人扶贫开发计划（2001－2010 年）》。积极采取康复扶贫、基地辐射、"帮包带扶"等多种方式，安排康复扶贫贷款 40 亿元，中央财政拨付贴息资金 1.5 亿元，扶持 932 万贫困残疾人，618 万残疾人实现脱贫。414 万残疾人接受实用技术培训。建立残疾人扶贫基地 4575 个，带动 136 万残疾人从事生产劳动。中央专项彩票公益金投入 5.1 亿元，为 49.4 万户贫困残疾人家庭新建或改造了住房，受益残疾人 68 万人。

（5）基础设施建设稳步推进 "十一五"期间，中央和地方投入 46.6 亿元，加强残疾人综合服务设施建设。截至"十一五"末，共建成各级残疾人综合服务设施 2544 个，综合服务设施网络初步形成，为基层残疾人服务条件进一步改善。制定并实施地方残疾人综合服务设施建设标准，基础设施建设和使用管理走上规范化轨道。

（6）宣传文体工作全面发展 进一步加大残疾人事业宣传力度，大力弘扬人道主义思想，努力营造良好社会氛围，残疾人事业社会影响力和关注度全面提升。成功举办北京残奥会、上海世界特奥运动会、广州亚残运会和一系列重大国内残疾人体育赛事。我国残疾人运动员共参加 186 项国际赛事，在残奥会和亚残运会上继续保持领先位置，为祖国和人民赢得荣誉。残疾人群众性体育健身活动日益活跃,举办全国性残疾人体育活动 100 余项次,全民健身助残工程取得新的进展,参加特奥运动的智力残疾人数突破 100 万。残疾人精神文化生活更加丰富,"文化进社区"项目为全国 1000 个社区文化站配送了供各类残疾人阅读的图书和有声读物。中国盲文图书馆(视障文化资讯服务中心)建设进展顺利。大力发展残疾人新闻出版事业。在"农家书屋"工程建设中,推荐和配备农村残疾人需要的出版物,并通过"农家书屋"管理员岗位安排一批残疾人就业。中国残疾人艺术团赴 45 个国家和地区演出 375 场,特殊艺术享誉世界。

(7) 残疾人权益进一步得到保障 4100 多名残疾人、残疾人亲友和残疾人工作者进入县级以上人大、政协参政议政,在国家政治生活中积极发挥作用。各级人大、政协积极开展执法检查和专题调研,推动重点难点问题的解决。建立残疾人法律救助协调机制和工作网络,积极为残疾人提供法律服务。重视残疾人诉求,全国残联系统办理残疾人来信 30 万余件,接待残疾人来访 204 万人次。组织开展 39 次残疾人用品国家监督抽查,依法查处产品质量不合格行为。依法打击侵害残疾人权益专项活动成效明显,残疾人反映强烈的一批普遍性、突出性问题得到妥善解决。

(8) 无障碍建设深入开展 全国 100 个城市开展了创建无障碍城市建设工作,城市无障碍环境建设水平明显提高,相关政策法规更加完善。残疾人家庭无障碍改造工作成效显著。加强信息无障碍建设,开设省级电视手语新闻栏目 29 个、市(地)级电视手语新闻栏目 161 个,影视和文艺作品广泛配加字幕。积极制定无障碍技术标准,加强质量监督管理。各种信息无障碍技术得到发展和应用,提高了残疾人生活质量,为残疾人平等参与创造了条件。残疾人口数据库建立并充分发挥作用。

3. 残疾人组织建设不断加强

成功召开中国残联第五次全国代表大会,圆满完成各级残联换届。残疾人组织网络进一步完善，94.9%的县（市、区）达到基层残疾人组织规范化建设标准，55.9万名残疾人专职委员活跃在基层，为残疾人服务能力不断增强。各级专门协会更加活跃，各类民间残疾人服务组织作用初步显现。广大残疾人工作者兢兢业业、无私奉献，为推动残疾人事业发展作出了不懈努力。广大残疾人自尊、自信、自强、自立，克服种种困难，自强不息，勇于拼搏，超越自我，积极投身改革开放和社会主义现代化建设伟大实践，创造了许多身残志坚、奋斗成功的感人事迹，在经济社会发展中发挥了重要作用。

（三）我国残疾人事业面临的困难和问题

尽管"十一五"残疾人事业取得了历史性的进步，但是由于起点低、底子薄，残疾人事业仍然滞后于经济社会发展的总体水平。残疾人事业"十二五"发展纲要列举了三个方面的具体困难和问题：

一是从残疾人社会保障和服务的现状来看，我国残疾人"两个体系"建设正处在起步阶段，最突出的矛盾是残疾人社会保障制度和服务体系还不完备，覆盖面还比较窄，缺乏总体制度安排和统筹协调机制；残疾人保障和服务投入明显不足，服务设施和专业人才队伍匮乏；资源不足和现有资源整合利用不足的问题同时存在；保障与服务能力和水平与社会平均水平和广大残疾人需求之间还存在比较大的差距，稳定的制度性保障还需要进一步推进。

二是从残疾人总体生活状况来看，与社会平均水平存在较大差距，在基本生活、医疗、康复、教育、就业、社会参与等方面存在许多困难。2010年度全国残疾人状况监测数据显示，残疾人家庭人均收入仅为全国平均水平的60%左右，残疾人家庭恩格尔系数为47.0%，比全国居民家庭恩格尔系数高出8.1个百分点，残疾人家庭人均住房使用面积明显低于全国水平。仍有近30%的学龄残疾儿童未能上学。超过一半有就业能力且在就业年龄段的残疾人未就业，残疾人登记失业率为全国平均水平的两倍。近四分之一的城镇残疾人未参加任何一项社会保险，城镇残疾人基本社会保险覆盖率低于全国水平6.9个百分点。近40%的城镇残疾人和70%的农村残疾人主要靠家庭供养。残疾人小康实现程度与全国平均水平相比差距依然很大。

残疾人事业"十二五"发展纲要特别关注到农村残疾人和残疾儿童的困难和需求。第二次全国残疾人抽样调查数据显示，全国农村残疾人口占残疾总人口的75.04%，农村残疾人的社会保障和公共服务更加薄弱。0-14岁的残疾人口为387万人，占残疾总人口的4.66%，开展残疾儿童早期康复教育，将能有效控制残疾的发展、帮助孩子恢复和改善功能，为他们一生的发展和幸福打下基础，同时也将极大地减轻家庭负担并节约社会成本。农村残疾人和残疾儿童社会保障和服务应该得到更多的重视和投入。

三是从残疾人权益保障的角度来看，歧视残疾人、侵害残疾人合法权益的现象仍时有发生。其中，残疾人反映比较突出的包括就业歧视、残疾人专用机动车运营、智力残疾人劳动权益遭受侵害、残疾人征地拆迁中的权益得不到有效保障等。全国残疾人状况监测数据显示，2007-2010年度有法律援助或司法救助需求的残疾人数逐年增加，残疾人的权利意识增强，而2010年度仅有2.6%有需求的残疾人接受过法律援助或司法救助，残疾人法律援助或司法救助工作仍待加强。

上述困难和问题需要在"十二五"时期通过加快发展残疾人事业予以解决。

（四）"十二五"时期 残疾人事业面临的发展机遇

《国民经济和社会发展第十二个五年规划纲要》（以下称"国家'十二五'规划纲要"）指出："十二五"是全面建设小康社会的关键时期，是深化改革开放、加快转变经济发展方式的攻坚时期。

国家"十二五"规划纲要将保障和改善民生放在突出重要的位置，作为加快转变经济发展方式的根本出发点和落脚点，要求加快发展各项社会事业，推进基本公共服务均等化，使发展成果惠及全体人民。这些重大战略部署为残疾人事业发展提供了十分有利的政策环境和物质基础。

国家"十二五"规划纲要第八篇"改善民生建立健全基本公共服务体系"第三十六章"全面做好人口工作"设立专节，以"加快残疾人事业发展"为题部署"十二五"时期残疾人工作，要求"健全残疾人社会保障体系和服务体系，为残疾人生活和发展提供稳定的制度性保障。实施重点康复和托养工程、0－6岁残疾儿童抢救性康复工程和'阳光家园'计划，推进残疾人'人人享有康复服务'。大力开展残疾人就业服务和职业培训。加大对农村残疾人生产扶助和生活救助力度。丰富残疾人文化体育生活。构建辅助器具适配体系，推进无障碍建设。制定和实施国家残疾预防行动计划，有效控制残疾的发生和发展"。同时，国家"十二五"规划纲要还对鼓励发展残疾人居家服务、关心和支持特殊教育、改善特殊教育学校办学条件、逐步实行残疾学生高中阶段免费教育以及加强残疾人、孤儿福利服务等提出了明确要求。分量之重、要求之明确，以往国民经济和社会发展规划从未有过，这一重大创新安排为"十二五"时期将残疾人事业进一步纳入国民经济和社会发展的大局、争取更多的公共资源配置、促进残疾人事业与经济社会协调发展提供了有利的制度支撑。正在制定的首个国家基本公共服务体系规划也将残疾人基本公共服务专章予以安排，进一步明确城乡残疾人作为政府基本公共服务的重点受益人群，显著提高了政府针对残疾人的公共服务供给水平。因此，"十二五"将成为加快发展残疾人事业的重要阶段，应当抓住机遇、乘势而上，推进残疾人"两个体系"建设迈出关键性的新步伐，缩小残疾人生活状况与社会平均水平的差距，努力使残疾人同全国人民一道向着更高水平的小康社会迈进。

二、"十二五"时期
残疾人事业发展的总目标和指导原则

这一部分是纲要的总纲,包括指导思想、基本原则、发展目标和主要工作指标四个方面,明确了"十二五"时期我国残疾人事业的战略思路,体现了当前和今后一个时期国家发展残疾人事业的总体意图,为各级党委、政府和残联组织共同做好残疾人工作确立了新的目标,也为全社会和广大残疾人及其亲属参与支持残疾人事业发展提供了基本导向。

(一)关于指导思想

残疾人事业"十二五"发展纲要指出:"十二五"时期,残疾人事业的发展要高举中国特色社会主义伟大旗帜,以邓小平理论和"三个代表"重要思想为指导,深入贯彻落实科学发展观,全面落实《中共中央国务院关于促进残疾人事业发展的意见》,按照"政府主导、社会参与,国家扶持、市场推动,统筹兼顾、分类指导,立足基层、面向群众"的三十二字方针,健全残疾人社会保障体系和服务体系,使残疾人基本生活、医疗、康复、教育、就业、文化、体育等基本需求得到制度性保障,促进残疾人状况改善和全面发展,为残疾人平等参与社会生活创造良好的环境和条件,为全面建设小康社会和构建社会主义和谐社会作出贡献。

以上指导思想,概括了"十二五"时期我国残疾人事业的发展战略和重点方向。与前几个五年纲要相比,这一指导思想突出了以下特征:

1. 强调了科学发展观的统领作用和指导地位

一方面，科学发展是主题。中央关于制定国家"十二五"规划的建议指出："以科学发展为主题，是时代的要求，关系改革开放和现代化建设全局。"坚持科学发展，就要更加注重以人为本，更加注重全面协调可持续发展，更加注重统筹兼顾，更加注重保障和改善民生，促进社会公平正义。2011年2月19日，胡锦涛总书记在中央党校加强与创新社会管理专题研讨班上强调，要把保障和改善民生作为加快转变经济发展方式的根本出发点和落脚点，坚定不移走共同富裕道路，完善保障和改善民生的制度安排，加快发展各项社会事业；并明确提出了要发展妇女儿童事业，培育壮大老龄服务事业和产业，健全残疾人服务体系，使发展成果更好惠及全体人民。另一方面，残疾人事业经过几十年的努力，已经进入以残疾人需求为导向，全面、协调、可持续的科学发展的新阶段。所谓全面，就是残疾人工作由点及面，残疾人服务由部分人群向全体人群覆盖，残疾人事务由重点业务向全面业务拓展；所谓协调，就是要统筹兼顾残健之间和城乡之间，地区之间甚至不同年龄、性别、残疾类别、残疾程度的残疾人之间的实际差别，实现均衡发展；所谓可持续，就是要更加重视残疾人工作的制度、机制和规范、标准建设，促进残疾人事业长效发展。

2. 明确了全面深入落实中央决策部署的基本要求

2008年3月，中央7号文件对今后一段时期我国残疾人事业发展作出了重大部署。近三年来，中央有关部门制定了一系列法规和政策措施；各省、市、自治区党委、政府结合实际出台了贯彻中央决策部署的实施意见，各地区、各部门实施了一大批惠残工程和助残项目，推动了中央7号文件精神在全国范围的有效落实。在此过程中，对中央7号文件精神的深刻内涵和深远意义的认识进一步加深，包括残疾人"两个体系"建设的核心目标，"国家扶持、市场推动、统筹兼顾、分类指导，立足基层、面向群众"的指导原则，"生命健康权、生存权、发展权"的基本权益框架和"党委领导、政府负责"的残疾人工作领导体制等一系列残疾人事业发展的新思路、新理念，也都在实践层次上有了新的成果。残疾人事业"十二五"发展纲要是中央7号文件出台后编制的第一个五年规划，其总体目标、指导原则和任务措施必须体现中央的决策部署精神，从而推动中央7号文件的深入贯彻落实，促进残疾人事业在新的发展阶段再上一个新台阶。

3. 深化了推进残疾人"两个体系"建设的战略任务

残疾人社会保障体系是指国家和社会针对残疾人的特殊困难和特殊需求，建立的保障残疾人基本生活的各项法律、法规、规章和政策的制度总称；残疾人服务体系是国家和社会针对残疾人特殊性、多样化、类别化的服务需求，以社区为基础、机构为骨干、家庭为依托，建立覆盖城乡残疾人，涵盖生活照料、医疗卫生、康复养护、社会保障、教育培训、劳动就业、文化生活、法律维权等内容的社会服务系统。

残疾人社会保障体系和服务体系建设发端于中央7号文件，成形于中国残联五代会，在国办19号文件中得到全面系统的阐述，已经被确定为今后一段时期我国残疾人事业发展的战略任务和核心内容。温家宝总理在2010年、2011年《政府工作报告》中"加快推进残疾人社会保障体系和服务体系建设"以及国家"十二五"规划纲要中"健全残疾人社会保障体系和服务体系"的要求，表明残疾人"两个体系"建设已经融入国家发展大局，上升为国家战略的一个方面。残疾人"两个体系"建设适应当前保障和改善民生、实现基本公共服务均等化的国家宏观政策环境，符合广大残疾人生存和发展的基本需要，体现保障残疾人基本权益的内在要求，必须作为贯穿"十二五"时期残疾人事业发展的一条主线加以重视和推进。残疾人事业"十二五"发展纲要不仅把"两个体系"建设作为发展残疾人事业的指导思想,而且将之视为核心的目标和基本的原则,可见其地位之显、分量之重。

4. 突出了制度建设这一重要着力点和抓手

残疾人事业"十二五"发展纲要提出"使残疾人基本生活、医疗、康复、教育、文化体育等基本需求得到制度性保障"的要求,标志着"十二五"时期残疾人保障和服务将实现从临时性救助向制度性保障,从非常态服务向常态化、规范化服务的历史性转变。"十二五"时期残疾人事业要融入大局更加充分、保障政策加速整合、服务体系加快完善、社会支持加大力度、残疾人参与社会更加活跃,关键是要抓好制度建设,加强残疾人事业政策法规建设,完善与残疾人工作有关的体制、机制、标准、规范。制度管长远、管根本、管全局,尤其对于发展历史不长、发展基础薄弱的残疾人事业来说,加强制度建设,有利于从根本上缩小残健、城乡和地域之间的差距,从而推动残疾人事业在规范化、可持续的发展道路上迈进。

(二) 关于指导原则

残疾人事业"十二五"发展纲要全面贯彻落实科学发展观,按照中央7号文件和国家"十二五"规划纲要的要求,结合残疾人事业发展的规律和阶段性特征,提出了六个方面的指导原则:

1. 坚持以残疾人为本

以残疾人为本,第一是以人为本,以促进人的全面发展为根本目的。《残疾人权利公约》要求接受残疾人是人的多样性的一部分和人类的一分子。中央7号文件指出,残疾人是一个数量众多、特性突出、特别需要帮助的社会群体。发展残疾人事业,首要的任务是必须着眼于解决残疾人最关心、最直接、最现实的利益问题,立足于改善残疾人的生存、生活和生产状况,促进残疾人全面发展。第二,以残疾人为本,要把满足残疾人的特殊需求放在重要的位置。残疾人由于自身残疾和外界障碍的影响,他们在生存、参与和发展等方面面临着更大的困难,需要政府和社会给予重点保障和特别扶助。第三,以残疾人为本,就是要坚持以权利为本,尊重残疾人的主体地位,维护残疾人的尊严,保障残疾人的政治、经济、文化、社会各方面权利,使残疾人能够充分平等地参与社会生活,共享社会发展的成果。第四,以残疾人为本,就是要坚持以残疾人全面实现人生价值为本,激励残疾人自尊、自信、自强、自立,激发残疾人参与社会生活的主观愿望,增强残疾人回归社会、创造社会财富的能力,帮助残疾人投身于社会主义现代化建设的伟大实践,全面实现人生价值。因此,在"十二五"时期促进残疾人事业全面发展和推动残疾人工作深入开展的过程中,出发点和落脚点都要放在残疾人这个群体上,要以残疾人利益能不能得到切实维护、特殊需求能不能得到更好满足、综合素质能不能得到进一步提高、各方面状况能不能得到持续改善,作为想问题、定思路、出决策的衡量标准。当前这个阶段,尤其需要根据全国残疾人状况的实际,重视解决好残疾人基本生活、医疗、康复、教育、就业、住房和文化体育等基本需求,保障和改善好残疾人民生,为残疾人全面发展创造良好条件。

2. 坚持以加快发展为主题,以残疾人"两个体系"建设为主线

加快发展残疾人事业的要求,是根据现阶段我国经济社会发展环境、残疾人事业发展现状和广大残疾人实际期待提出的。第一,"十二五"时期,党和政府更加重视保障和改善民生,更加强调社会管理与创新,覆盖城乡居民的社会保障体系建设和基本公共服务均等化推进的速度进一步加快,力度不断加大,这一方面为残疾人的保障和服务提供了更好的思想基础、政策环境和物质条件,另一方面也对残疾人事业加快发展步伐、实现与经济社会协调发展提出了客观要求。第二,加快残疾人事业发展,是努力缩小残疾人生活状况与社会平均水平差距、逐步改变残疾人事业"短板"形象的现实要求。

　　2010年全国残疾人状况监测结果显示,残疾人生存状况虽然持续改善,但是城镇残疾人家庭人均可支配收入9365.8元,农村残疾人家庭人均可支配收入为4739.2元,残疾人家庭人均可支配收入仅为全国居民家庭人均可支配收入的59.0%,差距明显。监测结果表明,2010年度我国残疾人小康实现程度达57.4%,比上年度提高了3.9个百分点,是自2007年度监测以来增幅最大的一年,但是与2020年实现残疾人全面小康目标的差距仍然非常大。此外,我国残疾人人口总量规模大,地区发展不平衡,残疾人群众对分享社会发展成果的期待日益增加且呈现多样化,这都要求维持一定的发展速度,加紧弥补这一社会事业的"短板"。

　　残疾人是社会保障和公共服务的重点对象,也是社会管理与服务中需要重点帮扶的特殊人群。当前和今后一段时期,加快残疾人事业发展,重点要加快推进残疾人社会保障体系和服务体系建设。回良玉副总理在2011年国务院残工委第六次全体会议上强调,"十二五"时期是加快残疾人事业发展的重要时期。要以残疾人"两个体系"建设为主线,按照"完善保障保基本、突出服务促发展、增加供给惠民生、强化机制利长远"的总体要求,推动"十二五"时期残疾人工作有力有序有效开展。一要完善残疾人社会保障制度,将残疾人普遍纳入覆盖城乡居民的社会保障体系,并给予重点保障和特殊扶助。二要健全残疾人公共服务体系,加强残疾人公共服务机构和服务能力建设。三要增加残疾人基本公共服务供给,加大对残疾人事业的投入,着重保障残疾人生活、医疗、康复、教育、就业等基本需求,使更多的残疾人特别是重度残疾人、农村残疾人和残疾儿童能够享受到均等化的基本公共服务。四要强化残疾人"两个体系"建设长效机制,建立投入稳定增长的残疾人事业发展经费保障机制,形成推动残疾人事业发展的工作合力,为残疾人事业长远发展打好基础。可以说,"十二五"时期抓住了残疾人"两个体系"建设的主线,就抓住了残疾人事业的核心内容和战略重点;同样,抓好了残疾人"两个体系"建设,就能够促进残疾人事业又好又快发展。

3. 坚持党委领导、政府负责的残疾人工作领导体制

这一原则及其具体要求,最早见于2008年中央7号文件。残疾人事业是中国特色社会主义事业的重要组成部分,是社会主义和谐社会建设和全面建设更高水平小康社会的一项重要而紧迫的任务,也是我国人权保障的重要方面,必须紧紧依靠党对残疾人事业的领导,从政治上、思想上和组织上给予重视和支持,确保残疾人事业发展的正确方向,确保残疾人工作能够摆到各级党委和党组织的重要议事日程,确保广大残疾人群众的利益得到维护和发展。残疾人事业是一项跨部门、多领域的综合性社会事业,是一项公益性特征非常明显的公共服务事业,残疾人状况的改善和全面发展,需要各级政府和有关部门履行政府职能,落实行政责任,通过制定公共政策、利用公共资源、投入公共财政,发展社会福利,使残疾人均等地享受基本公共服务。残疾人事业也是社会管理与创新的重要方面,需要发挥各级残联组织在联系党和政府与广大残疾人之间的桥梁、纽带作用,参与残疾人事业的社会管理和公共服务,充分依靠各方面的力量,调动各方面的积极性,团结残疾人,联系残疾人,服务残疾人,最大限度增加和谐因素、最大限度减少不和谐因素。将残疾人工作领导体制作为一项基本原则写入残疾人事业"十二五"发展纲要,有利于强化组织领导,有利于落实保障措施,也有利于开展监督管理,确保各项政策和项目实施到位。

4. 坚持社会化工作方式

最大限度激发社会活力,最大限度动员社会参与,是20多年来和今后很长时期发展残疾人事业的重要力量源泉。社会各方面的参与、支持和投入程度,将成为检验残疾人事业发展水平的重要指标。坚持社会化的工作方式,就要坚持中央7号文件提出的"社会参与"、"市场推动"的基本原则,真正把社会支持残疾人事业的力量挖掘出来,把市场服务残疾人的资源激发出来,与政府公共资源一起,形成发展残疾人事业新的能量和合力。具体的途径大体有以下几个方面:一是培育、扶持服务残疾人的社会组织,按照中央7号文件的部署,通过公办民营、民办公助、政府补贴、政府购买服务等方式,鼓励和支持民间力量举办残疾人康复、教育、托养和文化等服务设施,开展居家助残服务,发展残疾人服务业。二是明确建立政府购买残疾人服务的项目,特别是将残疾人的养护照料、康复训练、辅助器具适配与无障碍的就学和就业支持等特殊服务内容,列入基本公共服务项目,通过政府出资购买服务,调动社会组织、企事业单位和个人的积极性,形成残疾人服务业市场,提升残疾人服务的社会化、专业化水平。三是完善税收等优惠政策,发展残疾人慈善事业,鼓励社会向残疾人捐赠款物和项目。四是强化社会舆论宣传,培育助残志愿者组织,弘扬志愿服务精神,形成扶残助残的良好社会风尚。坚持社会化工作方式,必须按照"党委领导、政府负责、社会协调、公众参与"的总要求,在残疾人保障和服务领域不断推进社会管理与创新。可见,坚持党委领导、政府负责,坚持社会化工作方式,是残疾人事业发展密不可分的两个车轮,要善于利用政府和社会两种力量和资源,谋取残疾人事业的更大支持。需要说明的是,残疾人事业"十二五"发展纲要对"发展残疾人服务业"尚未形成系统的论述,经济发达地区,要在"十二五"期间先行先试,积极发展残疾人服务事业和产业。

5. 坚持统筹兼顾和分类指导

统筹兼顾是推动科学发展的根本方法。针对当前残疾人事业发展不平衡的问题,充分考虑地区、城乡、人群之间的现实发展差距,统筹好全国残疾人事业,有计划地开展分类指导、分层次保障、分阶段推进工作,促进残疾人事业均衡协调发展。残疾人事业"十二五"发展纲要在两个方面对"统筹兼顾、分类指导"的原则进行深入阐析，对残疾人"两个体系"建设省级试验区和专项试点城市，要求大胆探索，开拓创新，先行先试，发挥典型示范作用；对中西部地区、革命老区、民族地区、边疆地区、贫困地区、农村和基层，要从政策、资金、项目上给予重点倾斜和扶持。"统筹兼顾、分类指导"，是从实现规划总体目标的高度提出的要求，相应地，要求各地区、各部门特别是基层社区和农村结合实际，因地制宜，务实创新，为残疾人事业发展不断增添新的活力。

6. 坚持解决当前问题与完善制度体系相结合

这一原则也是根据我国的现实国情和残疾人事业发展的阶段性特征提出的。要充分考虑残疾人困难群体的特殊性，认真对待、积极解决残疾人反映突出的各种现实问题。同时更要多做利于长远发展的工作，认真研究残疾人群众的特殊困难和需求，积极总结残疾人工作的规律和特点，注重从政策和法规上建立健全残疾人保障制度，从体制机制的源头上提高保障水平和服务能力。

（三）关于总目标

根据中央7号文件和国办19号文件对残疾人事业2015年、2020年发展目标的要求，残疾人事业"十二五"发展纲要提出了六个方面的主要目标：一是残疾人生活总体达到小康，参与和发展状况显著改善；二是建立起残疾人社会保障体系和服务体系基本框架，保障水平和服务能力明显提高；三是完善残疾人事业法律法规政策体系，依法保障残疾人政治、经济、社会、文化教育权利；四是加强残疾人组织和人才队伍建设，提高残疾人事业科技应用和信息化水平；五是系统开展残疾预防，有效控制残疾的发生和发展；六是弘扬人道主义思想，为残疾人平等参与社会生活、共享经济社会发展成果创造更加有利的环境。

残疾人事业"十二五"发展纲要提出的这些目标，与"十一五"纲要相比，具有以下明显特点：第一，综合性。"十一五"纲要是围绕残疾人康复、教育、就业、扶贫、社会保障、文化生活等专项业务工作设置目标；残疾人事业"十二五"发展纲要的各项目标是围绕人的全面发展和事业的整体发展设置，本身可以分解出低一层次的具体指标或目标，例如第一项目标，就可以分解为生存、参与、发展三方面目标，而这三个方面目标又是由一系列更低一层的具体指标支撑的。第二，宏观性。以上六个目标，全部都是质的、阶段发展水平的描述，没有直接的、量的、操作意义上的指标项及指标值。实际上，第一项和第二项目标都是统领性的目标，其中第一项目标，就是由残疾人事业"十二五"发展纲要专栏四"残疾人事业'十二五'发展纲要执行评估指标体系"的20项指标复合而成的，尽管这套指标体系为适应"两个体系"建设需要，被改造成"社会保障"、"公共服务"、"生活水平"，其实它仍然保留着"残疾人全面小康评估指标体系"的基本面貌，包含着残疾人生存状况、参与程度和发展水平三个方面的指标系统。第二项目标，即建立残疾人社会保障体系和服务体系，其实可以分解为残疾人事业"十二五"发展纲要专栏一"主要工作目标"的三个方面19项具体工作目标。第三，战略导向性。与以上两个特点相关联，六个方面的目标无法被直接评估，主要依靠对工作目标的检查考核和具体指标的评估，因此设置这6项目标，旨在引领残疾人事业新阶段新的战略发展方向。如从第四项目标中可以看出，"十二五"时期将重视残疾人事业人才、科技、信息化等软件服务支撑系统的建设，预示着残疾人事业将从注重量的增长向质的提高发展。

鉴于后面的章节还要对具体的工作目标和发展纲要评估指标体系进行解读，这里着重分析介绍一下第一和第二项目标。

第一项目标中，把参与、发展状况与生活状况相提并论，体现了对人的全面发展的认识，也表明随着残疾人事业"十二五"发展纲要的实施，残疾人事业已经从生存救助阶段向福利服务阶段发展。"残疾人生活总体达到小康，参与和发展状况显著改善"，是一个统领性的目标,既与残疾人事业"十一五"发展目标相互衔接,又反映了中央提出的"十二五"时期为建成全面小康社会打下具有决定性意义基础的总体要求,是一个经过努力才能实现也能够实现的目标。这一目标的确定既考虑必须与国家全面建设小康社会的目标指向一致,又要从残疾人状况与社会评价水平差距较大的现实出发,体现加快缩小差距、共同奔向更高水平小康社会的要求。从2007年以来,残疾人小康实现程度的提高速度来看,预计到2015年残疾人小康实现程度可接近或达到80%,个别指标会接近全面小康的预计目标,残疾人小康进程将迈进一大步,参与和发展状况也会得到显著改善。中国残联、国家统计局、民政部、卫生部组织开展的全国残疾人状况年度监测数据表明,2010年残疾人小康实现程度为57.4%,而国家小康实现程度为77.1%,差距是非常明显的。

　　第二项目标,"建立起残疾人社会保障体系和服务体系的基本框架,保障水平和服务能力明显提高"。国办19号文件明确指出,到2015年,建立起残疾人"两个体系"基本框架,使残疾人基本生活、医疗、康复、教育、就业等基本需求得到制度性保障,残疾人生活进一步改善。可见,"基本框架"至少有三个层次的意义:第一,针对残疾人的基本需求给予保障和服务,就是"保基本、低标准、广覆盖";第二,这种保障已经是制度性的保障,而不是临时性救助,也就是说,对残疾人的保障通过法律、法规、政策等形式确定下来,是一种稳定的、可持续的保障形态;第三,这种保障一定是重点保障和特别扶助相结合,一般性制度安排与专项制度安排相结合,普惠、优惠、特惠保障相结合,体现残疾人保障和服务的特殊性和多样化。

三、残疾人社会保障

残疾人社会保障工作主要集中于残疾人社会救助、社会保险和社会福利三个方面。残疾人事业"十二五"发展纲要突出强调了三个领域的基本要求和重点任务，即残疾人基本生活、基本养老、基本医疗；同时，纲要还明确提出扩大残疾人社会福利范围，提高残疾人社会福利水平。这既契合了党的"十七大"提出的"以社会保险、社会救助、社会福利为基础，以基本养老、基本医疗、最低生活保障制度为重点，以慈善事业、商业保险为补充，加快建立覆盖城乡居民的社会保障体系"的指导思想，与国家"十二五"规划纲要"完善保障和改善民生的制度安排"的总体要求也保持了一致，同时，也是针对贯彻落实中央7号文件和国办19号文件，进一步明确加强残疾人社会保障体系建设的基本框架和阶段性任务目标。

加快残疾人社会保障体系建设，保障残疾人基本生活，不仅是"十二五"残疾人事业发展的重要任务，也是各级党委和政府加快建设覆盖城乡居民的社会保障体系的重要内容。改革开放以来，特别是近年来，残疾人事业得到了较快的发展，残疾人社会保障工作取得了显著的成效，但总的看还不够完善，存在着覆盖面小、保障水平低、制度不健全等问题。在新的形势下，必须加快建设和完善残疾人社会保障体系。而残疾人社会保障体系无论是在指导思想还是在方针政策上都必须与国家加快推进的覆盖城乡居民社会保障体系相一致，也必须坚持广覆盖、保基本、多层次、可持续的指导方针，以社会保险、社会救助、社会福利为基础，以基本养老、基本医疗、最低生活保障制度为重点，以慈善事业、商业保险为补充，加快建立残疾人的社会保障体系。为此，做好"十二五"残疾人社会保障工作，推进残疾人社会保障体系建设，需要着重抓好以下几个方面：

一是为残疾人基本生活提供稳定的制度性保障。按照分类施保的原则，着力在低保残疾人标准提高、成年重度残疾人单独立户纳入低保、低收入残疾人专项救助、特困残疾人专项救助等方面建立一系列优惠政策，并基本形成解决残疾人基本生活困难的长效机制。二是城乡残疾人普遍按规定参加基本养老保险和基本医疗保险。进一步推动残疾人参加城乡养老保险和基本医疗保险的参保优惠政策的建立和完善，落实城乡残疾人参加基本养老保险和新型农村合作医疗、城镇居民医疗保险的优惠政策，帮助和鼓励残疾人积极参保。三是逐步扩大残疾人社会福利范围，提高社会福利水平。加大残疾人福利制度的研究，初步建立残疾人社会福利制度框架，使残疾人福利水平的提高成为改善残疾人社会保障状况的重要途径。

（一）社会救助

近年来，为保障城乡困难群众的基本生活，各级党委和政府积极推进城乡社会救助体系建设，城乡低保、农村"五保"供养、农村特困户生活救助、城乡医疗救助等专项救助和各项临时救济救助政策制度逐步健全完善，社会救助体系框架基本形成。"十一五"期间，全国共保障城乡低保对象7500多万人，农村"五保"对象550多万人，城乡6600多万人次得到了医疗参保、参合资助和直接医疗救助。大部分省、市、自治区建立了临时救助制度。为保障残疾人基本生活，各级党委和政府针对残疾人特殊困难和需求，按照分类施保的原则，对残疾人群体中的特殊困难人员的生活给予特殊制度安排和重点保障。中央7号文件、国办19号文件分别强调，按照重点保障和特殊扶助的要求，研究制定针对残疾人特殊困难和需求的社会保障政策措施。着力解决好重度残疾、一户多残、老残一体等特殊困难家庭的基本生活保障问题，做好低收入残疾人家庭生活救助。目前，近一半省、市、自治区已经出台针对重度或贫困残疾人的专项救助政策，残疾人最低生活保障分类施保、特困残疾人家庭基本生活和基本医疗优先救助等扶助措施广泛实践。截至2010年，全国纳入城镇最低生活保障的残疾人有近250万，纳入农村最低生活保障的残疾人达680万。500多万城乡残疾人得到集中供养、"五保"供养和生活、医疗救助以及各项临时救济救助。

同时，还应清醒地看到，残疾人社会救助工作面临的形势仍十分严峻，残疾人收入水平与社会平均水平之间的差距依然很大，残疾人贫困面广、贫困程度高的状况短时期内难有根本改变，残疾人医疗救助和生活救助的需求还难以得到有效的满足。截至2010年，全国24%的城镇残疾人和28.6%的农村残疾人家庭人均收入低于当地最低生活保障线；残疾人家庭人均可支配收入仅占全国居民家庭人均可支配收入的59.0%，人均年收入低于国家贫困线（1196元）的农村残疾人达到1089万。残疾人家庭人均住房使用面积为20.3平方米，比全国居民家庭人均住房使用面积低6.5平方米。全国未就业残疾人中，37.6%的城镇残疾人和70%的农村残疾人生活来源主要依靠其他家庭成员供养。54.3%的城镇残疾人和63.5%的农村残疾人有医疗救助需求，有生活救助需求的城乡残疾人也分别达到48.7%和66.2%。保障残疾人基本生活亟须建立稳定的制度性保障。

一是要为残疾人基本生活提供稳定的制度性保障。保障残疾人基本生活是发展残疾人事业和建设残疾人社会保障体系的基本要求和核心内容。近年来，各级党委和政府高度重视残疾人基本生活保障，分别针对不同情况制定实施了大量的政策措施，但缺乏统一的制度规范的政策体系，而且短期性、临时性情况普遍，碎片化现象严重，缺乏稳定性、系统性和持久性。国家"十二五"规划纲要将保障残疾人基本生活作为改善和保障民生的重要内容，强调在加快推进覆盖城乡居民的社会保障体系中，健全残疾人社会保障体系和服务体系，为残疾人生活和发展提供稳定的制度性保障。因此"十二五"期间，做好残疾人社会保障工作，应当立足于保障残疾人基本生活，着力完善城乡残疾人最低生活保障特殊性制度安排，研究低收入残疾人专项生活救助制度，推动重度残疾、一户多残、老残一体等特困残疾人专项救助政策,通过制度建设,形成残疾人基本生活保障稳定改善的长效机制。

二是要将残疾人普遍纳入覆盖城乡居民的社会保障体系并予以重点保障和特殊扶助。加快推进覆盖城乡居民的社会保障体系建设,是"十二五"时期保障和改善民生、加强社会建设的一项重要任务。残疾人受自身残疾和外界环境障碍的影响,相对于一般社会保障对象,有着特殊的困难和需求。中央7号文件针对残疾人的特殊困难明确提出,"按照重点保障和特殊扶助的要求,研究制定针对残疾人特殊困难和需求的社会保障政策措施"。在建设覆盖城乡居民的社会保障体系过程中,更加关注残疾人特殊需求,对残疾人予以重点保障和特殊扶助不仅是社会保障"公平、正义"宗旨原则的重要体现,也是贯彻社会保障体系建设"广覆盖、保基本、多层次、可持续"方针的基本要求。近年来,为保障残疾人基本生活,各级党委和政府针对残疾人特殊困难和需求,制定出台了一系列优惠扶助政策措施,必须通过加强贯彻落实夯实实践基础,通过政策制度的完善放大政策效应,推进残疾人社会救助制度的丰富和完善。

三是夯实最低生活保障残疾人分类救助制度。城乡居民最低生活保障制度是国家社会保障体系的重要组成部分,是从制度上保障城乡贫困人口基本生活的重要途径,也是救助贫困群体基本生活、维护社会公平的最后一道安全网和保障网。城乡最低生活保障制度目前已经由全面推进阶段和扩大保障面阶段迈向稳步提高发展阶段。"十二五"城乡低保目标是使城乡困难群体都可享有最低生活保障,从而建立起较为完善的城乡居民最低生活保障制度,确保所有符合条件的城乡特困居民的生活都得到有效保障,即将目前的城乡贫困人口全部纳入最低生活保障制度的范围。因此,将符合条件的残疾人全部纳入城乡最低生活保障,实现应保尽保,是做好残疾人社会救助工作的基本要求和最低底线。对此,中央7号文件和国办19号文件都特别强调要"保证符合条件的贫困残疾人能够享受城乡居民最低生活保障和有关生活救助待遇"。此外,考虑到成年重度残疾人基于生活照料和护理方面的特殊需求以及生活困难原因而与父母及其他亲属共同生活的特殊情况,对靠父母或兄弟姐妹供养的成年重度残疾人单独立户的,按规定纳入低保范围。地方可对符合条件的重度残疾人、一户多残、老残一体等困难残疾人家庭和低收入残疾人家庭给予临时救助。实践中,一些地区对重度无业残疾人单独立户并按低保标准给予全额补助,取得了良好的社会反响。

四是加强对城乡流浪乞讨生活无着的残疾人按规定给予及时救助和妥善安置。城乡流浪乞讨生活无着的残疾人是指因自身无力解决食宿,无亲友投靠,又不享受城市最低生活保障或者农村"五保"供养,而在城乡流浪乞讨的残疾人员。流浪乞讨人员同样是社会救助的主要对象,流浪乞讨残疾人则需要得到更多的关注和救助。2003年6月,国务院公布《城市生活无着的流浪乞讨人员救助管理办法》,对生活无着的流浪乞讨人员救助办法作了具体的规定,其中对残疾人的救助和安置给予了特别强调。国办19号文件提出,对城乡流浪乞讨生活无着的残疾人按规定给予及时救助和妥善安置。

五是提高残疾人住房保障水平。党中央、国务院高度重视残疾人群众的民生,关心城乡低收入残疾人家庭的住房问题。中央7号文件明确要求,"加快实施农村贫困残疾人家庭危房改造项目,城市廉租住房政策和农村危房改造计划优先照顾残疾人家庭"。国办19号文件对加快城乡低收入残疾人家庭保障性住房建设步伐和制定优先特惠政策提出具体明确要求。2010年7月,国家住房城乡建设部、发改委、财政部、民政部、国务院扶贫办、中国残联共同制定下发了《关于优先解决城乡低收入残疾人家庭住房困难的通知》,提出了17条具体措施,要求各地对城乡低收入残疾人家庭保障性住房建设统筹考虑,优先安排并给予特殊优惠。各地普遍把解决城乡低收入残疾人家庭住房困难作为保障残疾人基本民生的重要工作,给予重点关注、优先解决。浙江省拟于2012年,在城镇,对住房困难残疾人廉租房和经济适用房做到应保尽保,优先落实房源,优先配租实物;在农村,对残疾人家庭危房进行旧房改造,优先安排,各级财政补助优先到位。北京市决定，在全市三年完成新建、改建抗震节能农民住宅 7.2 万户工作目标中，优先解决农村贫困残疾人；农村残疾人低保户危旧房翻建维修优先安排并给予高于健全人补贴标准。吉林省充分考虑低收入残疾人困难家庭的利益和需要，对其给予最大限度的政策倾斜，确保残疾人在回迁安置、资金补偿和享受政府廉租住房保障等方面得到照顾；对农村危房改造重残户地方配套补助金高于基本标准 15% 的比例予以资助；对居住危房、确无自筹能力的特困残户，予以全额帮建。黑龙江省在全省"三棚一草"危房改造工作计划中安排一定比例，用于残疾人危房改造；适当提高重度残疾人家庭廉租住房资金补贴标准。天津市将中心城区人均住房使用面积低于 7.5 平方米的低收入重残和一户多残家庭，纳入廉租住房实物配租政策实施范围。通过制定实施廉租住房、经济适用住房、棚户区改造和农村危房改造等政策措施的落实，各地较好地解决了低收入残疾人群众住房困难，大批城乡贫困残疾人受益。

六是多渠道保障残疾人康复医疗需求。医疗救助范围窄和医疗救助水平低以及残疾人康复费用报销难的问题始终是影响城乡贫困残疾人基本生活的主要因素，也往往导致城乡贫困残疾人小病扛、大病拖，因病致残、因残致贫、因贫加剧病情恶化和残疾程度加重的恶性循环状况比较普遍。2010 年度残疾人状况监测报告显示，城镇残疾人家庭人均医疗保健支出为 1333.9 元，是全国城镇居民家庭人均医疗保健支出的 1.56 倍；农村残疾人家庭人均医疗保健支出为 602.0 元，是全国农村居民家庭人均医疗保健支出的 2.09 倍。监测还表明，残疾人最迫切的需求仍为医疗救助，城镇为 54.3%，农村为 63.5%；第三位是康复救助，城镇为 24.1%，农村为 30.5%。因此，加强残疾人特别是贫困残疾人医疗救助和康复救助显得十分迫切和必要。"十二五"期间，要将符合条件的城乡贫困残疾人全部纳入医疗救助范围，逐步提高救助标准。强化残疾人康复救助手段，对贫困残疾人无法通过医疗保险和医疗救助渠道解决的康复费用予以补助，努力减轻和消除康复医疗支出对残疾人基本生活的影响。

（二）社会保险

社会保险是国家通过立法建立的，保障公民在年老、疾病、工伤、失业、生育等情况下依法从国家和社会获得物质帮助权利的一项重要的社会保障制度。坚持以基本养老保险和基本医疗保险为重点，保障残疾人充分参加各类社会保险，也是残疾人社会保障体系建设的核心任务。党和政府高度重视保障残疾人参加社会保险的权益，《社会保险法》、《残疾人保障法》、《国务院关于开展新型农村社会养老保险试点工作的指导意见》、《中共中央、国务院关于促进残疾人事业发展的意见》以及国务院办公厅转发中国残联等部门和单位《关于加快推进残疾人社会保障体系和服务体系建设指导意见》的通知，都突出强调对残疾人参加基本社会保险给予扶助和照顾。截至"十一五"末，城镇职工参加基本养老保险、基本医疗保险的比例分别达到83.2%和93.5%，城镇居民参加基本医疗保险的达到74.5%。农村残疾人参加新型农村合作医疗的比例达到96%，开展新型农村社会养老保险试点的地区已有475万残疾人参加社会养老保险，达到试点地区应参保残疾人数的73%。其中重度残疾人105.5万，参保重度残疾人中92.4万得到全部或部分代缴的扶助和照顾，全额代缴的占82%。98.4万非重度残疾人也得到全部或部分代缴的扶助和照顾。然而，作为社会保障制度的重要内容，残疾人参加社会保险依然存在许多困难和问题：一是残疾人普遍收入不高，参保缴费能力较弱。城乡900多万残疾人家庭人均收入低于当地最低生活保障标准，残疾人家庭人均可支配收入仅有社会平均水平的一半左右，普遍生活困难，残疾人参保缴费困难的情况广泛存在。二是社会保险参保率低，覆盖面窄。截至2010年，仍有23.9%的城镇残疾人没有参加任何一种社会保险，城镇个体工商户残疾人基本养老保险和基本医疗保险的比例分别仅有3.1%和5.1%。三是残疾人参保缴费扶助政策目前大多集中于重度残疾人，其他缴费困难贫困残疾人优惠政策不多,扶助力度也有待进一步加强。

"十二五"期间,残疾人社会保险将坚持以基本养老保险和基本医疗保险为重点,通过政策的贯彻落实和制度建设的完善,推进残疾人参加社会保险逐步实现多层次、广覆盖的目标。

(1) 推进就业领域残疾人普遍参加社会保险

一是督促用人单位依法为残疾职工缴纳社会保险费,符合条件的残疾人按规定享受失业保险待遇。我国《社会保险法》规定,职工应当参加基本养老保险、职工基本医疗保险、工伤保险、失业保险和生育保险。其中基本养老保险、基本医疗保险和失业保险由用人单位和职工共同缴纳,工伤保险和生育保险费由用人单位缴纳,职工不缴纳。社会保险行政部门实施社会保险监督检查时,应当将残疾职工参保情况作为重点内容,确保残疾职工依法参加基本养老、医疗、失业、工伤和生育保险。为保障残疾失业人员失业期间的基本生活,对符合条件的残疾人按规定给予失业保险待遇。"符合条件"是指失业前用人单位和残疾人本人已经缴纳失业保险费满一年的,非因本人意愿中断就业,并且已经进行失业登记,并有求职要求。失业保险待遇包括领取失业保险金、参加职工基本医疗保险,享受基本医疗保险待遇。基本医疗保险费从失业保险基金中支付,个人不缴纳基本医疗保险费等。

二是将残疾人纳入就业扶持和就业援助政策范围,对企业吸纳、灵活就业和公益性岗位安置的残疾人,按规定给予社会保险补贴。按规定落实城镇贫困残疾人个体工商户缴纳基本养老保险费补贴。支持符合条件的企业按规定为残疾职工办理补充养老保险和补充医疗保险。

近年来,国家在促进就业工作中,陆续出台了一系列优惠政策,通过建立社保补贴制度,积极开展就业援助活动等,鼓励和支持用人单位招用就业困难人员和失业人员,国务院《关于进一步加强就业再就业工作的通知》、原劳动保障部《关于全面推进零就业家庭就业援助工作的通知》、财政部和劳动保障部《关于进一步加强就业再就业资金管理有关问题的通知》、人力资源和社会保障部《关于加强就业援助工作的指导意见》等政策文件，明确要求对企业吸纳就业困难人员以及灵活就业和公益性岗位就业给予社会保险补贴，并突出强调将残疾人列入就业困难人员给予重点照顾。

各地也普遍在贯彻实施中强化通过社保补贴帮助残疾人员实现就业。北京市规定用人单位招用中度残疾失业人员，签订1年及以上期限劳动合同的，在合同期内给予最长不超过3年的社会保险补贴；招用重度残疾失业人员，签订1年及以上期限劳动合同的，在合同期内给予最长不超过5年的社会保险补贴。用人单位招用中重度残疾失业人员，签订3年及以上期限劳动合同的，除按上述规定给予社会保险补贴外，每招用1人再给予一次性的岗位补贴。

为帮助城镇困难残疾人个体户参加基本养老保险，劳动和社会保障部、财政部、中国残联发布的《关于城镇贫困残疾人个体户参加基本养老保险给予适当补贴有关问题的通知》要求，对城镇贫困残疾人个体户缴纳基本养老保险费给予适当补贴，以促进和稳定个体就业。此外，国家鼓励企业为职工办理补充养老保险和补充医疗保险，《中华人民共和国企业所得税法实施条例》规定，企业为投资者或者职工支付的补充养老保险费、补充医疗保险费，在国务院财政、税务主管部门规定的范围和标准内，准予扣除。《关于补充养老保险费补充医疗保险费有关企业所得税政策问题的通知》规定，自2008年1月1日起，企业根据国家有关政策规定，为在本企业任职或者受雇的全体员工支付的补充养老保险费、补充医疗保险费，分别在不超过职工工资总额5%标准内的部分，在计算应纳税所得额时准予扣除；超过的部分，不予扣除。在落实国家相关政策的基础上，各地应当根据实际情况，制定优惠政策，支持企业为残疾职工办理补充养老保险和补充医疗保险。

三是制定非公有制经济从业残疾人员、残疾人农民工、被征地农村残疾人、灵活就业残疾人参加各类社会保险的优惠政策。对工

(农)疗机构、辅助性工场等集中安置残疾人就业单位办理社会保险给予优惠。扩大社会保障覆盖面,将符合条件的各类群体纳入社会保障制度,是"十二五"我国加快建设覆盖城乡居民的社会保障体系的重要方面,在城镇,将重点做好农民工、非公有制经济组织从业人员、灵活就业人员、城镇居民等群体的参保工作;在农村,将重点完善被征地农民的社会保障政策,实行先保后征。残疾人作为特殊困难群体,在扩大社会保障覆盖面方面,必须给予重点关注和照顾,切实保障他们的合法权益。工(农)疗机构、辅助性工场等集中安置残疾人就业单位中的残疾职工主要以精神、智力残疾人为主,难以按照相关法律法规形成一般意义上的劳动关系,为这些残疾人职工办理社会保险具有公益性和福利性,应当制定特别的保障政策和扶助措施予以鼓励和支持。

(2) 扩大城乡居民养老保险覆盖率

为加快建设覆盖城乡居民社会保障体系,推进基本公共服务均等化,实现广大农村居民老有所养,2009年9月国务院印发的《关于开展新型农村社会养老保险试点的指导意见》(国发〔2009〕32号)决定,从2009年开始,在全国10%的县(市、区、旗)开展试点,以后逐步扩大试点。2010年,新型农村社会养老保险试点已经扩大至全国24%的县(市、区、旗)。2011年年初,国务院决定将新型农村社会养老保险试点扩大到全国40%的县(市、区、旗)。2011年4月20日,国务院召开常务会议,决定中央财政增加安排123亿元,用于新型农村社会养老保险试点补助。增加安排后,2011年新型农村社会养老保险覆盖地区范围将从原计划的40%提高至60%,从7月1日起实施。国家"十二五"规划纲要提出,"十二五"期间,新型农村社会养老保险实现制度全覆盖。国务院的《指导意见》充分考虑残疾人特殊困难,强调对重度残疾人等缴费困难群体参加新型农村社会养老保险代缴部分或全部最低标准保险费。新型农村社会养老保险试点中,各地积极贯彻中央文件精神,残疾人参保优惠政策普遍得到落实并取得进一步突破。超过8成的试点县（市、区、旗）对重度残疾人参保代缴全部最低标准保险费，部分市县提高重度残疾人参保代缴档次，还有一些地区将残疾人参保补贴优惠向非重度残疾人延伸。

在加快推进新型农村社会养老保险试点的基础上，国务院决定，从2011年7月1日起启动城镇居民养老保险试点，城镇居民养老保险试点工作与"新农保"试点同步推进。建立城镇居民社会养老保险制度，是我国向城乡居民社会养老保险制度全覆盖迈出的重要一步，标志着我国社会养老保险制度体系的初步形成，对经济社会发展必将产生积极深远的影响。城镇居民养老保险将参照新型农村社会养老保险制度的基本框架，并吸收新型农村社会养老保险制度的经验，对残疾人参保给予优惠和照顾。城镇居民养老保险试点将在已开展新型农村社会养老保险试点的地区同步实施，2011年覆盖60%的县（市、区、旗）。做好城镇居民养老保险试点残疾人参保工作也是推进残疾人"两个体系"建设的重要内容，要将城镇居民养老保险与新型农村社会养老保险统筹规划，统一推进，全面做好残疾人特别是重度残疾人等优惠政策对象的筛查和建档立册等基础性工作，加强对残疾人参保优惠政策的研究和探索，鼓励和帮助残疾人积极参保。

(3) **巩固提高城乡医疗保险保障水平**

城镇居民基本医疗保险是国家面向不属于城镇职工基本医疗保险制度覆盖范围的中小学阶段的学生（包括职业高中、中专、技校学生）、少年儿童和其他非从业城镇居民基本医疗保险制度。《社会保险法》规定国家建立和完善城镇居民基本医疗保险制度。城镇居民基本医疗保险实行个人缴费和政府补贴相结合。享受最低生活保障的人、丧失劳动能力的残疾人、低收入家庭六十周岁以上的老年人和未成年人等所需个人缴费部分，由政府给予补贴。

我国城镇居民基本医疗保险从2007年开始试点，2009年实现全面覆盖，部分省市在国务院试点指导意见的基础上，进一步提高优惠幅度，对重度残疾人参保给予保费全额代缴或部分代缴，鼓励和帮助重度残疾人积极参保。如北京市对重度残疾人参保按每人每年1400元的标准给予全额补贴；江苏省徐州市对重度残疾人参保缴费由财政补贴70%，个人承担30%；广东省四会市、韶关市对于重度残疾人，其基本医疗保险费家庭缴费部分在省级财政补助后的差额由市、县（区）两级财政和当地城镇基本医疗救助金给予全额补助；吉林省吉林市对丧失劳动能力的重度残疾人参保对象，由各级财政补贴220元，残联代缴10元，其个人不缴费；广西对重度残疾人参保所需的家庭缴费部分，按每人每年增补不低于60元，各设区的市全部将低保对象中重度残疾人参保列为全额补助对象；大连市降低残疾人参加城镇居民基本医疗保险缴费基数，对重度残疾人和残疾人低保对象缴费给予100%补助，对低收入残疾人给予60%补助，其他残疾人给予40%补助；青岛市重度残疾人员参保按照每人每年900元的标准筹集，其中，个人缴纳150元，财政补助750元。

新型农村合作医疗制度是指农民自愿参加、以大病统筹为主的农民医疗互助共济制度。新型农村合作医疗资金通过中央转移支付和地方财政补助、集体扶持和农民个人缴费等渠道筹集。《社会保险法》要求，国家建立和完善新型农村合作医疗制度。新型农村合作医疗的管理办法，由国务院规定。卫生部、民政部、财政部《关于做好2011年新型农村合作医疗有关工作的通知》明确指出，将农村重度残疾人的个人参合费用纳入农村医疗救助资助范围。进一步提高保障水平，将新型农村合作医疗政策范围内的住院费用报销比例提高到70%左右，统筹基金最高支付限额提高到全国农村居民年人均纯收入的6倍以上，且不低于5万元。将重性精神疾病患者经常服药费用纳入门诊统筹或门诊特殊病种费用支付范围。按照卫生部、人力资源和社会保障部、民政部、财政部、中国残联五部门《关于将部分医疗康复项目纳入基本医疗保障范围的通知》的要求，将9类残疾人康复项目纳入新型农村合作医疗支付的诊疗项目范围。在加强残疾人参加城镇居民医疗保险和新型农村合作医疗优惠扶助的基础上，做好残疾人医疗康复和职业康复也是"十二五"期间残疾人医疗保险和医疗救助的重要内容。

此外，针对残疾人特殊需求，鼓励和支持商业保险公司开发适合残疾人的保险险种也是对残疾人社会保障的有益补充。在做好城乡残疾人参加基本社会保险的基础上，各级人民政府和有关部门应予鼓励，并对残疾人参加补充商业保险给予支持和帮助。

（三）社会福利

残疾人社会福利是指国家旨在弥补残疾人获取社会资源方面的障碍及参与社会生活方面的额外支出而采取的特别的物质支持和服务保障。残疾人社会福利不仅是我国残疾人事业发展的重要内容，也是覆盖城乡居民社会保障体系的重要组成部分。长期以来，除盲人免费搭乘市内公共交通工具、盲人读物邮件免费寄递等政策以及一般意义上的社会救助和社会保险之外，残疾人专项社会福利制度尚缺乏具体的政策体现。

"十二五"期间，我国将以扶老、助残、救孤、济困为重点，推动社会福利由补缺型向适度普惠型转变，逐步提高国民福利水平。在国家着力保障和改善民生，加快推进覆盖城乡居民的社会保障体系建设中，建立残疾人社会福利制度、发挥残疾人社会福利制度的保障性作用，已经成为建设残疾人"两个体系"、发展残疾人事业的重要任务。残疾人社会福利制度的建设必须结合我国国情，按照轻重缓急、分步实施的原则，首先研究探索贫困残疾人和重度残疾人的生活补贴制度和护理补贴制度，有条件的地方开展一户多残、老残一体等困难残疾人生活补助试点和重度残疾人护理补贴试点。同时，根据国办19号文件规定，逐步建立残疾人专项服务政府补贴制度，有条件的地方对重度残疾人适配基本型辅助器具、残疾人家居环境无障碍建设和改造、日间照料、护理、居家服务给予政府补贴。

此外，许多地方广泛实践给予残疾人水、电、燃气等经常性日常生活支出补贴。《安徽省优待扶助残疾人规定》要求减免生活困难的残疾人家庭的电话费、燃气费、水费、电费、有线电视收视费等费用。新疆维吾尔自治区实施《中华人民共和国残疾人保障法》办法规定，农村牧区残疾人生产、生活有困难的，应当减免水电费、义务工和其他社会负担。残疾人事业"十二五"发展纲要提出，要制定和落实残疾人生活用水、电、气、暖费用，挂号费、诊疗费，泊车费用，盲人、聋人手机短信和宽带费用以及农村筹资筹劳等方面的优惠政策。实际生活中，以上所列举的相关费用名目金额都不会很大，但又属于生活必需的支出项目，与残疾人的基本生活息息相关。制定落实相关优惠政策，一方面是顺应广大残疾人建立广泛的社会福利政策的热切期盼，另一方面也反映出党和政府保障和改善残疾人民生的决心。

"十二五"期间，还要研究制定无民事行为能力和限制民事行为能力残疾人财产信托、人身和财产保险等保护措施。残疾人财产信托是残疾人社会福利制度的重要组成部分，对保障残疾人特别是智力、精神等无民事行为能力和限制民事行为能力的残疾人，以及生活自理能力缺失的重度残疾人，在其直系亲属或监护人丧失或失去抚养和监护能力时，仍能受到应有照顾及保障，并能妥善管理相应的财产具有积极的意义。无民事行为能力和限制民事行为能力的残疾人，由于无法或无法有效管理自己的财产，他们的财产往往容易被他人侵占、夺取，或无法使财产正常发挥对残疾人自身应有的保障作用。因此，建立残疾人财产信托制度，对残疾人自己的财产或其父母、家属准备用来照顾他们的财产进行有效管理，并利用受托财产及其收益对残疾人生产生活和参与社会给予保障已经成为残疾人"两个体系"建设的重要内容和任务目标。我国《信托法》也将扶助残疾人的信托确定为公益信托的范围给予规范。除财产信托需求外，残疾人参加相关人身和财产保险的需求近年来增长很快，一些地方也开始探索通过政府补贴或通过社会各界的支持和慈善公益组织的捐助，帮助残疾人参加相关补充商业保险。但在实践中，残疾人参加相关商业保险时仍然存在很多困难和问题，区别性对待比较普遍，也缺乏针对性的险种和渠道，开展相关政策的研究和探索也已成为推动残疾人社会保障体系建设的急迫课题。

伤病残军人为国家和军队建设作出重要贡献，应当受到国家和社会的尊重、优待。妥善安置伤病残军人是地方各级政府和军队各级组织的共同政治责任，要坚持为国防和军队建设服务的方针，贯彻以人为本、妥善安置、各得其所的原则，扎实推动伤病残军人退役安置工作科学发展。《伤病残军人退役安置规定》对伤病残军人的退役方式、安置办法、住房和医疗保障等问题作出了全面系统的规范，是军地各级组织做好伤病残军人退役安置工作的基本原则和依据。在贯彻落实《伤病残军人退役安置规定》，做好退役伤病残军人住房、医疗等保障工作的基础上，重点围绕康复、教育、就业、扶贫及文化、体育等公共服务和保障问题，确保伤病残退役军人得到优先优惠安排，通过逐步提高保障待遇，完善抚恤补助标准自然增长机制，广泛开展"关爱功臣"活动等措施，切实保障伤病残军人的生活水平不低于当地群众平均生活水平。

（四）慈善事业

慈善是指由社会团体、民间组织及个人开展的、对社会困难人群给予支持和帮助的社会公益行为，具有自愿性、民间性和社会性等特征。残疾人慈善事业是以残疾人为特定受益人群的一项社会公益事业，是政府主导下的社会保障体系的必要补充，更是残疾人社会保障体系和服务体系建设的重要内容。党的十六届四中全会提出，要建立社会保险、社会福利、社会救助和慈善事业相衔接的社会保障体系。党的"十七大"进一步明确，要以社会保险、社会福利为基础，以基本养老、基本医疗和最低生活保障制度为重点，以慈善事业、商业保险为补充，加快完善社会保障体系。《残疾人保障法》

第五十一条规定,政府有关部门和残疾人组织应当建立和完善社会各界为残疾人捐助和服务的渠道,鼓励和支持发展残疾人慈善事业,开展志愿者助残等公益活动。中央 7 号文件提出"发展残疾人社会福利和慈善事业",各级政府要按照彩票公益金的使用宗旨,逐步加大彩票公益金支持残疾人事业的力度。鼓励社会捐赠,支持发展残疾人社会福利和慈善事业。国办 19 号文件规定:"鼓励各类民间组织、企业、个人和社会资本参与发展残疾人服务业,在资金、场地、人才等方面予以扶持。大力发展残疾人慈善事业。"国家"十二五"规划纲要提出,"加快发展慈善事业,增强全社会慈善意识,积极培育慈善组织,落实并完善公益性捐赠的税收优惠政策"。"十二五"期间,残疾人事业也必须进一步发挥慈善事业对残疾人"两个体系"建设的补充作用和社会影响力,在大力筹集善款、开展爱心捐助和实施好"集善工程"、"长江新里程计划"、"通向明天扶残助学"等慈善项目的基础上,坚持"抓大不放小"的原则,广泛建立"爱心超市"、"捐助站点"以及公共场所残疾人慈善募捐箱等残疾人慈善捐助平台和终端设施,引导和鼓励更多社会组织和个人参与残疾人慈善事业,逐步扩大残疾人慈善规模,创新残疾人慈善活动形式,培育扶残助残的公众慈善意识,推动解决残疾人就学、就医、基本生活等方面的困难和问题。

四、残疾人基本公共服务

（一）康 复

"十二五"是国家着力保障和改善民生、建设和完善基本公共服务体系、推进基本公共服务均等化的重要时期，是残疾人事业发展的战略机遇期。对于残疾人康复工作来说，最为重要的是，"十二五"是初步实现残疾人"人人享有康复服务"目标的关键时期。

经过20多年的努力，残疾人康复服务总量大幅增加，新的康复服务领域不断拓展，康复保障政策建设取得突破，康复服务能力得到加强，社区康复广泛开展，对贫困残疾人和残疾儿童康复救助力度空前，残疾人康复工作取得显著成绩。但目前仍存在一些影响和制约残疾人"人人享有康复服务"目标实现的突出矛盾：残疾人日益增长的康复需求与康复服务供给不足的矛盾，康复资源短缺与现有康复资源利用不足的矛盾，康复投入普遍加大与康复服务管理滞后的矛盾，康复服务机构迅速增加和康复人才队伍极度匮乏的矛盾等。

1. 康复工作目标和总体要求

（1）主要任务

"十二五"期间，我国将以政府提高社会保障能力、推进基本公共服务均等化、深化医药卫生体制改革、加强城乡社区公共卫生服务体系建设为契机，通过推动出台残疾人康复保障政策、大力培养康复人才、促进各级各类康复机构规范化建设,以农村地区、城乡残疾人困难群体、0—6岁残疾儿童为工作重点,逐步形成就近就便,以机构康复为依托、社区康复为平台、家庭康复为重点的可持续发展的残疾人医疗和康复工作模式。主要任务如下:

——完善康复服务网络,健全保障机制,加快康复专业人才培养,初步实现残疾人"人人享有康复服务"目标。

——全面开展社区康复服务;实施重点康复工程,帮助1300万残疾人得到不同程度的康复。

——构建辅助器具适配体系,组织供应500万件各类辅助器具,有需求的残疾人普遍适配基本型辅助器具。

(2) 主要政策措施

"十二五"期间,残疾人康复工作要突出"一条主线、两个体系"。一条主线即紧紧围绕残疾人"人人享有康复服务"目标这一主线,两个体系即加强残疾人康复法规政策体系和残疾人康复服务体系建设,推动残疾人康复工作全面加快发展。

残疾人"人人享有康复服务"是国家建立基本医疗卫生制度,实现"人人享有基本医疗卫生服务"总体目标任务的重要组成部分,其内容主要是有康复需求的肢体、视力、听力、言语、智力、精神等各类残疾人有条件、有能力接受基本的康复服务,实现功能上的改善和能力上的提高。康复服务具体包括医疗康复、康复训练、日间照料、工(娱)疗、辅助器具服务、职业康复、心理支持、信息咨询与转介等。这一目标的实质是为了建立和完善残疾人康复保障政策和服务的长效机制,给所有有康复愿望和康复需求的残疾人提供获得康复服务的机会,提供良好的政策环境和服务,满足他们的康复愿望和需求。

初步实现残疾人"人人享有康复服务"目标是"十二五"期间残疾人康复工作的重中之重,核心之核心。2002年8月,根据我国全面建设小康社会的总体要求,国务院办公厅转发卫生部、民政部、财政部、公安部、教育部、中国残联《关于进一步加强残疾人康复工作的意见》(国办发〔2002〕41号)提出,到2015年实现我国残疾人"人人享有康复服务"的目标。2006年,卫生部、民政部、财政部、公安部、教育部、中国残联共同发布了《中国残疾人"人人享有康复服务"审评方案》和《中国残疾人"人人享有康复服务"评价指标体系(2005-2015年)》,并成立了审评领导小组和办公室。2011年,残疾人"人人享有康复服务"审评领导小组办公室组织专家对审评指标体系进行修订,并开展了残疾人康复需求调查。各地围绕这一目标,已经逐步把此项工作纳入工作目标,制定了相应的工作规划,各项工作正在稳步推进。

必须清醒地认识到,到2015年初步实现残疾人"人人享有康复服务"的目标,并通过建立健全社会化的残疾人康复服务网络,全面开展医疗康复、教育康复等康复服务,重点解决中西部地区、农牧区和贫困残疾人康复服务的可及性问题等,任务十分艰巨。"十二五"是实现这一目标的关键五年,期间,国家对残疾人事业更加重视,经费投入空前加大,将有效地加强残疾人康复服务体系,为推进残疾人"人人享有康复服务"这一目标的实现创造良好的条件。

残疾人的康复需求是不断变化的,向残疾人提供康复服务是一个动态的过程,残疾人的康复需求随着社会文明程度的进步而不断增长,对残疾人的康复服务也会随着科技的进步和服务手段的创新而不断加强。要针对残疾人不断增长的需求,从实际出发,适时适用、因地制宜地为残疾人提供康复服务。初步实现残疾人"人人享有康复服务"目标是指整体实现的程度,不能仅以各类康复任务完成的数字进行累加。康复服务人数和比例只是一方面,实质是建立和完善残疾人康复保障政策和服务的长效机制,给所有有康复愿望和康复需求的残疾人提供获得康复服务的机会,提供良好的政策环境和服务,满足他们的康复愿望和需求。

加强残疾人康复法规政策体系和残疾人康复服务体系建设,要在长效机制建设、康复机构建设、康复人才培养和进一步推广社区康复工作等方面全面推进，抓住机遇，制定策略，切实采取措施，全面推动这一目标的实现。

加强残疾人康复法规政策体系和残疾人康复服务体系建设是实现残疾人"人人享有康复服务"目标的关键。

加强残疾人康复法规政策体系建设，是从政策层面推动残疾人"人人享有康复服务"目标的实现，要制定出台与残疾人切身康复权益相关、涉及康复事业持续长远发展的法规政策，特别是针对残疾人康复的特惠保障政策，搭建起残疾人康复工作的制度支撑和法规政策保障体系。积极推进《残疾预防和残疾人康复条例》立法进程，出台残疾人康复优惠相关政策，协调卫生部、民政部、人力资源和社会保障部等部门，将残疾人基本康复项目、精神病服药、基本辅助器具配置等项目纳入城乡医保范围，从而为实现残疾人"人人享有康复服务"提供政策保障。各地要制定出台本地保障残疾人康复的有关政策和措施，将残疾人康复法规政策体系建设与国家社会保障体系和基本公共服务体系建设紧密结合，将残疾人康复保障纳入国家和地方医药卫生体制改革大局，纳入国家基本公共服务均等化进程中；要以保障残疾人基本医疗康复权利为出发点，积极协调有关部门，在现有医疗保障制度基础上不断提高残疾人医疗保障水平。各地要落实《关于将部分医疗康复项目纳入基本医疗保障范围的通知》等文件，根据本地实际情况将残疾人基本康复医疗项目纳入城乡基本医疗保障范围，不断提高残疾人康复待遇水平。

残疾人康复服务体系是指以专业康复机构为骨干、社区为基础、家庭为依托，以发挥医疗机构、城市社区卫生服务中心、村卫生室、特教机构、残疾人集中就业单位、残疾人福利机构等作用为实现途径而形成的社会化康复工作和服务体系，其任务是全面开展康复医疗、功能训练、辅助器具适配、心理辅导、康复转介、残疾预防、知识普及和咨询等康复服务。

残疾人康复事业自"八五"纳入国家发展规划以来，历经20多年的快速发展，在全国初步建立了管理、指导与服务统一协调的残疾人康复服务社会化工作体系。康复服务领域由最初抢救性的"三项康复"工作，即白内障复明手术、小儿麻痹后遗症矫治手术和聋儿听力语言训练，不断拓展，发展成为包括精神病综合防治康复、盲人定向行走训练、智力残疾人康复训练、脑瘫、孤独症儿童早期康复、辅助器具适配与供应服务等多个领域，覆盖各类残疾人的需要、预防与康复并重的比较完整的业务格局，形成了一支扎根基层、服务残疾人的康复队伍。

第二次全国残疾人抽样调查结果显示，全国8300万残疾人中，曾接受过医疗服务与医疗救助、贫困救助与扶持、康复训练与服务和辅助器具配备服务的比例分别占残疾总人口的35.6%、12.5%、8.5%和7.3%，而对以上四项服务需求的比例分别达到残疾总人口的72.8%、67.8%、27.7%和38.6%。总体上看，残疾人康复服务体系的发展仍然滞后于经济社会的发展，8300万残疾人的康复需求与目前我们能够提供的康复服务之间还存在巨大差距。主要表现为：康复服务网络不健全、康复手段单一、康复服务专业化水平较低、康复知识普及程度不高等。

"十二五"期间，要从以下几个方面采取措施，推动残疾人康复服务体系建设，初步实现残疾人"人人享有康复服务"的目标。一是加强专业康复机构的建设，二是加强康复人才建设，三是社区康复，四是继续实施"0－6岁残疾儿童抢救性康复项目"、"康复人才培养百千万工程"、"贫困白内障患者复明手术"等重点康复工程。

残疾人康复服务体系建设包括康复机构建设、康复人才队伍建设、社区康复服务网络建设、辅助器具服务体系建设和实施重点康复工程等主要内容。

2. 康复机构建设

残疾人康复机构包括康复中心、听力语言康复中心、辅助器具服务中心、孤独症儿童康复机构等，是为残疾人提供康复服务的重要阵地和示范窗口，残疾人康复机构是康复服务体系建设的重点。经过20多年的发展，已经初步搭建了以国家级康复机构为龙头，省级康复机构为骨干，地市级康复机构为支撑，基层康复机构为基础，并与残疾人社区康复工作衔接的网络。截至2010年底，我国共建有各级各类残疾人康复机构约1.5万个（不含社区康复站）。"十二五"期间，国家将积极推进康复机构建设，加强省、市、县三级专业康复机构的建设，出台《残联系统康复机构建设规范（试行）》，制定康复机构的管理和服务标准，推进康复机构规范化建设。各地要根据本地康复机构发展的实际情况，研究确定本地本级康复机构的定位，突出残联的特色和康复的特点，整合和有效利用资源，加强康复机构的规范化、标准化建设。

在康复机构规范化建设方面，中国残联制定了《省级康复中心检查验收评估办法》、《省级听力语言康复中心检查验收评估办法》、《残疾人辅助器具服务机构检查验收办法》、《孤独症儿童康复机构评审方案（试行）》、《孤独症儿童发展评估表（试行）》等一系列规范性文件，以检查验收为契机，促进各级各类康复机构规范化发展。

在提高康复机构服务水平方面，以实施"残疾儿童抢救性康复项目"为契机，采取选择定点康复机构进行服务的办法，促进康复服务质量的提升。如贫困聋儿人工耳蜗抢救性康复项目，中国残联与卫生部共同确定了定点手术医院，中国聋儿康复中心确定了定点筛查机构和定点康复机构；贫困孤独症儿童抢救性康复项目，确定了91个孤独症儿童康复训练机构。通过项目实施，有力地加强了残联康复机构服务能力建设，丰富了康复服务的内涵。

中央7号文件和国办19号文件都对残疾人康复工作提出了要求。残疾人康复机构建设进入快速发展时期，但也面临着功能定位、业务布局、运行保障等多方面的问题。

"十二五"期间，我们将从以下几个方面采取措施，加强专业康复机构的建设，提升康复机构服务质量，推进康复机构规范化建设，提高康复服务的针对性和有效性。

一是加强省、市、县三级专业康复机构的建设，出台《残联系统康复机构建设规范（试行）》，明确各级各类康复机构的规模、功能和任务，将省、市级专业康复机构建设成为当地残疾人康复工作的示范窗口、技术资源中心和人才培养基地，县级康复机构开展残疾人需要的康复服务和社区康复指导。二是制定各类康复机构的管理和服务标准，充实康复服务功能，提高康复服务能力，发挥对城乡社区康复的辐射带动作用，推进康复机构服务标准化建设。三是组织开展对各类康复机构的调研和检查验收工作，以检查促发展，重点鼓励和支持省级专业康复机构建设，形成区域性资源中心优势，发挥技术指导作用。四是积极争取资金和项目，加大对中西部地区专业康复机构建设的支持力度，促进康复机构协调发展。

3. 康复人才队伍建设
与康复医学发展和康复人才培养

康复人才队伍建设是建立和完善康复服务体系的基础。近几年，中国残联在康复人才培养方面采取了一些新举措，贯彻落实全国残联系统康复人才培养规划，实施"康复人才培养百千万工程"项目，建立康复人才培养基地试点。"十二五"期间要继续抓好康复人才队伍建设，不仅要注重机构管理水平的提高和技术人员的培养，更要重视社区康复协调员的培养；不仅要培养人才，还要引进和留住人才，要逐步解决康复技术人员新职种建立、执业资格和职称晋升等实际问题，建立激励和引进人才的良性运行机制，稳定和发展好康复人才队伍。

康复医学（rehabilitation medicine）是一门有关促进残疾人和伤病员康复的临床医学学科，也是一门由医学与残疾学、心理学、社会学、工程学等相互渗透而成的边缘学科（亦称跨科性学科），它的任务是研究和处理残疾和功能障碍的预防、诊断评估和康复治疗，它的目的是减轻或消除功能障碍及其影响，帮助伤病员和残疾人根据其实际需要和身体潜力,最大程度地恢复其生理上、心理上、职业和社会生活上的功能,提高其独立生活、学习和工作能力,改善其生活质量,促进融入社会。

康复医学作为一门新兴学科,自20世纪80年代初引入中国,在我国兴起和发展已有近30年的历史。我国顺应现代医学发展的潮流,在贯彻科教兴国方针和卫生改革中,积极推进康复医学的发展,至今已奠定了良好的基础;在学科发展、康复医疗机构建设、康复人才培养、康复医疗服务、康复技术研究等方面,都有显著成绩。

《残疾人保障法》规定,"地方各级人民政府和有关部门应当根据需要有计划地在医疗机构设立康复医学科室,举办残疾人康复机构,开展康复医疗与训练、人员培训、技术指导、科学研究等工作";"医学院校和其他有关院校应当有计划地开设康复课程,设置相关专业,培养各类康复专业人才";"政府和社会采取多种形式对从事康复工作的人员进行技术培训"。1991年,卫生部、民政部、中国残联共同制定《康复医学事业"八五"规划要点》,采取一系列具体措施推动康复医学事业的发展。1992年,卫生部下发《康复医学教育方案》,制定康复医师、康复治疗师(士)、物理治疗师(士)、作业治疗师(士)的培训方案和教学计划。2005年,中国残联制定《全国残联系统康复人才培养规划(2005－2015年)》。2009年,实施"康复人才培养百千万工程",取得显著成效。截至2011年年底,将培养康复高端人才170人,培训3000名在岗康复专业技术人员,培训30万名社区康复协调员,初步奠定全国康复人才建设的基础,改善康复人才极度匮乏的局面。

目前,康复人才队伍建设还远不能满足残疾人日益增长的康复服务需求,主要表现为:缺乏康复人才培养的体制机制,康复人才总量不足、结构不合理、素质不高;广大农村和西部地区康复人才极度匮乏,致使康复机构服务能力不高,发展缺乏竞争力和可持续性。这些问题极大地制约了残疾人康复事业的发展。

（1）主要任务

"十二五"期间，将开展"国家级继续医学教育项目"，以满足残联系统康复技术人员对更新知识、提高现代康复医学理论和技能水平的需求，促进残联系统康复人才队伍建设。同时，康复人才培养将努力实现以下目标：第一，2015年基本建立残疾人"人人享有康复服务"人才建设工作体系，提高人才建设能力，残疾人康复人才队伍和人才建设工作机制基本适应残疾人康复服务需求。第二，加强残疾人康复人才培养教学能力建设（包括教材、教学大纲、师资队伍），保障康复人才培养的数量和质量。第三，建立残疾人康复人才保障机制，逐步推行基本的残疾人康复人才培养制度。第四，继续实施"康复人才培养百千万工程"，培养230名高端人才，培训约2.5万名康复专业技术人员，培训30万名社区康复协调员，实现康复人才培养梯度与康复人才总量目标。第五，培养康复机构学科带头人约2000名，满足全国各级各类残疾人康复机构长远发展需要。第六，建立残疾人康复人才数据库。

（2）主要政策措施

为实现上述目标，将采取以下主要措施：

第一，建立健全康复人才培养体系。加强政府领导，完善省、市、县（区）残疾人康复人才培养工作机构。将残疾人康复人才培养计划纳入经济社会发展规划和残疾人事业发展规划，列入政府及相关部门工作考核目标，提供配套经费，保障康复人才培养工作的顺利实施。各级残联要制定康复人才培养保障措施，组织制定并实施康复人才培养计划。继续实施"康复人才培养百千万工程"，培养各级各类康复人才，深化社区康复协调员培训工作，实现康复人才培养梯度与康复人才总量目标。建立并完善全国残联系统康复人员培训工作机构职能，发挥专家技术指导作用。

第二，加强康复人才培养教学能力建设。建立国家级和区域级康复人才培养基地，逐级培养培训康复管理人才和各类康复专业技术人才。卫生、教育、人保、残联等部门将康复人才培训纳入卫生、教育部门继续教育学分管理范围，鼓励全国高等院校开设康复相关专业，将康复专业技术人才职称晋升纳入相关学科工作。建立康复人才培养专家指导组，组织康复专业领域专家指导各级康复专业人才培养基地的建设，规范基地的教学场地、教学设施、基地资质等工作。成立康复人才培养教材编写小组，组织编写各类康复教材和教学大纲，依据康复人员的不同职责，科学设定培训内容，分类施教。

第三，建立健全康复人才保障机制和制度。政府及有关部门制定出台康复人才保障机制相关政策，强化人才建设宏观管理职能。各省残联根据当地实际需求与人才状况制定人才招聘、人才使用、人才激励、人才评价等政策措施。开展试点工作，积极探索康复人才保障机制、长效机制和制度的建立。

第四，加强康复机构学科带头人重点培养工作。各级政府将康复机构学科带头人重点培养工作纳入各级人才战略规划，根据残疾人康复工作需求，整合资源，组织开展康复机构和学科带头人重点培养工作，突出学科特色优势发展，打造康复机构可持续发展的核心竞争力。中国残联出台相应政策，保障康复机构学科带头人培养工作的顺利实施。省级残联根据自身情况，可以将省级康复机构学科带头人派往国家级机构通过挂职进修、高级培训，系统学习康复机构和专业学科业务工作特点与管理技能，提高省级机构和专业学科的整体发展水平。地级和县级康复机构学科带头人可以派往本省或邻近省份挂职进修，以达到充分利用资源、节约成本培养地级与县级机构和学科带头人的目标。

第五，建立康复人才数据库，动态掌握全国康复人才总量、现状、人才流动、培训状况、各层次人才水平等情况，为康复人才政策的制定提供依据。

4. 社区康复服务网络建设

残疾人社区康复是指以社区为平台，为大多数残疾人特别是农村残疾人就近就便提供多方面康复服务的一项工作，是康复服务网络的主要途径和网底，是国际上开展残疾人康复服务的主要形式，也是2015年初步实现残疾人"人人享有康复服务"目标的重要手段和途径。社区康复的目的是使生活在社区的所有残疾人得到有效的康复服务，提高或改善其身体的残存功能和社会适应能力，以实现机会均等参与社会生活的目标。社区康复是残疾人康复工作的重要组成部分，其理念、方式、内容、管理也伴随着残疾人康复工作的不断发展而发展。

上世纪80年代，残疾人社区康复的理念逐步引入中国。我国在"八五"期间就开始推进社区康复，"十一五"期间又加大了"康复进社区、服务到家庭"的工作力度，在全国范围内建立残疾人社区康复工作组织管理、技术指导和康复服务三大网络，建立残疾人社区康复站，以社区和家庭为重点，广泛开展康复训练和服务，逐步探索并初步形成了政府主导、部门协调、社会各界广泛参与的社会化工作机制。

2002年，国家提出到2015年残疾人"人人享有康复服务"的目标，将"积极推进社区康复，把康复服务引入家庭"作为实现这一目标的重要措施。2005-2010年，民政部、卫生部、中国残联在全国共同开展"全国残疾人社区康复示范区（市、县）"培育活动，共培育了两批347个"全国残疾人社区康复示范区（市、县）"，覆盖了全国超过1/10的县级行政区。通过培育活动，有效调动了地方政府开展这项工作的积极性，争取和整合了部门资源，形成了有效的工作机制，扩大了残疾人的受益面，有力推动了城市和农村残疾人社区康复工作，极大地促进了残疾人社区康复工作发展，使这项工作进一步标准化和规范化。

但必须清醒地认识到，由于长期以来的投入不足，我国的社区康复仍然存在一些困难：一是政策指导与技术支持力度有待进一步加强，这主要包括机构和人员的规范；二是服务内容和服务形式有待进一步充实完善；三是区域和地区发展不平衡，部分中西部地区和农村地区对社区康复工作重视不够，认识不足，社区康复服务层次和力度亟待加强。

（1）**主要任务**

"十二五"期间，随着我国城乡医疗保障体系和城乡社区卫生服务体系的不断完善，基层社区卫生工作越来越得到国家的高度重视，为社区康复工作提供了有力的政策保障。各地要将残疾人社区康复与社区卫生、社区建设工作紧密结合，充分发挥社区康复示范县（市、区）的典型引路作用，大力开展社区康复，完善基层康复服务网络，推进"康复进社区，服务到家庭"。残疾人事业"十二五"发展纲要提出要全面开展社区康复服务，主要任务如下：

——在全国范围内普遍开展残疾人社区康复服务。到2015年，依托各级各类医疗、康复、教育机构，充分利用社区资源，在城市地区开展规范化的社区康复服务，丰富服务内容，提高服务质量；在农村地区发展简便易行、经济适用的康复技术，提供基本社区康复服务。

——建立一批示范性的残疾人社区康复站。到2015年，在全国2860个县（市、区），每个县（市、区）建立一所示范性的残疾人社区康复站。充分利用社区资源，加强社区康复服务能力建设，制定社区康复服务质量标准，开展规范化社区康复服务，实现"康复进社区、服务到家庭"，为残疾人普遍提供基本康复服务。

（2）**主要政策措施**

健全和完善社会化的社区康复工作体系，开展综合性社区康复服务。"十二五"期间，国家将大力推进医疗卫生体制改革，进一步加强基层和社区的卫生工作。在这样一个大背景下,各地要通过整合社区机构资源,为残疾人提供更好的社区康复服务。一是要加强组织管理网络,将残疾人社区康复工作和残疾人"人人享有康复服务"目标纳入当地经济社会发展规划,纳入社区建设规划、区域卫生规划及政府年度工作计划,完善社区康复协调员的配备。二是加快建设技术指导网络,主要通过残疾人社区康复专家技术指导组的形式开展培训。三是通过整合社区康复资源,开展残疾筛查,为筛查出的残疾人建档立卡,并纳入已有的康复服务网络,及时提供有效服务。

加强社区康复服务能力。进一步提高社区康复服务能力是开展社区康复的必要条件。按照因地制宜、分类指导的原则,城市地区要着重加强社区康复工作制度和工作标准,规范开展残疾人社区康复工作;农村地区要着重结合当地实际,推广受益面广、简便易行、经济适用的康复技术,提高残疾人及其亲友的参与程度。

社区康复站建设是开展社区康复服务的重要一环,"十二五"期间,要通过制定社区康复服务质量标准、推进示范性社区康复站的建设,推动全国社区康复机构的规范化,加强社区康复服务能力。

社区康复人员培训工作至关重要,"十二五"期间,要结合《全国残联系统康复人才培养规划(2005 – 2015年)》的要求,加强社区康复协调员、社区康复员等人才培养和培训工作,切实落实持证上岗制度。

5. 辅助器具服务体系建设

辅助器具服务是残疾人补偿和改善功能,提高生存质量,增强社会生活参与能力最直接、最有效的手段之一,在残疾人的康复、教育、就业和日常生活等方面具有不可替代的重要作用。历经"八五"至"十一五"四个五年发展规划,我国已初步形成了省、市、县三级辅助器具服务体系:31个省、市、自治区和新疆生产建设兵团、黑龙江农垦总局均建立了辅助器具资源中心,建立了近300个地市级辅助器具服务中心,2000多个县(区)级残联普遍在残疾人综合服务设施内开展了辅助器具服务,部分地区还将服务延伸至社区乡镇。中国残联和各级地方残联通过实施"长江新里程计划假肢服务项目"、"彩票公益金贫困残疾人辅助器具配置"、"贫困残疾儿童抢救性康复项目"等一批重点辅助器具服务项目,使近千万残疾人得到了辅助器具服务。此外,"十一五"期间,中国残联在陕西、吉林、河北、福建、湖南等地开展了辅助器具适配服务试点,培育了一批辅助器具服务机构,在服务模式和流程的建立、服务机构的运行等方面积累了一定的经验。

但是,总体而言,我国的辅助器具服务还处在初级阶段,服务水平有待提高,服务手段相对单一,专业化程度低,辅助器具保障体系和服务体系还不够完善,无论是提供的辅助器具产品数量、种类,还是提供的辅助器具服务水平,都难以满足广大残疾人日益增长的辅助器具服务需求。第二次全国残疾人抽样调查数据显示,我国8296万残疾人中,医生建议应当配置辅助器具的残疾人比例为61%,残疾人提出辅助器具需求的比例为38.56%。而《2010年度中国残疾人状况及小康进程监测报告》数据显示,实际获得辅助器具服务的残疾人比例,城镇为11.5%,农村为6.7%。辅助器具配置率低,已经成为我国实现残疾人"人人享有康复服务"目标的主要制约因素之一,因此,建立评估、适配、康复一体化的辅助器具服务体系势在必行。

(1) 主要任务

"十二五"期间,在国家建立社会保障体系和推进公共服务均等化的进程中,建立和完善残疾人辅助器具政策保障体系;加大政策支持力度和经费投入,构建辅助器具服务体系,实施一批公益性项目,不断满足残疾人基本辅助器具需求。主要任务如下:

建立和完善残疾人辅助器具政策保障体系。制定政策保障措施,对残疾人适配辅助器具予以政府补贴；出台一系列残疾人辅助器具服务相关的政策保障措施。

构建辅助器具服务体系。国家"十二五"规划纲要也明确提出，"十二五"期间要构建辅助器具适配体系，而该体系的建设和运行必须以辅助器具服务体系为依据。依据《残联系统康复机构建设规范（试行）》，确保尽快实现省级残联建成1所三级残疾人辅助器具服务机构，市级残联至少建成1所二级残疾人辅助器具服务机构，县级残联至少建成1所一级残疾人辅助器具服务机构，并在全国培育5－6个功能完善、业务能力强、具有专业特色的国家辅助器具区域中心，初步形成覆盖我国城乡的残疾人基本辅助器具服务体系。

（2）主要政策措施

制定辅助器具服务相关保障政策。制定并适时修订《残疾人辅助器具基本配置目录》，逐步将辅助器具配置纳入相关保障政策；目前，北京、上海、江苏、深圳等地在此基础上出台了相应文件，安徽、新疆等地已将部分辅助器具纳入医保和"新农合"报销范畴。为残疾人辅助器具基本配置服务提供了不同程度的保障，基本实现了"广覆盖、低标准"，取得了良好的效果。各地结合本地政策、资金落实情况和残疾人的实际需求，按年度安排专项经费，对残疾人辅助器具基本配置给予经费补贴或费用减免，按照"多渠道、保基本、广覆盖"的原则，保障有需求的残疾人普遍适配基本辅助器具。

加强辅助器具服务体系建设。依据《残联系统康复机构建设规范（试行）》，加大机构建设力度，指导和规范残疾人辅助器具服务机构建设和管理。通过各地、各有关部门的共同努力，有计划、有步骤地在全国范围内新建、扩建和改建一批设施设备齐全、专业性强、服务规范的残疾人辅助器具服务机构。同时，要重点强化机构业务建设，丰富机构业务内涵，不断提高为残疾人提供专业化服务的能力和水平，不断完善各级残疾人辅助器具服务机构运行机制，使各级残疾人辅助器具服务机构在残疾人基本辅助器具服务中充分发挥作用。到"十二五"末，形成覆盖我国城乡、功能较为完善的残疾人基本辅助器具服务体系。

加强辅助器具服务专业队伍培养。辅助器具服务涉及多个学科，需要从业人员具备康复医学、工程设计、社会学、心理学等各类相关知识。在发达国家和地区，从事辅助器具服务的专业人员主要是康复医生或治疗师。美国将辅助器具的配备定位为涉及多学科的专业技术领域，在高等院校设立了相应的专业，从事辅助器具配置的人员必须经过专业培训并通过辅助器具工程师执业资格考核，国家有专门机构进行任职资格的培训、考核、评审和认证。

我国辅助器具服务工作起步较晚，现有的专业人员也参差不齐，职业培训和学科建设都处在起步阶段，要加大对在职人员的培养力度，逐步形成结构合理的专业技术队伍。"十二五"期间，要结合《全国残联系统康复人才培养规划（2005-2015年）》的要求，通过实施辅助技术工程师岗位培训等人才培养项目，完善辅助器具适配专业人才培养机制，加快辅助器具学科建设步伐，逐步建立一支适应辅助器具服务需求的专业人才队伍。

实施重点辅助器具服务项目。为残疾人减免费用配置辅助器具，其中：为贫困残疾人免费配发辅助器具50万件；为50万名贫困低视力者免费配用助视器；为5万名贫困重度残疾人适配用于解决基本生活需要的辅助器具；为1万名具备就学和就业能力的残疾人适配辅助器具，为他们入校学习或参加劳动创造条件；为7万例贫困残疾人假肢装配提供补贴；为肢体残疾人装配5万例矫形器；为2万名贫困重度残疾人组合适配生活必需的辅助器具，并同步对其家居环境进行评估及无障碍改造。各级残联要结合当地残疾人需求，多渠道筹集资金，安排辅助器具服务项目。通过实施相关重点项目，进一步探索服务的模式机制、服务流程、技术标准等。

支持辅助器具研发和生产。国办19号文件明确指出，"支持、鼓励高等院校、科研院所、企事业单位研究开发、推广应用适应残疾人需求的各类辅助器具"。目前，我国的残疾人辅助器具研发和生产尚处于起步阶段，除轮椅、助听器等少数产品外，大部分产品科技含量不高、个性化产品少，与国际发展水平存在较大差距，在一定程度上影响了适配服务的推广。因此，"十二五"期间，鼓励和资助科研机构研发科技含量高、功能改善显著的辅助器具；扶持科研机构和生产企业开发、生产适合我国国情的实用型辅助器具，满足残疾人基本需求。

推广辅助器具评估适配等科学方法。"十一五"期间，中国残联已经在河北、福建、陕西、青海、北京、吉林、上海、广东等地开展了辅助器具适配服务的试点工作，在服务模式和流程的建立、服务机构的运作等方面积累了丰富的经验。下一步，将加快全国残疾人基本辅助器具服务试点工作的推进步伐。总结分析适配试点工作中的经验与做法、成效与特点、问题与对策，探索建立适合地方经济发展、适应残疾人基本需求的保障制度和辅助器具服务模式。

推动辅助器具服务进社区。大多数残疾人分布在基层社区和农村，许多重度残疾人生活都依靠家庭。推动辅助器具服务进社区、到农村、入家庭，是我们进一步扩大服务覆盖面，实现残疾人"人人享有康复服务"的必由之路。要将辅助器具服务纳入社区康复的大盘子，积极开展辅助器具的咨询、展示、租借和服务转介等，使辅助器具服务最大程度地贴近残疾人。

积极开展宣传和知识普及。我国的辅助器具服务起步较晚，总体而言，无论是残疾人自身、家属还是社会公众，对于辅助器具的认知都还非常有限。辅助器具知识匮乏严重影响了残疾人对辅助器具的认识和使用，辅助器具工作者对辅助器具缺乏系统了解，也制约了辅助器具服务质量的提高。"十二五"期间，要充分利用各种方式和"助残日"、"爱耳日"、"爱眼日"等机会，积极开展辅助器具知识宣传和信息资讯服务，提高残疾人和社会公众对辅助器具的认知度。同时，要继续办好一年一度的中国国际福祉博览会，加强"中国残疾人辅助器具网"建设，为残疾人、生产企业及社会公众搭建辅助器具信息交流的平台。

6. 实施重点康复工程和千万残疾人康复工程

康复是帮助残疾人恢复或补偿功能、提高生存质量、增强社会参与能力的重要途径。康复对残疾人的发展至关重要，是残疾人有尊严、体面生活的基础，要为残疾人康复提供条件和机会。康复工作是残疾人事业的基础性工作。《残疾人保障法》第十五条规定，"国家保障残疾人享有康复服务的权利"。国家"十二五"规划纲要明确指出，"实施重点康复工程"。

1988年制定实施《中国残疾人事业五年工作纲要》以来，国家连续实施"八五"、"九五"、"十五"、"十一五"四个五年纲要，针对残疾人迫切的康复需求，着眼于康复的"紧迫性"和"抢救性"，实施一大批见效快、效益好、覆盖广、叫得响的重点康复工程。20多年来，重点康复工程已经从最初开展的白内障复明、儿麻后遗症矫治和聋儿听力语言训练三项抢救性康复工程拓展到"十一五"期间的白内障复明手术、低视力者配用助视器、盲人定向行走训练、聋儿听力语言康复训练、智力残疾儿童康复训练、肢体残疾矫治手术及康复训练、精神病防治康复、孤独症儿童康复训练、辅助器具评估适配及普及型假肢装配等。截至2010年年底，通过实施重点康复工程，1937万多残疾人得到了不同程度的康复。

"十二五"期间，国家将继续实施一批重点康复工程，帮助1300多万残疾人得到不同程度的康复，包括：328万例白内障患者复明手术、20万名低视力儿童家长培训、50万名盲人定向行走训练、10万名聋儿听力语言康复训练、10万名聋儿家长培训、1.2万名贫困肢体残疾儿童矫治手术、0.1万名麻风畸残矫治手术、5万名0－14岁肢体残疾儿童康复训练和家长培训、15万名0－17岁肢体残疾儿童家长培训和康复辅导、85万名成年肢体残疾人康复训练与服务、6万名0－14岁智力残疾儿童康复训练和家长培训、35万名0－17岁智力残疾儿童家长培训和家庭康复辅导、780万名稳定期精神病患者社区家庭康复训练、5万名孤独症儿童康复训练等。

"十二五"是实现残疾人"人人享有康复服务"的关键时期，实施重点康复工程，对残疾人实施康复救助，是实现残疾人"人人享有康复服务"的必要手段。各地残联要认真组织实施好重点康复工程，不断扩大康复救助人数，并以康复重点工程和救助项目的实施为契机，打好各项康复业务的基础，以项目推动康复保障制度的建立和完善，以项目促进服务机构建设、人才队伍建设，全面提升服务能力，丰富康复服务内涵，建立康复事业发展的长效机制。

7. 0-6岁残疾儿童抢救性康复

第二次全国残疾人抽样调查表明，我国有0-6岁残疾儿童约167.8万人，占残疾人总数的2.02%。残疾儿童是康复效果最明显最突出的群体，早发现、早干预、早康复是残疾儿童康复的关键，是惠及残疾儿童一生的抢救性工程。0-6岁是残疾儿童的最佳康复期，在这一时期对残疾儿童开展抢救性康复，不但可以减轻其残疾程度，预防并发症和继发残疾的发生，还可以最大程度地补偿生理和心理上的缺陷，最大程度地发挥他们的潜能，为其入学、就业、融入社会创造条件，对残疾儿童一生具有重要影响。

党和政府高度重视残疾儿童抢救性康复，中央7号文件提出，"优先开展残疾儿童抢救性治疗和康复，对贫困残疾儿童康复给予补助，研究建立残疾儿童康复救助制度"；国办19号文件要求，"支持对0-6岁残疾儿童免费实施抢救性康复"；国家"十二五"规划纲要也明确指出，"实施0-6岁残疾儿童抢救性康复工程"。

"十一五"期间，中央财政安排专项资金实施"贫困残疾儿童抢救性康复项目（2009-2011年）"，包含贫困聋儿（人工耳蜗）康复项目、贫困聋儿（助听器）康复项目、贫困肢体残疾儿童康复项目、贫困智力残疾儿童康复项目、孤独症儿童康复项目、辅助器具适配康复项目等6个子项目，服务对象涵盖了各类残疾儿童，项目资金7.11亿,救助儿童数达5.88万人。各地也积极开展0-6岁残疾儿童抢救性康复工作。但残疾儿童康复的工作水平和发展状况与残疾儿童康复的紧迫性、艰巨性和需求相比存在较大差距,一方面,很多残疾儿童由于家庭贫困不能享有康复服务,另一方面,残疾儿童筛查体系有待完善,残疾儿童康复机构缺乏规范管理,残疾儿童保障制度不健全等问题突出。

"十二五"期间,中国残联与财政部等部门将进一步加大救助力度,采取中央财政和地方财政共同负担的方式,继续实施残疾儿童抢救性康复项目,对0-6岁贫困残疾儿童实施抢救性康复。

"十二五"残疾儿童康复项目任务量大,各级残联要切实做好残疾儿童的筛查工作,确保有康复需求的贫困残疾儿童得到救助;在实施残疾儿童抢救性康复项目中,各地要注重与《儿童残疾预防"十二五"实施方案》结合起来,做好残疾儿童随报及早期康复工作试点,开展儿童残疾预防和早期康复宣传教育活动;各地要以项目实施为契机,加强残疾儿童康复机构的服务能力和规范化建设,注重专业人才队伍建设,建立儿童残疾早预防、早筛查、早转介、早治疗、早康复的工作机制,推动残疾儿童康复保障政策的出台,力争形成覆盖所有残疾儿童,具有普惠福利意义的康复保障制度。

（二）教 育

党和政府历来重视残疾人特殊教育，"十一五"以来，我国特殊教育更是进入加快发展的重要时期。中央7号文件、《关于进一步加快特殊教育事业发展的意见》（国办发〔2009〕41号，以下简称"国办发41号文件"）、《残疾人保障法》都进一步明确了发展残疾人教育事业的目标、任务和措施；《国家中长期教育改革和发展规划纲要（2010－2020年）》（以下简称"教育规划纲要"）将特殊教育作为八大教育改革发展任务之一设专章论述。改革开放30年来，特殊教育取得辉煌成就：残疾儿童少年义务教育入学率显著提高，高中阶段和高等特教规模不断扩大，特教学校（院）办学条件明显改善，教师队伍不断壮大，残疾人教育发展格局和体系逐步完善，教育质量进一步提高，残疾人受教育权益得到更好保障。

但是，与国家教育改革发展要求相比，与广大残疾人接受教育的强烈愿望相比，我国残疾人教育总体水平还有差距：城乡、区域间发展不平衡，农村地区尤为薄弱；不同类别残疾人受教育程度发展不均衡；教育投入不足，保障水平需进一步提高；特教教师和专业技术人员整体素质和待遇有待提高；教育理念、内容和方法有待改进。

"十二五"时期是全面建设更高水平小康社会的关键时期，也是贯彻落实教育规划纲要的关键五年。要通过实施残疾人事业"十二五"纲要及教育配套实施方案，进一步完善残疾人教育体系，以普及残疾儿童少年义务教育为重点，加快发展残疾人学前教育、以职业教育为主的高中阶段教育和高等教育，提高残疾人教育质量，健全残疾人教育保障机制，不断满足残疾人日益增长的教育需求。

1. 残疾儿童少年义务教育

"十一五"期间，残疾儿童少年教育取得较大进展。盲、聋、智力三类残疾儿童少年义务教育入学率达71.4%，普及程度进一步提高。国家和地方政府加大特殊教育设施建设投入，中央投入资金35亿元支持中西部地区建设特殊教育学校930余所，全国特殊教育学校发展到1704所，义务教育普通学校附设特教班2800多个，在校生50多万人。残疾儿童少年受教育权进一步得到保障，2006年修订的《义务教育法》、2008年修订的《残疾人保障法》、2009年国办发41号文件、教育规划纲要都对加快发展特殊教育，特别是保障适龄残疾儿童接受义务教育作出了明确规定。

"十二五"期间，残疾儿童少年义务教育的主要任务目标包括：适龄残疾儿童少年普遍接受义务教育，提高残疾儿童少年义务教育质量。为实现上述目标，具体措施包括：

（1）完善以特殊教育学校为骨干、以随班就读和特教班为主题主体的残疾儿童义务教育体系。一是要继续加强特殊教育学校建设，通过实施残疾人基本公共服务重大保障工程之一——特殊教育学校建设工程，改扩建和新建一批特殊教育学校，添置必要的教学、生活和康复训练设施，使市（地）和30万人口以上、残疾儿童少年较多的县（市）都有一所按国家标准建设的特殊教育学校。为现有特殊教育学校添置必要的教学、生活和康复训练设施，改善办学条件。二是要研究制定特殊教育学校建设标准、生均公用经费标准及师资队伍建设要求等。三是要对特殊教育教师进行专业培训，提高教育教学水平。

（2）摸清未入学残疾儿童少年底数，确保"十二五"确定的学龄残疾儿童少年接受义务教育的比例能够达标。中国残联、教育部共同印发《关于做好未入学适龄残疾儿童少年调查统计工作的通知》，要求各地自2011年起，进一步做好未入学适龄残疾儿童少年调查、登记和统计工作，并共同建立未入学适龄残疾儿童少年统计台账和年通报制度，加大工作力度，动员和组织未入学适龄残疾儿童少年接受义务教育，推进区域内残疾儿童少年义务教育均衡发展。

（3）进一步提高义务教育阶段残疾儿童少年教育质量。深化特殊教育课程改革，研究颁布新的特殊教育学校课程标准，编写新的特殊教育教材，开展医教结合改革实验。修订并颁布《残疾儿童少年随班就读工作的指导意见》，扩大随班就读和普通学校附设特教班规模。深入开展特殊教育科学研究，广泛开展学术交流，不断提高教育质量。

（4）继续加大对残疾学生的扶持力度。将残疾儿童少年义务教育作为残疾人基本服务项目，在义务教育"两免一补"基础上，针对残疾学生特殊需求，增加补助项目，提高补助水平，大中城市不能到校上学的残疾儿童少年，采取送教上门等形式进行教育。动员社会各界，多渠道、多形式筹集资金，广泛深入开展扶残助学活动。

2. 残疾儿童学前教育

党和政府十分重视儿童特别是残疾儿童的生存、保护和发展，国家相继颁布实施了《教育法》、《残疾人保障法》、《未成年人保护法》、《残疾人教育条例》等法律法规，发布《中国儿童发展纲要》、《国家中长期教育改革和发展规划纲要（2010－2020年）》、国办发41号文件、《关于当前发展学前教育的若干意见》（国发〔2010〕41号）等重要政策文件，中央7号文件也对残疾儿童给予了充分关注。目前，全国特教学校1700多所，其中50%举办了学前班，部分发达城市有少量幼儿园接收残疾儿童。

但总体来看，我国残疾儿童学前康复教育依然十分薄弱，很多地方几乎处于空白状态，农村和边远贫困地区形势更加严峻。2006年第二次全国残疾人抽样调查数据显示，我国0－6岁残疾儿童有141万，其中约70%没有接受过规范的学前康复教育。

"十二五"期间,残疾儿童学前教育的主要任务目标包括:发展残疾儿童学前教育;为5.14万人次贫困残疾儿童提供普惠性学前教育资助。为实现上述目标,具体措施包括:

(1)将残疾儿童学前教育工作纳入学前教育发展大局,统筹规划,整体推进。要抓住当前教育体制改革试点和发展学前教育的良好契机,为残疾儿童学前教育工作争取更多的政策和机会,确保残疾儿童康复教育能够逐步与整个社会经济发展的方向和水平相适应。各级政府要将残疾儿童学前康复教育纳入地方学前教育整体发展规划和三年行动计划,根据残疾儿童数量和分布情况,合理布局,发挥现有特教学校、残疾人康复机构和幼儿园的作用,举办残疾儿童学前班或招收残疾儿童入园;改扩建和新建特教学校、康复机构和幼儿园时,要统筹考虑残疾儿童需求,提高残疾儿童康复教育覆盖率;有条件的地区要积极举办残疾儿童学前教育机构,确保残疾儿童尽早享有适宜的学前教育。

(2)实施"阳光助学计划",扩大残疾儿童接受学前教育的机会。组织实施残疾人事业专项彩票公益金助学项目"阳光助学计划",一方面,要本着相对集中、试点先行的原则,另一方面也要关照到视力、听力语言、智力、肢体、孤独症等各类残疾儿童的需求。同时,还要结合本地实际,从对贫困残疾儿童学前教育给予资助开始,逐步扩大资助范围。"十二五"期间,通过实施国家规划和项目,逐步改善贫困残疾儿童接受学前教育难的状况,同时要以国家政策措施带动各级地方政府进一步加大对残疾儿童接受学前教育的投入,为建立残疾儿童学前教育长效发展机制积累经验。

(3)推进残疾儿童学前教育机构基础能力建设,提高服务水平。围绕残疾人事业"十二五"纲要的实施,依托现有教育、残联等部门的特教学校、幼儿园、康复中心等,以及各类民办机构,合理规划,建立完善各级各类残疾儿童学前教育机构;同时,注意对民办机构的引导和规范管理。其次,加强残疾儿童学前教育工作人员队伍建设,把残疾儿童学前教育工作者的培养与国家教育计划的实施紧密结合起来，有计划地开展残疾儿童学前康复教育师资培养。同时，加强现有人员培训，提高师资队伍服务能力和水平。

（4）广泛深入开展社区康复和家庭教育工作。开展残疾儿童社区康复和做好残疾儿童家庭康复教育指导，争取社区和家庭的参与、合作与支持，是在立足国情的前提下，尽可能迅速而大面积地解决广大残疾儿童基本康复教育需求问题，帮助他们改善功能、接受早期教育、回归社会生活的根本途径。要发挥现有学校、康复中心等专业机构的技术支持作用，做好残疾儿童家长以及社区康复协调员的培训工作，树立"抢救性康复"和"抢救性学前教育"的意识，教会他们科学的康复知识和教育方法，针对残疾儿童的迫切需求开展早期康复教育，提高社区家庭康复教育水平和效果；结合初级卫生保健、社区卫生服务，完善新生儿筛查及儿童保健工作制度，从基层社区开始对新生残疾儿童进行早期干预，并通过完善残疾儿童发现报告制度，逐步建立从发现残疾到转介到相应机构接受康复教育的畅通渠道。

3. 残疾人高中阶段教育

目前，我国接收残疾学生的高中阶段教育机构主要包括：高中阶段普通教育机构（含普通高中和中等职业教育），以肢体残疾学生为主，接受各类残疾学生；特殊教育学校高中（普通高中和中等职业教育）学校（班），主要招收盲、听力言语残疾学生，少数学校招收智力和其他类别残疾学生；残疾人中等职业学校（班）（包括中专、职业高中、技工学校和成人中专），主要招收盲、听力言语及肢体残疾学生，少数学校还招收智力或其他类残疾学生。

据中国残联统计，"十一五"期间，残疾人高中阶段教育进一步加快发展，截至2010年，全国共有特殊教育普通高中99所，在校生6067人。其中聋高中84所，在校生5284人；盲高中15所，在校生783人。残疾人中等职业教育机构有147个，在校生11506人，毕业生 6148 人，其中获得职业资格证书 4685 人。残联系统举办的中等职业学校有 10 所，在校生 4000 余人，主要为视力、听力、肢体残疾学生和少数智力残疾学生。其中省属院校 9 所，分别为：辽宁省残疾人中等职业学校、浙江省残疾人职业技术学校、山东省特殊教育中专、安徽特殊教育中专、湖南省特教中专、云南省华夏中专、陕西城市经济学校、新疆残疾人职业中专学校、广东省培英职业技术学校，市属中等职业学校 1 所：盐城市特殊教育中等专业学校。以上学校皆为当地残联的直属单位。

"十一五"期间，促进残疾人高中阶段教育发展的相关政策主要有：中央 7 号文件提出"加快发展高中阶段特殊教育"，国办 19 号文件提出"加快发展以职业教育为主的高级中等以上教育。有条件的设区的市和特殊教育学校举办残疾人高中阶段教育"。2009 年，国办发 41 号文件要求，"加快发展以职业教育为主的残疾人高中阶段教育，为残疾学生就业和继续深造创造条件。具备条件的地市要举办残疾人高中阶段教育。特殊教育学校要根据需要举办残疾人高中教育部（班）；残疾人中等职业学校要积极拓宽专业设置，扩大招生规模；普通高中要招收具有接受普通教育能力的残疾学生；中等职业学校要积极开展残疾人职业教育"。教育规划纲要提出，"加快发展残疾人高中阶段教育，大力推进残疾人职业教育"。

总体而言，当前我国残疾人高中阶段教育与健全人相比仍然存在着较大差距。据教育部统计，2009 年，盲、聋初中毕业生仅有 15% 能够进入高中阶段就读，残疾人职业教育仍然未能有效纳入国家职业教育发展大局，存在着投入不足，基础能力建设落后，管理制度不完善，师资队伍专业化程度低，专业设置传统单一，缺乏规范教学标准和教材等问题。当前形势下，其规模与质量远不能满足残疾人的受教育愿望和要求。

"十二五"期间，残疾人高中阶段教育的主要任务目标为：大力发展残疾人职业教育，加快发展残疾人高中阶段教育。为实现上述目标，具体措施包括：

（1）鼓励和扶持特教学校开设高中部（班），支持特教高中建设，改善办学条件。据教育部统计，2009年我国共有特教学校1672所，在校生42.8万人，其中，初中毕业生约4万人（含智力残疾约1.3万人），其中，盲聋残疾学生1.7万，升入特教高中就读的盲、聋学生有2678人，毕业升学率不足15%同时，，我国开设高中部的特教学校约200所，平均每所招收残疾高中生14人，特教学校规模普遍较小，继续扩大招生空间有限，在要求各特教学校高中部扩大招生的同时，必须鼓励和扶持有条件的特教学校新开设高中部（班）。

2007年中国残联与教育部联合印发了《残疾人中等职业教育学校设置标准》，目前多数残疾人中等职业教育机构学校仍然没有达到标准要求，"十二五"期间各地要把加快推进残疾人中等职业教育机构的规范化建设作为工作重点。

"十二五"期间，中央财政支持开展的中国残疾人专项彩票公益金助学项目将投入5100万元用于支持残联系统残疾人中等职业学校办学补贴，同时平均每校每年投入30万元，用于支持其实训基地补贴，这一项目的实施必将有效地改善残疾人中等职业学校的办学条件。

（2）扩大残疾人中等职业学校招生规模，拓宽专业设置。残联办中等职业教育学校办学经验丰富，就业率高，"十二五"期间，要作为发展重点之一，进一步扩大规模，提高办学质量，要加强支持这些学校的改扩建工作。同时，残疾人中等职业教育还存在专业设置陈旧单一的情况，盲人主要为按摩相关专业，聋人主要为计算机或美术设计相关专业。各校在扩大招生规模的同时，要结合市场需求，适当拓展专业设置。

（3）改革培养模式，加快残疾人智能型人才培养。残疾人职业教育要以就业为导向，进一步适应就业市场需求，加强工学结合，提高教育质量。充分利用各种社会资源，包括当地优质的普通中高等职业教育资源，采用合作办学、委托办学等多种形式，逐步建立起有学历、有学制、重技能、以就业为导向的残疾人职业教育机制。根据"制度化、社会化、专业化"的要求,建设一支稳定的专业人员队伍。结合国家级职业教育师资培训基地建设工作,开展残疾人职业教育师资培训。组织人员开展残疾人职业教育骨干课程的制定。逐步完善培训残疾人档案与信息系统。以就业率为考核重点,结合学生培训后的职业道德、职业素质、职业能力情况建立综合性的职业评价体系。

4. 残疾人高等教育

随着我国经济社会的快速发展和持续进步,以及教育普及的不断深入,残疾人接受高层次、多样化、高质量的教育需求日益增长。广大残疾适龄青年迫切需要通过接受高等教育来提升自身素质和参与社会生活的能力。高等教育是提高残疾人素质和职业技能,培养残疾人专门人才,促使他们享有尊严、体面生活和共享幸福的重要途径。关心、帮助残疾人,发展残疾人高等教育是社会文明进步的重要标志,是政府和社会共同的责任。目前,残疾人接受高等教育的方式以在高等特殊教育学院和普通高校就读为主,以成人高考、自学考试以及远程教育等方式为辅。

近年来,国家高度重视残疾人高等教育,制定了促进残疾人高等教育发展的相关政策,2010年《国家中长期教育改革和发展规划纲要》要求"重视发展残疾人高等教育";2008年中央7号文件强调,"鼓励和支持普通高等学校开办特殊教育专业","各级各类学校在招生、入学等方面不得歧视残疾学生";2009年,国务院办公厅转发教育部等部门《关于进一步加快特殊教育事业发展意见的通知》专章明确要求,"加快推进残疾人高等教育发展。进一步完善残疾考生政策,普通高校应依据有关法律和政策招收符合录取标准的残疾考生,不得因其残疾而拒绝招生。高等特教学院(专业)要在保证质量的基础上,扩大招生规模,拓宽专业设置,提高办学层次。

各地要为残疾人接受成人高等教育学历教育、自学考试、远程教育等提供更多方便,满足残疾人接受高等教育的需求","中央财政加大专项补助资金投入,鼓励和支持地方办好现有的面向全国招生的高等特殊教育学院"。这些重大政策是党和政府高度重视残疾人教育事业、切实维护残疾人平等接受高等教育权利的具体体现,必将推进残疾人高等教育工作在"十二五"期间加快发展。

截至2010年,全国有16个高等特教学院(中国残联和地方政府共建五个:南京特殊教育职业技术学院、长春大学特教学院、北京联合大学特教学院、天津理工大学聋人工学院、滨州医学院特教学院),其中10个面向全国招生,除南京是独立的高职学院,均为省属高校二级教学单位,在校残疾学生近3000人(盲、聋生为主,少数肢残生),规模较大的7个特教学院外省生源平均78%,最高91%,其经费由地方财政负担。由于盲、聋生源较少,地方少数高校承担全国高等特教任务的局面将维持相当时间。另据《中国残疾人事业统计年鉴》,2010年,全国有7782名残疾人被高校录取,分别比2000年、2005年增加5453和2543人。中央广播电视大学、上海开放大学分别成立了残疾人教育学院,采取远程教育方式实施残疾人高等教育。由于我国残疾人高等教育起步晚,基础薄弱,仍面临突出问题和困难,主要表现为残疾人高等教育经费投入不足,专业设施较窄,办学条件亟待改善,学生实训基地等支持保障条件短缺,残疾大学毕业生就业难等。

"十二五"期间,残疾人高等教育的主要任务目标包括:普通高校扩大招收残疾学生规模;高等特殊教育学院扩大招生规模,拓宽专业设置,提高办学层次和质量。

为保障残疾人平等接受高等教育的权利,促进教育均衡发展和社会公平,"十二五"期间,有关部门将加大对残疾人高等教育的扶持和投入,具体措施包括:

(1)加大残疾人高等教育经费投入,落实国办发41号文件提出的"中央财政支持面向全国招生的高等特殊教育学院"政策。

发展残疾人高等教育是中央和地方政府的共同责任,财政部、教育部应该:①在中央财政设立的"支持地方高校发展专项资金"中,将高等特教学院(专业)作为重点领域和特色办学予以支持;②在"高等学校本科教学质量与教学改革"工程中,充分考虑特教相关专业的特殊性,支持建设一批高等特教学校特色专业,逐步带动高等特教专业的结构优化,提高人才培养质量;③将现有中央特教补助专款做大,把高等特殊教育投入纳入其中。

(2)完善残疾人参加高等教育考试法律和政策,制定残疾大学生就学特别保障措施。

第一,在制定《考试法》、修订《残疾人教育条例》中,教育部制定残疾人参加高考特别保障办法(其他各类考试可比照高考做法实施)。充分考虑视力、听力残疾学生、重度肢体残疾学生在普通高考中的特殊需求,对其提供特别保障措施和服务,维护残疾人合法权益。如适当延长考试时间,提供单独考场,为盲生提供大字试卷或盲文试卷,允许携带和使用助听器,双上肢功能障碍的考生可以由他人代笔答题等。

第二,教育部、卫生部和中国残联共同继续完善普通高等学校招生体检相关政策,制定专门措施,加强对普通高等学校制定"体检标准"和"体检补充规定"的管理和监督,切实保障残疾学生的权益。

第三,财政部、教育部制定特别保障措施,通过财政拨款、政策优惠等手段,鼓励普通高校接受残疾学生,并为他们提供特别支持保障条件。

5. 特殊教育保障条件

各级各类特殊教育保障条件应主要根据其办学体制、管理体制和投入体制确定。

我国的教育办学体制是以政府办学为主体,社会各界共同办学的体制。即主要由政府办学校,同时,鼓励企业、事业组织、社会团体、其他社会组织及公民个人依法举办学校及其他教育机构。我国的教育管理体制是基础教育(含学前教育、义务教育、普通高中教育)由国务院领导,省、市、自治区政府统筹规划实施,县级政府为主管理;中等职业教育在国务院领导下,分级管理,地方为主,政府统筹,社会参与,强化市(地)级人民政府的统筹责任;高等教育由中央和省级人民政府两级管理,以省级人民政府管理为主。我国的教育投入体制实行以国家财政拨款为主,其他多种渠道筹措教育经费为辅。企业、事业组织、社会团体、其他社会组织及公民个人依法举办学校及其他教育机构,办学经费由举办者负责筹措。

"十一五"期间,加强特殊教育保障条件的相关政策主要有:2008年,中央7号文件提出"落实特殊教育学校教师特殊岗位津贴政策";2009年,国办发41号文件要求,"完善特殊教育经费保障机制,提高特殊教育保障水平";"全面实施残疾学生免费义务教育。加强特殊教育学校建设";"做好中等教育和高等教育阶段残疾学生资助工作";"加大投入,确保特殊教育学校(院)正常运转。研究制定特殊教育学校(院)生均公用经费标准,保证学校(院)正常的教育教学需求";"中央财政将继续设立特殊教育补助专款,地方各级人民政府要继续设立特殊教育专项补助费并不断提高。中央财政加大专项补助资金投入,鼓励和支持地方办好现有的面向全国招生的高等特殊教育学院";"从残疾人就业保障金中安排一定比例的资金用于特殊教育学校(院)开展包括社会成年残疾人在内的各种职业教育与培训"。教育规划纲要提出,"国家制定特殊教育学校基本办学标准,地方政府制定学生人均公用经费标准。加大对特殊教育的投入力度。鼓励和支持接收残疾学生的普通学校为残疾学生创造学习生活条件。加强特殊教育师资队伍建设,采取措施落实特殊教育教师待遇。在优秀教师表彰中提高特殊教育教师比例。加大对家庭经济困难残疾学生的资助力度。逐步实施残疾学生高中阶段免费教育"。

"十二五"特殊教育保障条件主要任务目标包括：健全保障机制，提高残疾人受教育水平。为实现上述目标，具体措施包括：

(1) 制定特殊教育学校基本办学标准，地方政府制定学生人均公用经费标准和教职工编制标准，改善特殊教育学校办学条件。

目前，《高等职业学校设置标准》（2000年）、《中等职业学校设置标准》（2001年）、普通教育《城市普通中小学校校舍建设标准》（2002年）、《农村普通中小学校建设标准》（2008年）已相继出台。中小学体育、音乐、美术器械配备，理科、数学、自然实验仪器配备等也都有相应标准，1994年制定的《特殊教育学校建设标准》已明显不能适应新形势的要求。《残疾人中等职业学校设置标准》于2007年颁布实施，但目前绝大多数残疾人中职学校达不到这个要求，残疾人高等职业学院尚没有建设或设置标准。"十二五"期间要完成相关标准的制定工作，并根据标准规范特教学校建设。

2006年新修订的《义务教育法》第四十三条规定"特殊教育学校（班）学生人均公用经费标准应当高于普通学校学生人均公用经费标准"，但并未规定具体比例。同时，国家出台的《关于制定中小学教职工编制标准意见的通知》（国办发〔2001〕74号）、《全日制普通中等专业学校人员编制标准（试行）》（教职字〔85〕008号）规定，并未根据特殊教育学校学生少、班额小、寄宿生多、教师需求量大的特点，对特殊教育学校教师编制作出特别规定，"十二五"期间，省级有关部门要合理确定特殊教育学校教职工编制并保障落实。

(2) 推进中西部地区特殊教育学校建设。2007年9月，教育部、国家发改委发布《中西部地区特殊教育学校建设规划》（教发〔2007〕20号）提出，中央和地方政府共同投入，在中西部地区改扩建、新建1160所特殊教育学校，基本实现在中西部地区的地（市、州、盟）和30万人口以上或残疾儿童少年较多的县（市、旗）有1所独立设置的综合性或单一性特殊教育学校；现有特教学校办学条件得到明显改善。所有项目学校达到或基本达到国家颁布的特殊教育学校建设标准和设施配备要求,基本满足残疾儿童少年接受九年义务教育的需求。

(3) 根据国家规定落实并逐步提高特教津贴。特殊教育学校教师比普通学校教师工作量和工作难度更大,承担了更多的责任,理应得到更多的报酬。教育部《关于1956年全国普通教育、师范教育事业工资改革的指示》(〔56〕计劳董字第30号)、《关于盲聋哑中小学教职工工资待遇问题的复函》(〔79〕教计字166号)、《关于发给聋哑人手语教师和翻译干部15%特教津贴的联合通知》(民〔1984〕协47号)、《关于工资制度改革后聋哑手语教师和翻译干部特教津贴执行办法的答复》(民协函第61号)等文件对特教津贴的发放对象和办法相继作出了规定。当前形势已经发生了很大的变化,各地经济社会发展状况差别巨大,特殊教育津贴落实情况参差不齐。2006新修订的《义务教育法》规定"特殊教育教师享有特殊岗位补助津贴",但并未就具体比例和办法作出规定。"十二五"期间,各地要结合制定和落实本地区"中长期教育改革和发展规划纲要"之机,对特教津贴的发放对象、标准及其他具体要求进行规范,落实并逐步提高。

(4) 加大特殊教育教师培养力度,提升特殊教育师资能力。鼓励和支持各级师范院校与综合性院校举办特殊教育专业或开设特殊教育课程。在实施师范生免费教育时,把特教师资培养纳入培养计划。加大特殊教育或相关专业研究生培养力度。注重特殊教育专业训练,提高培养质量。鼓励优秀高校毕业生到特殊教育学校、儿童福利机构等单位任教。将特殊教育教师培训纳入教师继续教育培训计划,对在职教师实行轮训,重点抓好骨干教师特别是中青年骨干教师培训。加强对在普通学校、儿童福利机构或其他机构中从事特殊教育工作的教师和特殊教育学校巡回指导教师的培训,高度重视残疾人职业教育专业课教师培训。

(5) 强化政府责任,完善残疾人教育法律法规。把残疾人教育纳入教育督导内容,并开展专项督导检查,列入各级政府教育绩效考核内容，修订《残疾人教育条例》，在修订教育法、职业教育法、教师法及制定考试法、教育督导评估条例等相关法律法规时，体现残疾人特殊需求。

6. 扶残助学

残疾学生普遍家庭经济困难，大多需要康复，需要配备学习生活辅助用品用具。目前，由于办学理念和经济因素，特教学校里的多数聋生没有配备助听器，多数低视力学生没有配备助视器和放大器，造成残疾儿童少年剩余能力的极大浪费。同时，残疾学生生源少，特教学校较为集中，残疾学生大多需要寄宿，要承担额外的食宿费、交通费，目前国家助学体系还不能完全解决残疾学生的这些特殊困难，中西部农村地区尤为突出，很大程度上影响了残疾学生的就学和学习。

当前，国家助学体系的内容主要包括：

义务教育：全面实施"两免一补"（免学杂费、免教科书费，补助寄宿生生活费）政策，其中免学杂费对象为全国义务教育阶段学生，免教科书费对象为全国义务教育阶段学生，补助寄宿生生活费对象为城乡贫困生。

高中教育（含中职教育）：中央和地方政府拨专款设立助学金，学校从学费中按比例提取资金，设立助学金、奖学金，按贫困程度不同分别缓、减、免交学费；学生向当地金融机构申请助学贷款；学生参加生产实习助学和社会资助。

高等教育：奖学金、助学贷款、助学岗位、勤工俭学、中央和地方政府拨专款补助、减免学费；国家奖学金制度，社会资助。

2007年，国务院《关于建立健全普通本科高校、高等职业学校和中等职业学校家庭经济困难学生资助政策体系的意见》进一步完善了国家奖学金和助学金制度，规定：国家奖学金由中央财政设立，奖励特别优秀大学生，每年5万名，每人每年8000元；国家励志奖学金由中央和地方共同设立,奖励和资助品学兼优的家庭经济困难大学生(比例3%),每人每年5000元;国家助学金由中央和地方共同设立,资助经济困难大学生,平均每人每年2000元(20%),资助农村和城市经济困难中职生,每人每年1500元(两年)。

扶残助学是残联系统开展残疾人教育工作的重要内容,是对国家助学政策的有益补充。主要方法是:掌握当前国家教育尤其是特殊教育政策,了解中央和地方政府有关教育规划目标、实施步骤和政策措施;深入调查,及时准确掌握残疾儿童少年数量、未能入学的原因、特教资源的分布等信息,掌握残疾人教育的现状和需求;加强与教育行政部门的沟通,切实把中央和地方政府的政策措施落实到特教学校,让残疾儿童和残疾人真正受益;多渠道筹措资金,开展各种助学项目,整合资源,统筹安排好助学项目之间、助学项目与国家助学政策之间的关系,建立和完善扶残助学长效工作机制;加强对助学项目的领导与管理,严格助学项目程序,充分发挥助学资金应有的良好效应。

国办发41号文要求:"做好中等教育和高等教育阶段残疾学生资助工作。普通高校全日制本专科在校生中家庭经济困难的残疾学生和中等职业学校一、二年级在校生中残疾学生要全部享受国家助学金。在特殊教育学校职业高中班(部)就读的残疾学生也应享受国家助学金"。教育规划纲要要求:"加大对家庭经济困难残疾学生的资助力度。逐步实施残疾学生高中阶段免费教育"。

"十一五"期间中国残联开展的扶残助学项目主要有:

残疾人事业专项彩票公益金助学项目:"十一五"期间,中央财政从彩票公益金中拨出8000万元,由中国残联、教育部共同组织实施,项目地区为中西部地区23个省、市、自治区和新疆生产建设兵团、黑龙江农垦总局。5年时间资助义务教育阶段城乡家庭经济困难残疾儿童少年,每年约32000人。

"通向明天——交通银行残疾青少年助学计划"首期、第二期:2007年,交通银行捐款1亿元,与中国残疾人联合会、中国残疾人福利基金会共同实施,项目周期为10年,资金主要用于:资助家庭经济困难残疾学生完成学业,为特殊教育学校(院)和接受随班就读学生的普通学校添置教育教学设备,资助中西部地区新建特殊教育学校,资助残疾人中等职业学校建设实习实训基地和特殊教育师资培训等。项目首期周期为2008-2009年,资金为3000万元,主要用于资助家庭经济困难残疾高中在校生及残疾大学新生,为各地高中阶段特教学校提供设备费补助,帮助中西部地区人口较为集中的地(市)或人口30万以上、残疾儿童少年较多且无特殊教育学校的县(市)新建特教学校等。项目二期投入1850万元,执行周期为2010年,累计资助中西部地区26个省、市、自治区高中阶段残疾在校生和大学新生近4000人,资助东部地区55所义务教育特教学校和9所残疾人中高等特教院(校)设备补助,奖励全国各地优秀特教教师200名。

"十二五"期间中国残联计划开展的扶残助学项目主要有:

继续实施"残疾人事业专项彩票公益金助学项目",补贴贫困残疾儿童学前教育训练和生活费补贴助学金和面向全国招生的全日制高等特教学院、中国残联和地方合作办学的全日制特教普通高中和残联系统全日制残疾人中等职业学校改善办学条件、购置教育教学设施设备及升级改造现有设备、购置教具、文体器材、图书资料、校园无障碍设施建设及改造等。

继续实施"通向明天——交通银行残疾青少年助学计划"。第三期项目投入850万元,执行周期是2011年,其中,500万元用于资助中西部地区家庭经济困难的全日制残疾人高中(含普高、职高)在校生和大学(含中央电大残疾人教育学院)新生完成学业,主要用于补助学生在校学习、生活费用,其资金可打通使用;250万元补贴特殊教育师资培训,以资助省级以上培训为主;100万元用于表彰各地优秀特教教师并发放奖金。如无意外,2012-2015年,"通向明天——交通银行残疾青少年助学计划"将顺期执行,资金投向主要为家庭经困难残疾学生助学金。

7. 手语、盲文研究推广

第二次全国残疾人抽样调查数据显示，我国有听力残疾人2004万，视力残疾人1233万。手语是听力残疾人交流的主要语言工具，盲文是视力残疾人使用的特殊文字符号。重视、发展和推进特殊人群的特殊语言文字工作，关系重大，意义深远。

党和政府十分重视手语、盲文工作，新中国成立后，即着手统一、规范手语、盲文工作。60多年来，通用手语、盲文不断完善，促进了盲人、聋人和健全人之间的无障碍交流。2008年，中央7号文件提出"加快无障碍建设和改造，积极推进信息和交流无障碍，公共机构要提供手语、盲文等无障碍服务"的明确要求；2010年，国办19号文件要求"加大对手语、盲文的扶持力度"，将其作为残疾人服务体系建设的重要内容加快推进。今年即将颁布的《国家中长期语言文字事业改革和发展规划纲要（2010－2020年）》，将手语、盲文规范和推广作为今后一段时期国家语言文字事业重点工程加以阐述，强调"加快手语、盲文规范标准研制"，"加强手语、盲文推广运用"和"强化手语、盲文基础研究"。国家语委将"手语、盲文通用标准的研制、修订"纳入"十二五"科研规划和2011年度科研计划。刘延东国务委员在2011年1月纪念《国家通用语言文字法》颁布10周年座谈会上强调："手语、盲文作为听力残疾人和视力残疾人使用的语言文字，涉及了3000万的聋人和盲人的切身利益，社会性强、影响面广、专业化程度高，应统筹规划，加强指导，做好通用手语和通用盲文的研究规范和推广工作。"这是近年来中央领导首次对手语、盲文工作作出的重要指示。这些重大决策和要求充分体现了党和政府高度重视残疾人事业，切实保障残疾人平等的语言文字权利，也充分表明了做好手语、盲文工作的重要意义，为"十二五"以及今后一个时期手语、盲文工作的改革和发展指明了方向。

近年来，在教育部、国家语委等部门的关心和支持下，中国残联积极推进手语、盲文研究和推广。

编辑、修订和出版《中国手语》。1988年，中国残联、中国聋人协会组织专家在原有手语研究基础上，结合有声语言和手指语的使用，编辑出版了统一规范的《中国手语》，1990年编辑出版了《中国手语（续）》；2001－2003年，委托北京师范大学特殊教育研究中心，完成了《中国手语》的修订和再版工作。邓朴方主席分别两次题词："加强手语研究工作，使手语更好地为聋人服务"，"规范中国手语，畅通交流渠道"。编辑《计算机专业手语》、《体育专业手语》、《理科专业手语》和《美术专业手语》等专业手语，作为《中国手语》的补充，完善通用手语词汇。2004年，组织全国调查，征求在校聋生、社会聋人、特教教师、手语翻译以及热心学习手语的健听人的意见，了解《中国手语》的推广使用情况。2007年，配合中国劳动技能鉴定中心审定《手语翻译员国家职业资格标准》，确定了5个职业资格等级和分级职业标准及需求，并于2008年4月正式颁布。

1953年，黄乃等人设计现行盲文在全国推行。1988年，中国残联、中国盲人协会组织全国的盲人专家、学者，搜集、研究、整理近百万字的历史资料，综合前人研究成果，召开10余次全国性专题论证会议，制订了《盲文民族器乐符号》、《盲文数、理、化符号》、《盲文分词连写规则》等。《现行盲文》、《双拼盲文》、《盲文民族器乐符号》、《盲文数、理、化符号》、《盲文分词连写规则》等作为国家标准颁布。

1991年，民政部、原国家教委、国家语委、中国残联共同印发《关于在全国推广应用〈中国手语〉的通知》（〔1991〕残联宣字第138号），明确提出《中国手语》为我国官方推广的通用手语，在公共场合、学校教育教学方面必须使用《中国手语》。此后，中国残联和地方残联采取多种形式开展手语推广工作。为规范培训，2006年中国残联组织专家编写了《中国手语日常会话》、《中国手语培训教材》及配套软件,拍摄《牵手》中国手语系列情景剧,利用多媒体推广普及中国手语。2008年,教育部基础教育司、语言文字应用管理司,中国残联教育就业部印发《"十一五"期间在全国部分聋校开展推广〈中国手语〉试点工作方案(2008-2010年)》,组织全国11所聋校开展推广中国手语试点工作,试点效果显著。

1995年,原国家教委、民政部、国家语委、新闻出版署、中国残联联合印发《关于在全国试行推广〈汉语双拼盲文方案〉的通知》,并制定了《汉语双拼盲文"九五"方案》,纳入中国残疾人事业"九五"计划纲要推广。带调的汉语双拼盲文在全国10所盲校进行了教学试点,编写了"双拼盲文"教材。各省、市、自治区残联相继为社会识字盲人举办了"双拼盲文"培训班。1999年,委托北京师范大学特殊研究中心调查试点盲校使用双拼盲文情况,结果显示:双拼盲文不适用低年级阶段盲生学习,同年9月,教育部基础教育司印发《关于暂缓在盲校中推行汉语双拼盲文的通知》。"十一五"期间,中国盲人协会组织专家开展现行盲文加调简写研究、利用汉字速录原理研究《现代汉语盲文》等课题。

几十年来,已有近百万聋人、盲人通过学校教育、社会培训等形式,学习、掌握了通用手语和盲文,为他们提高自身素质和职业技能、增强生产生活能力、创造社会财富、实现自身价值提供了较大帮助。但是,由于种种局限,手语、盲文工作还存在很多困难和不足,主要表现为手语、盲文研究起步晚、底子薄,总体上还处于起步阶段,水平不高,许多问题有待深入研究,特别是研究手语、盲文的机构和队伍严重不足,手语、盲文科学化、规范化有待进一步提高,通用手语有待不断完善,两种盲文并存给盲人学习、生产和生活带来不便,急需尽快确定通用盲文。

"十二五"期间,手语、盲文研究推广的主要任务目标包括:研制通用手语标准、规范通用手语使用;修订通用盲文标准,规范通用盲文使用。为实现上述目标,具体措施包括:

(1)将手语、盲文切实纳入《国家中长期语言文字事业规划纲要》,作为重点工程加以组织实施。加快通用手语标准研制和通用盲文标准的修订,手语、盲文水平等级标准和手语翻译员等级标准的研制;结合特殊教育学校课程改革,推广使用通用手语、盲文,培育和发展社会服务机构,为听力、视力残疾人提供手语、盲文翻译和语音阅读等服务;重视手语、盲文高层次人才培养和研究机构建设。

(2)将手语、盲文研究切实纳入国家语委"十二五"科研规划和分年度科研计划。进一步加强手语、盲文科学化、规范化、标准化研究,为手语、盲文工作政策的制定提供参考和依据。

(3)加快建设国家手语和盲文研究中心。教育部、国家语委和中国残联,依托北京师范大学共建国家手语和盲文研究中心,多学科、跨领域遴选专家组建专家委员会,开展手语、盲文使用状况调查,推进通用手语、盲文规范化、标准化,指导地方手语、盲文的研究及推广工作,开展并促进手语、盲文领域的国际合作与交流等。

（三）就 业

残疾人就业是保障残疾人基本生活和平等参与融入社会、共享社会物质文化成果的基础。扶持有就业需求和就业能力的残疾人实现就业，有利于残疾人通过劳动实现其自身权利并体现其社会价值，使更多残疾人从依靠国家、社会和亲属救济供养变为自食其力的劳动者，真正实现"平等、参与、共享"的目标。

改革开放以来，国家为改善残疾人就业状况不断加大政策措施，特别是2007年以来，国家先后出台了促进残疾人事业发展的一系列法律法规和政策，残疾人就业纳入经济社会发展目标，政府发挥保护和促进残疾人就业的主导作用，在社会各界、用人单位、残疾人的共同努力下，初步形成了以市场为导向的多元化就业格局，并呈现出三个主要特点：一是以《残疾人保障法》、《就业促进法》、《残疾人就业条例》及中央7号文件、国办19号文件等重要法律法规和政策颁布实施为标志，建立了依法推进残疾人就业的制度框架；二是形成了以按比例就业、集中就业和个体从业为主，以公益岗位就业、社区就业、居家就业、辅助性就业为补充的多元化就业格局；三是就业服务体系逐步建立，职业教育培训得到强化，全国省市县三级残疾人就业服务机构达到3094个，工作人员达2.9万人，初步形成了覆盖城乡的残疾人就业服务网络，"十一五"期间，共有376万城乡残疾人得到各类职业教育和职业培训。广大残疾人自强不息、艰苦创业，涌现出一大批残疾人创业带头人和"能工巧匠"。

在残疾人就业状况进一步改善的同时，残疾人就业形势依然严峻。残疾人就业规模不大、就业层次低、就业稳定性差的总体形势没有根本改变，歧视和侵犯残疾人就业权益的现象时有发生。残疾人状况监测显示，全国城镇就业年龄段近半数的残疾人未实现就业。

1. 主要任务

"十二五"期间,国家将加大保障和改善民生力度,实施就业优先战略,加快构建残疾人"两个体系"。在这样的新形势瞎,拓宽残疾人就业渠道,大力开发各类适合残疾人就业岗位,提升残疾人职业能力和就业潜能,提高就业层次和保障水平,已成为"十二五"残疾人就业的重要任务。

(1) **完善残疾人就业保护和就业促进政策措施,稳定和扩大残疾人就业,提高残疾人就业质量,鼓励残疾人创业,城镇新增残疾人就业 100 万人。**

残疾人就业保护和就业促进是《残疾人就业条例》的宗旨和指导原则,依法推进残疾人就业和完善以就业保护和就业促进为核心的政策措施已成为"十二五"乃至今后一个时期残疾人就业的重要导向。"十二五"期间,国家将实施就业优先战略,不断完善困难群体就业援助制度,进一步扩大包括残疾人在内的困难群体就业规模,提升就业稳定性,推动实现有尊严的体面就业。在国家就业战略和残疾人"两个体系"建设形势下,针对广大残疾人的就业需求,进一步扩大残疾人就业的总体数量,提高劳动收入和保障水平,提高培训后就业率和稳岗就业率。进一步贯彻国家关于创业带动就业,发扬自主择业、自强创业的精神,广开就业门路,调动广大残疾人个体和自愿组织起来就业、灵活就业的积极性,是以创业带动就业、保持残疾人就业规模不断扩大、提升收入水平的重要渠道。"十二五"期间,残疾人就业模式和职业培训制度将得到完善,通过实名制培训和实名制就业实现精细化管理,确保城镇新增残疾人就业 100 万人,坚持实施农村残疾人参加生产劳动和各项优惠扶持措施,逐步提升农村残疾人的劳动收入水平。

（2）规范残疾人就业服务体系，有就业需求的各类残疾人普遍获得就业服务和职业技能培训。

残疾人就业服务体系是在公共就业服务均等化步伐不断加快的总体形势下，国家通过不断加强针对残疾人的公共就业服务，健全各级残疾人就业服务机构建设、完善专项就业服务的总称。"十二五"期间，残疾人就业服务体系建设的首要任务是规范各级残疾人就业服务机构，提升就业服务能力，逐步实现针对有就业需求的各类残疾人提供均等化就业服务和职业培训。通过就业服务和职业培训，提升残疾人职业技能人才队伍的总体水平和合理人才结构，极大地促进肢体、听力、言语残疾人就业，改善和初步解决视力残疾人（盲人）就业难题；通过提供职业康复、职业能力评估等服务，逐步探索精神、智力和重度残疾人辅助性就业。这不仅是我国推进基本公共服务均等化的要求，也是残疾人服务体系建设的重要内容。

2. 主要政策措施

"十二五"期间，残疾人就业工作主要包括以下几方面：

（1）残疾人就业保护和就业促进政策法规建设

《就业促进法》、《残疾人就业条例》是依法推进残疾人就业的重要法律依据，在促进残疾人就业、建立健全就业援助制度、保护残疾人劳动权益等方面一脉相承。贯彻落实两项法律法规，加强残疾人就业保护和就业促进的立法宗旨，是依法推进"十二五"残疾人就业的重要保障。

2007年，财政部、国家税务总局发布《关于促进残疾人就业税收优惠政策》（财税〔2007〕92号），对残疾人集中就业单位、超比例安排残疾人就业单位、残疾人个体从业者及残疾人按规定应享受的税收优惠进行了明确的政策规定，对集中就业单位（含福利企业）税收优惠政策作了重大调整。经过近几年的政策实践和调查摸底，各地对进一步完善集中就业税收优惠政策反映较为强烈，集中反映在人均退税上限 3.5 万元和 10 人以上（含 10 人）残疾人最低就业规模限制过严过高的条件等方面。通过开展全国范围的调研，财政部、民政部、国家税务总局、中国残联对于部分修订该项政策达成了基本共识，并准备在"十二五"期间进行修订工作。自财政部发布《残疾人就业保障金暂行管理规定的通知》（财综字〔1995〕5号）15 年来，多数地方政府对本地残疾人就业保障金征收使用管理政策作出了调整，扩大了残疾人就业保障金在促进残疾人就业保障、就业服务及职业培训方面的使用范围。目前财政部、中国残联正着手研究调整残疾人就业保障金征收使用管理相关政策，并将其作为"十二五"调整完善残疾人就业政策的重要内容之一。

《残疾人保障法》和《残疾人就业条例》都明确规定，"残疾人集中就业单位专产专营和享受政府优先采购"。从各地实践来看，落实此项内容的难点在于难以确定哪些具体产品可以由残疾人集中就业单位来专产专营和享受政府优先采购。从实践来看，部分地市、县政府已将部分办公用品，如打印用纸张、信封、纸杯、文件盒（夹）等产品指定给残疾人集中就业单位，特别是残疾人辅助性就业工场、庇护工场来专项生产，享受政府优先采购政策。这些宝贵实践，将为制定"十二五"残疾人集中就业单位专产专营和政府优先采购产品与服务目录提供政策依据和突破重点，并通过逐步扩大范围加以完善。

就业作为一项系统工程，需要建立政府主导、多部门齐抓共管、共同推进的有效工作机制。"十一五"期间，国务院为加强对就业工作的领导，建立了国务院就业工作部际联席会议制度，中国残联作为成员单位，进一步加大了对残疾人就业工作指导力度。同时，各级政府相应建立了就业工作的联动督导机制，部分地区已将残联组织和残疾人就业工作纳入其中。在国家实施就业优先战略的大背景下，各级政府的就业联动和督导作用将得到进一步加强，各级残联组织要积极向政府汇报，务必确保加入各级政府的就业联席工作机制,将残疾人就业列入当地就业工作规划,在同步推进的同时,为残疾人就业争取更多的特惠政策措施。

(2) 百万残疾人就业工程

百万残疾人就业工程是实现"十二五"城镇新增残疾人就业100万的一项综合性系统工程。该工程实施及管理的重点是将建立和依托实名制就业信息统计系统,就业管理将实现即时快捷和精准管理。

百万残疾人就业工程在政策措施和具体成效上主要体现在五个重点领域:一是落实中央7号文件提出的党政机关、事业单位及国有企业带头安排残疾人的要求,准确掌握各类国有用人单位安置残疾人就业、岗位开发和下一年度安排计划,逐步建立按比例就业的岗位预留制度,修订国家对残疾人进入党政机关、行政事业单位关于残疾的限制性规定,进一步拓展残疾人按比例就业的空间。

二是落实《就业促进法》和《残疾人就业条例》的具体要求,各级政府主导积极开发适合残疾人就业的公益性岗位,同时要明确按不低于10%的比例优先安排残疾人就业。

三是通过调整完善残疾人集中就业单位税收优惠及相关扶持政策,鼓励中小企业、小型微利企业、盲人按摩机构、工(农)疗机构、辅助性工场、庇护工场集中安排残疾人就业,确保"十二五"残疾人集中就业实现稳中有升。进一步落实国家关于按比例(超比例)安排残疾人就业单位、残疾人个体从业、自主创业等一揽子税收优惠政策措施,将促进残疾人就业的各项税收优惠政策落实好。

四是在国家已有扶持残疾人创业和灵活就业政策措施基础上,对残疾人个体从业及创业最急需的资金、场地及租金、保险、税收优惠等扶持措施给予重点明确,同时结合各地实际,采取多种方式大力鼓励残疾人自主创业和灵活就业。

五是通过开发社区服务、家庭服务等多种业态,帮助残疾人通过社区公益性岗位、社区便民服务、居家服务、电子商务等多种形式实现就近就便就业。同时进一步巩固和落实高校残疾人毕业生就业扶持政策,将其从阶段性扶持发展为长期扶持;对转移就业残疾人和女性残疾人开展针对性培训和服务,扶持其稳定就业。

(3) 残疾人职业培训

大力开展残疾人职业培训是"十二五"期间促进残疾人就业的一项重要工作任务,必须常抓不懈。其中加强残疾人职业教育,提升就业年龄段内残疾人职业技能水平,改善残疾人技能人才结构是重中之重。

国办19号文件规定,"要以就业为导向,鼓励各级各类特殊教育学校、职业学校及其他教育培训机构开展各有侧重、多层次的残疾人职业教育培训"。这就明确了"十二五"乃至今后一个时期残疾人职业教育和职业培训的工作布局和导向。

《国务院关于加强职业培训促进就业的意见》(国发〔2010〕36号)要求,以实现就业为目标,开展针对人力资源市场及用人单位需求的订单式培训、定向培训和定岗培训。其重点就是人力市场需求,特别强调了要符合用人单位对于符合岗位要求残疾人技能人才的培训培养方式,特别要注意突出强化实际操作技能和职业素质的培养,培训绩效考核的主要指标是培训后就业率以及上岗后的稳定性和就业质量。

在残疾人职业培训和职业教育的投入产出工作机制上,必须建立起职业培训补贴(来源主要是就业专项资金和残疾人就业保障金)与培训质量、一次性就业率相衔接的投入考核机制。要着力加强以开展各级残疾人职业技能竞赛为龙头,以提升技能、促进就业为目标,积极开展就业导向明确、参与面广、技能范围不断拓宽的残疾人技能人才培养奖励机制,充分调动广大残疾人比学技能的积极性,打造适应国家社会转型、产业结构升级的残疾人技能人才队伍。

(4) 盲人、聋人和重度残疾人就业

按照《盲人按摩医疗管理办法》精神,"十一五"期间,中国残联、卫生部等部委联合开展了全国盲人医疗按摩人员考试,盲人医疗按摩人才队伍的培养和各项相关政策落实成为"十二五"的重要内容。帮助有职业资格的盲人开办医疗按摩所,是提升盲人就业层次,拓展盲人按摩就业空间的重要举措。盲人保健按摩仍是大多数盲人就业的主阵地,其中一项重要工作,就是进一步规范盲人保健按摩行业管理,制定出台《盲人保健按摩管理办法》,同时继续按照"十二五"任务指标加强盲人保健按摩人员的培训培养及就业扶持工作。

努力推动听力言语残疾人的专项培训就业工作的开展,推动听力言语残疾人义齿加工、动漫设计、电子商务等高层次就业,进一步拓宽听力言语残疾人的就业渠道。依托残疾人托养服务机构、工(农)疗机构、辅助性工场、庇护性工场等载体,采取各种扶持补贴和特殊劳动保障措施,促进智力、精神和重度残疾人辅助性就业。

(5) 残疾人就业服务

树立大服务的理念,将公共就业服务与残疾人就业服务相衔接,打造规范有序的残疾人就业服务体系。各地公共就业服务机构和基层劳动就业社会保障服务平台应主动发挥其服务优势,为各类残疾人提供适合其需求的针对性就业服务,提升公共就业服务均等化水平。落实相关法律法规和国家就业优先战略,健全就业援助制度,优先扶持就业困难残疾人,同时将岗位援助、公益性岗位开发、社会保险和岗位补贴等扶持措施,落实到符合条件的残疾人身上。将残疾人纳入国家"就业援助月"、"春风行动"、"民营企业招聘周"、"高校毕业生专场招聘会"等公共就业人才服务专项活动中,为残疾人提供专门服务。各级人力资源和社会保障部门要积极引导经营性人力资源服务机构履行社会责任,为残疾人提供高效率、高质量的贴心服务。加强以残疾人就业为重点的劳动保障监察,督促用人单位落实国家各项保护和促进残疾人就业的政策措施,切实保障残疾人合法劳动权益。党政机关在招录公务员、政府雇员时,不得设置歧视性障碍，同等条件下优先招录残疾人；企事业单位在公开招聘工作人员时，没有达到当地规定的安排残疾人就业比例的，同等条件下要优先录用残疾人，禁止在就业中歧视残疾人，切实维护残疾人各项劳动就业权益。

(6) 残疾人就业服务能力建设

"十二五"期间，要大力实施残疾人就业服务能力建设工程，重点内容包括：

一是开展残疾人职业技能鉴定辅助标准研发。《残疾人就业条例》规定，接受各级人力资源和社会保障部门委托，残疾人就业服务机构可以开展残疾人职业技能鉴定，并在盲人按摩职业技能鉴定等方面上承担大量工作。面对残疾人职业培训工作迅猛发展，以及残疾人对于专项职业技能鉴定和职业能力评估的特殊需求，现有的仅以健全人职业技能鉴定为标准的职业技能鉴定政策规定，显然已不能完全满足现实工作的要求。制定残疾人职业技能鉴定辅助性标准，有利于进一步丰富我国针对各类职业群体的职业技能鉴定标准体系，同时也将对各级公共职业技能鉴定机构和残疾人职业技能鉴定机构赋予新的职责。"十二五"期间通过此项工作，残疾人的职业能力将得到进一步确认和规范，各类用人单位也将通过确认残疾人职业资格来了解残疾人职业能力水平，为开发适合残疾人就业的岗位、实现就业供求的匹配和职业生涯培养提供重要依据。

二是落实《残疾人就业服务机构建设规范》（暂行），尽快明确省级残疾人就业服务和市（地）、县（区）级残疾人就业服务机构的职责分工，进一步规范管理，强化培训与服务，必须完成县级以上残疾人就业服务机构开展就业服务的软硬件条件。

三是加快建立完善残疾人职业指导、职业信息分析、职业能力评估和劳动保障协理相结合的专业就业保障服务队伍，充分适应就业新形势和残疾人需求，为用人单位和残疾人就业提供支持性服务。落实《残疾人就业条例》规定，免费为残疾人提供职业指导、职业适应评估、就业和失业登记、职业介绍等服务。

四是各级残疾人就业服务机构要依托基层残疾人专职委员队伍，培训残疾人就业服务与社保协理员，大力推进远程培训和网络培训。

五是加强残疾人就业服务信息网建设，将其纳入公共就业人才服务信息网，并承担"十二五"城镇百万残疾人就业工程实名制统计工作。

（7）农村残疾人就业

依托农村扶贫开发和统筹城乡就业政策，扶持农村残疾人开展种养业、加工业、家庭服务业和其他增收项目，通过农村残疾人实用技术培训、康复扶贫贷款等项目及措施，扶持残疾人生产增收，加大残疾人就业保障金对于农村残疾人工作的扶持力度。有序组织农村残疾人转移就业，推动农村残疾人在城乡社区中的盲人按摩、集中就业、按比例就业、个体和自主创业等领域实现就业。

（四）扶 贫

残疾人扶贫是国家整体扶贫开发战略的重要组成部分。"十一五"期间，通过贯彻落实《中国农村扶贫开发纲要（2001－2010年）》（国发〔2001〕23号）和《农村残疾人扶贫开发计划（2001－2010年）》，在各级党委和政府的有力领导和支持下，社会各界广泛参与，残疾人自身不懈努力，基本完成了"十一五"残疾人扶贫工作的任务目标，残疾人家庭收入水平稳步提高，生活状况明显改善，贫困残疾人口大幅减少。《中国残疾人事业统计年鉴》数据显示，五年间，全国扶持农村贫困残疾人932万人次，实际解决温饱618万人。中央安排康复扶贫贷款40亿元，扶持38万贫困残疾人发展生产，帮助414万贫困残疾人接受农村实用技术培训；全国49.4万残疾人贫困户进行了危房改造，68万残疾人及其亲属受益。

但是，我国农村残疾人扶贫任务依然艰巨。在我国6225万农村残疾人中，相当一部分生活仍十分贫困。受残疾影响、外界障碍、受教育程度普遍偏低、缺乏技能等原因制约，残疾人在贫困人口中贫困程度最重、扶持难度最大，成为农村扶贫工作的重点人群。

1. 主要任务

为了妥善解决农村残疾人贫困问题，中央7号文件要求："切实将国家关于农村扶贫开发政策措施和支农惠农政策落实到农村贫困残疾人家庭，制定和完善针对残疾人特点的扶贫政策措施。扶持农村残疾人从事种养业、手工业和多种经营，有序组织农村残疾人转移就业，促进残疾人增加收入。"国办19号文件也强调，"加强农村残疾人扶贫服务，促进残疾人脱贫"。

国家"十二五"规划纲要明确要求加大对农村残疾人生产扶助

和生活救助力度。《中国农村扶贫开发纲要（2011－2020年）》将贫困残疾人作为重点扶持群体纳入政府扶贫开发规划，统筹安排，同步实施，优先帮扶。残疾人事业"十二五"发展纲要提出了具体要求：

——加强农村残疾人扶贫开发，扶持1000万农村贫困残疾人改善生活状况、增加收入、提高发展能力；

——为100万农村贫困残疾人提供实用技术培训；

——继续实施"阳光安居工程"，改善25万户农村贫困残疾人家庭居住条件。

"十二五"是全面建设更高水平小康社会的关键时期，也是缓解和消除残疾人贫困现象的重要时期。要以中央和地方制度政策为依托，争取特殊扶持政策，以增加贫困残疾人家庭收入、提升残疾人生活质量为目标，以提高贫困残疾人基本素质和生存发展能力为重点，采取有效措施，加大对农村残疾人生产扶助和生活救助的力度，全面改善农村残疾人生产生活状况。

2. 主要政策措施

（1）制定实施《农村残疾人扶贫开发规划（2011－2020年）》

残疾人事业"十二五"发展纲要提出，把"制定并实施《农村残疾人扶贫开发规划（2011－2020年）》（以下简称'扶贫规划'）"作为未来五年农村残疾人扶贫开发的重要工作任务。

2001年，中国残联、扶贫办、财政部、中国人民银行和中国农业银行共同制定实施《农村残疾人扶贫开发计划（2001－2010年）》（以下简称"扶贫计划"）。扶贫计划实施10年来，农村贫困残疾人生产生活状况得到了明显改善，农村残疾人生活质量和水平得到提升。扶贫计划的制定与实施强化了地方各级党委政府和相关部门对农村残疾人扶贫工作的高度重视和工作职责，广泛调动了社会各界力量参与支持农村残疾人扶贫开发,有力推动了农村残疾人扶贫工作的整体发展。

扶贫规划在总结过去 10 年扶贫计划执行的经验和对农村残疾人扶贫重点困难调查研究的基础上,多方征求相关单位和专家以及基层同志的意见后颁布实施。各地要按照扶贫规划的要求,结合地方实际,及时制定本地扶贫规划,要求体现当地残疾人扶贫工作的特点和政策突破点,政策和措施的制定要更加贴近贫困残疾人,更加具体化,更具可操作性。

(2) 做好农村社会保障政策与残疾人扶贫开发的有效衔接

做好农村社会保障政策与残疾人扶贫开发的有效衔接,目的就是把落实农村各项社会保障政策措施作为解决残疾人温饱、稳定其基本生活状况的根本保障,把扶持残疾人家庭发展生产作为摆脱贫困的根本途径。

国务院办公厅转发的扶贫办、民政部、中国残联等部门《关于做好农村最低生活保障制度和扶贫开发政策有效衔接扩大试点工作的意见》(国办发〔2010〕31号)对做好农村最低生活保障制度和扶贫开发的有效衔接工作提出了具体要求,明确了健全贫困残疾人口的评议识别机制,将符合条件的残疾人纳入低保,做到应保尽保;在实施扶贫开发过程中,有劳动能力的残疾人优先享受各项扶持政策和措施,通过各种手段提高有劳动能力的农村贫困残疾人的发展能力,使他们尽快脱贫。同时,加快国家各项社会保障和救助政策以及扶贫开发和支农惠农政策的落实,加大资金投入,各级财政要安排专项残疾人扶贫资金,动员社会各界捐款捐物支持农村贫困残疾人脱贫。

(3) 农村残疾人专项信贷扶贫

康复扶贫贴息贷款是国家为帮助扶持贫困残疾人脱贫安排的专项信贷资金,对适合残疾人特点的种植业、养殖业、农副产品加工业和服务业给予重点帮扶。通过发挥项目和扶贫基地扶持的辐射带动作用以及小额到户贷款扶持，帮助农村残疾人贫困户从事有助于直接解决温饱的农业项目，提高资金使用效率，使残疾人家庭尽快脱贫。

康复扶贫贴息贷款在辐射带动农村贫困残疾人发展生产，缓解贫困残疾人生产资金短缺等方面发挥了不可替代的作用。"十一五"期间，中央安排康复扶贫贴息贷款40亿元，中央财政拨付贴息资金1.5亿元，辐射带动38万贫困残疾人发展生产。

目前，康复扶贫贴息贷款使用和管理的权限下放到各省，不限定金融机构，调整了项目贷款和到户贷款的信贷规模与贴息比率。各地贫困残疾人积极争取贷款，对贷款资金的需求不断增加，有些地方出现了供不应求的现象。

各地要积极贯彻残疾人事业"十二五"发展纲要提出的"继续开展残疾人康复扶贫"，"加大康复扶贫贷款管理体制改革力度，健全担保体系，简化贷款程序，提高贷款扶持贫困残疾人户的到位率和扶贫效益"等精神，按照《关于康复扶贫贷款管理体制改革的通知》（残联发〔2008〕13号）要求，进一步加强康复扶贫贴息贷款的管理。项目贷款要重点用于扶持中小型农业产业项目和残疾人扶贫基地等规模化发展型经济实体，注重提高扶持带动贫困残疾人数量和扶贫成效。小额到户贷款要重点用于扶持能人大户、庭院经济、零售商业、家庭手工业、服务业等适合贫困残疾人快速增收的个体经济。探索贫困残疾人承贷风险担保机制，设立面向贫困残疾人户的担保基金，逐步解决贫困残疾人贷款担保问题。金融部门要针对贫困残疾人信贷能力不足的实际困难，调整和健全信贷政策，简化贷款程序，提高贷款到位率。开发适合贫困残疾人需求的特殊信贷产品，开展残疾人扶贫专项信贷服务，为贫困残疾人提供方便快捷的金融信贷服务，发展针对贫困残疾人家庭的免抵押担保的小额贷款产品。贫困村互助金为符合条件的残疾人发展生产提供支持。

(4) 农村残疾人实用技术培训

据统计，有相当一部分有劳动能力和劳动愿望的农村贫困残疾人，由于缺乏必要的技能和培训，难以发展生产脱贫致富。实用技术培训是提高农村贫困残疾人发展生产和提高收入能力的有效途径，是残疾人扶贫工作的重要手段。农村残疾人实用技术培训要针对农村残疾人特点，重点培训实现快速增收的实用技术。

"十一五"期间，中央安排2660万元财政资金专项用于中西部地区农村贫困残疾人实用技术培训，全国培训了414万农村贫困残疾人。但是，培训工作仍然存在项目少、效果差、培训后安置就业配套服务工作不到位等问题，造成残疾人反复学、就业难的恶性循环，导致培训成本加大，培训资源浪费的不良境况。残疾人事业"十二五"发展纲要提出："加强对农村贫困残疾人的培训。为100万农村贫困残疾人开展实用技术培训，合理设置适合不同类别残疾人的培训项目，使经过培训的残疾人至少掌握1-2门实用增收技术。政府举办或补助的面向'三农'的培训机构和项目免费培训残疾人。""十二五"期间，中央财政安排专项资金用于扶助中西部地区100万农村贫困残疾人开展实用技术培训。各地要结合当地实际情况，加大贫困残疾人培训资金的财政投入，将农村残疾人的技能培训纳入到扶贫部门的"雨露计划"、农业部门的"阳光工程"等政府和有关部门举办或者补助面向"三农"的培训机构和项目，优先对贫困残疾人进行实用技能培训。要依托社会各种培训机构，根据残疾人个体需求和身体条件，开展不同类别、不同层次、不同科目的多种类多形式的实用技术培训，确保每个残疾人贫困家庭至少一名成员掌握1-2门实用技术。要根据劳动力市场需求及时调整培训内容和方式，注重培训效果。强化培训后的就业扶助工作，对每个培训后的贫困残疾人就业要给予资金、设备、技术等一系列配套服务，并实行动态跟踪服务，确保贫困残疾人能受训、能就业、能增收。

（5）农村贫困残疾人住房保障（"阳光安居工程"）

"阳光安居工程"是中央安排的专项彩票公益金用于资助中西部农村贫困残疾人家庭危房改造的项目。为了解决农村贫困残疾人家庭住房困难，"十一五"期间，中央继续安排彩票公益金用于资助农村贫困残疾人危房改造，五年共资助 49.4 万农村残疾人贫困家庭实施危房改造，受益残疾人及亲属达到 68 万人，带动地方危房改造资金 354282 万元，农村贫困残疾人居住条件得到进一步改善，有效缓解了农村贫困残疾人的住房困难，调动了地方各级政府的责任意识，加大对农村贫困残疾人等困难弱势群体基本生活的保障力度，以改善住房条件为载体，全面推动了农村残疾人基本生活条件的提升。

残疾人事业"十二五"发展纲要提出："在移民扶贫和农村危房改造工程中对农牧区贫困残疾人家庭住房建设和改造予以优先安排。继续使用国家彩票公益金支持'阳光安居工程'——中西部地区农村贫困残疾人家庭危房改造项目。""十二五"期间，各地要积极将农村贫困残疾人危房改造纳入政府有关部门危房改造项目范围，积极争取，优先实施，同时继续贯彻落实《关于优先解决城乡低收入残疾人家庭住房困难的通知》，将住房困难的城乡低收入残疾人家庭全部纳入政府保障性住房政策措施范围，有计划地对农村贫困残疾人住房实施改造，全面落实城市廉租住房、公共租赁住房、经济适用房、棚户区改造和农村危房改造计划，优先实施并制定落实特惠政策。解决农村贫困残疾人家庭住房困难要与扶贫开发、保障性安居工程、救灾重建、扶贫易地搬迁、小城镇建设有机结合，优先实施。有条件的地方对农村危房改造的贫困残疾人家庭实施建沼气池、改厨、改厕、改圈等"一建三改"工作。中央将继续实施彩票公益金"阳光安居工程"，对农村贫困残疾人危房改造项目实施补贴；各地要落实危改项目资金，制定帮扶措施，发动社会参与，确保危改项目顺利实施。

(6) 农村残疾人扶贫服务社建设

农村残疾人扶贫服务社是扶持贫困残疾人到户到人,将各项残疾人扶贫政策和措施落到实处的必要服务载体。农村残疾人扶贫服务是为农村残疾人发展生产、提高收入、摆脱贫困所采取的一项社会化服务工作。农村县级残疾人服务社和乡镇残疾人服务分社自1998年设立以来,在农村残疾人扶贫工作的历程中对贫困残疾人发展生产、提供生产服务起到了重要作用。但是,由于残疾人扶贫开发政策和措施的调整,金融部门政策性贷款商业化运作产生的矛盾,以及机构编制、人员配置、经费紧张和工作职能定位不明等诸多因素,导致服务社和服务分社机构数萎缩,人员缩减,在有些地方甚至已经名存实亡。健全和完善农村残疾人扶贫服务体系是"十二五"期间的一项重要工作。残疾人事业"十二五"发展纲要明确提出:"加强基层残疾人扶贫服务社建设,依托农村金融服务机构、供销合作社、农民专业合作社、贫困村互助社、各种行业协会组织等农村社会化服务体系,为残疾人提供多种形式的生产生活服务。"各地要以国办19号文件为依据,加快推进农村残疾人扶贫服务体系的建设与完善。拓宽各级残联和残疾人就业扶贫服务机构职能,激活县乡残疾人服务社功能,调动乡村残疾人专职服务人员积极性,形成"横向到边、纵向到底"的农村残疾人扶贫服务组织网络。针对农村贫困残疾人提供的服务要借助农业技术推广、动植物疫病防控、农产品质量监管等公共服务机构,依托农村社会化服务体系,发挥各自优势,整合各种资源,做到项目、政策、资金、信息、技能"五到位",为贫困残疾人发展生产脱贫致富提供切实有效的服务。

(7) 农村残疾人扶贫社会化帮扶

社会化帮扶助残是农村残疾人扶贫的重要力量。"十一五"期间,通过开展结对帮扶、捐款捐物等多种形式,有力扶持了贫困残疾人发展生产,改善生活状况,对农村残疾人脱贫起到了重要作用。

"十二五"期间,农村残疾人扶贫形势不容乐观,贫困残疾人数量很多,生活水平与社会平均水平差距明显并仍有扩大的趋势,扶贫任务非常艰巨,仅靠各级党委和政府及相关部门的努力远远不够。加大社会帮扶力度,进一步动员社会各界力量参与支持残疾人扶贫工作势在必行。残疾人事业"十二五"发展纲要提出:"广泛开展'帮、包、带、扶'活动,动员城乡基层组织、干部、群众、志愿者结对帮扶农村贫困残疾人。""十二五"期间,要着力加强社会扶贫工作,在巩固"十一五"结对帮扶成效的基础上,拓宽结对帮扶的社会群体,动员党政机关、团体、事业单位、基层党团组织以及领导干部、党团员等,与贫困残疾人家庭结对,"帮、包、带、扶",落实扶贫和救助政策,选择项目,筹措资金,提供技术支持和市场经营服务,扶助贫困残疾人脱贫。军队、武警部队就地就近积极帮扶贫困残疾人家庭。中央和国家机关有关部门实施的"农家书屋"、"万村千乡市场工程"等项目将农村贫困残疾人及其家庭优先纳入其中。鼓励引导国有企业、民营企业及其他各类非公有制企业、社会组织、志愿者和其他社会人士,积极参与残疾人扶贫开发。推动建立社会帮扶残疾人扶贫工作的长效机制。

(8)"阳光助残扶贫基地建设工程"

农村残疾人扶贫基地以直接安置残疾人就业、辐射带动、帮扶残疾人脱贫致富为目的,使更多的残疾人能直接得到安置、扶持和带动,将辐射带动、生产服务、安置与实用技术培训等多种功能融为一体,增强扶贫效果,扩大贫困残疾人受益面,逐步成为扶持农村贫困残疾人发展生产脱贫致富的有效途径和扶贫载体。

"阳光助残扶贫基地工程"是农村残疾人扶贫基地建设项目,被确立为"十二五"期间农村残疾人扶贫开发工作特色品牌项目。"十一五"期间,各地加强农村残疾人扶贫基地建设,规范管理,扩大基地规模,巩固和扩大扶贫成效,农村残疾人扶贫基地建设初步形成一定规模。仅2010年,地方创建农村残疾人扶贫基地共计4575

个，投入资金 20642 万元，扶持 23 万贫困残疾人发展生产。为了充分发挥农村残疾人扶贫基地的作用，扩大扶贫成效，残疾人事业"十二五"发展纲要明确提出："实施'阳光助残扶贫基地建设工程'，扶持创建一批农村残疾人扶贫基地，带动贫困残疾人农户发展生产、增加收入。"据此，"十二五"期间，中央将设立"阳光助残扶贫基地建设工程"，安排专项资金资助扶持农村残疾人扶贫基地建设。中央将制定农村助残扶贫基地建设工程实施方案，完善助残扶贫基地的管理办法和建设标准，督导各地做好扶贫基地建设和使用工作，充分发挥辐射带动贫困残疾人发展生产、提供有效服务的作用，推动全国农村残疾人扶贫基地建设、管理和使用实现标准化、规范化。同时，要求残疾人扶贫基地依托社会资源，通过康复扶贫贷款扶持投入、财政扶贫资金的注入、残疾人就业保障金的有效扶持，加快农村残疾人扶贫就业培训基地的整体建设。

（五）托 养

改革开放以来，随着国家经济发展和社会进步，残疾人状况明显改善。但受多种因素影响，长期以来，智力、精神和重度残疾人这些残疾程度重、残疾类别特殊的残疾人，由于其生活自理能力和独立行为方面的欠缺，在康复、教育、就业、社会保障等方面面临的问题比其他残疾人更为突出，深层次的需求难以得到应有的重视和关注，成为残疾人民生改善方面的"短板"：他们人数众多、接受有针对性的康复服务少、文盲率高、就业机会缺乏的情况普遍存在；危害自身和他人的极端情况时有发生；家庭在抚养或赡养、长期看护、治疗与康复、精神压力等方面的付出，已大大超出一般家庭所应承担义务的范围。

近年来，智力、精神和重度残疾人亲属通过多种渠道不断向各级政府、残联反映，强烈希望通过政府和社会解决其生活照料和养护托管的问题；社会方方面面，特别是基层组织，也纷纷呼吁帮助解决托养问题，认为这是政府应当为他们提供的特殊保障，是对残疾人家庭的解放，是促进社会稳定的一项有效措施。

中国残联针对这一问题进行了多番调研和研讨，并于2007年7月在广州召开了全国残疾人托养服务工作会议，对全国智力、精神和重度残疾人托养服务工作进行了全面部署，正式在全国范围内启动和部署残疾人托养服务工作，并将残疾人托养服务工作提上各级政府和残联的工作日程。

由于可资借鉴的经验不多，地方各级财政也暂时没有托养专项经费支出，残疾人托养服务工作在起步之初遭遇了一定的困难。党中央和国务院及时对这项工作予以了大力支持和关注，2007年10月和2008年8月，胡锦涛总书记视察了上海市残疾人"阳光之家"和北京市残疾人"温馨家园"，了解残疾人进行生活技能学习和康复训练的情况；2008年在新修订的《残疾人保障法》中规定："对生活不能自理的残疾人，地方各级人民政府应当根据情况给予护理补贴。地方各级人民政府对无劳动能力、无扶养人或者扶养人不具有扶养能力、无生活来源的残疾人，按照规定予以供养。国家鼓励和扶持社会力量举办残疾人供养、托养机构。"2008年中央7号文件规定，要"依托社区开展为重度残疾人、智力残疾人、精神残疾人、老年残疾人等提供生活照料、康复养护、技能培养、文化娱乐、体育健身等公益性、综合性服务项目，推广'阳光之家'经验。鼓励发展残疾人居家服务，有条件的地方建立残疾人居家服务补贴制度"。

为了落实国家对残疾人托养服务工作的支持，中国残联积极协调财政部对残疾人托养服务工作予以补贴。2009年8月，中国残联办公厅和财政部办公厅共同发布了《关于印发〈阳光家园计划〉的通知》，明确从2009年至2011年，中央财政每年安排2亿元，共6亿元专项资金，为智力、精神和重度残疾人托养服务机构和居家托养残疾人家庭提供资助。

"十一五"期间，各地认真贯彻落实中央有关文件精神，明确工作思路，加强与政府部门的沟通协调，研究制定托养服务试点方案和相关政策措施；选择一批定点城市，积极探索残疾人托养服务的形式和办法；扶持建设了以江西省残疾人托养服务中心、福建省启能研究中心等为代表的一批骨干示范性残疾人托养服务机构，鼓励社会力量积极参与兴办残疾人托养服务业，努力通过多种渠道满足残疾人托养服务需求；认真实施"阳光家园计划"，引导建立残疾人居家托养补贴长效机制。

截至"十一五"末期，全国已有各级各类残疾人托养服务机构4029个，入托残疾人14.5万，享受到各种居家服务的残疾人数达到43.5万，残疾人托养服务工作初见成效。"阳光家园计划"实施两年来，已经直接资助1244家机构的3万多名残疾人接受托养服务，资助近40万残疾人次居家托养。"阳光家园"示范创建活动收到了27个省（自治区、直辖市）的150份申报材料，是2007年全国范围内全面启动残疾人托养服务工作以来，各地特色做法与鲜活经验的一次集结，展示了"阳光家园计划"顺利实施两年来的成果，充分体现了地方各级党委和政府对残疾人托养服务工作的重视与支持。

在推进托养工作发展的同时，各地普遍加强了资金的管理、规章制度的建设和服务规范的探索。上海市残联和市质量管理科学研究院共同研究制定的《上海市残疾人养护机构服务标准》，已经上海市技监局审批，正式成为上海市地方标准，上海市将按此标准对全市残疾人养护机构开展质量管理体系认证工作；江苏、湖北、海南等地在开展托养服务工作过程中也出台了一些关于残疾人托养服务工作机制、管理和监督制度方面的政策和规定。这些工作都是在残疾人托养服务工作规范化发展方面的良好尝试。

经过"十一五"期间的努力，残疾人托养服务工作初见成效，取得了阶段性的成果。但各地发展不平衡、认识不全面、定位不准确等问题依然存在，不容忽视；有托养需求的残疾人数量庞大，托养服务能力不足、服务手段单一等困难和矛盾仍十分突出，不容乐观。

1. 主要任务

"十二五"期间，公共财政制度将进一步完善，各级政府在执政中将更加注重统筹兼顾，加快解决不平衡问题，促进社会公平正义，为残疾人托养服务创造了极为有利的工作条件；社会保险、社会福利和慈善事业等方面的政策制度建设全面开展，为残疾人托养服务工作提供了强有力的政治保障；新修订的《残疾人保障法》、中央7号文件、国办19号文件及各地的实施意见，为残疾人托养服务工作发展构建了良好的法律政策环境；残疾人社会保障和服务体系建设不断推进以及"十一五"期间残疾人托养服务工作取得的成效，为残疾人托养服务工作进一步发展奠定了坚实的基础。因此，"十二五"是残疾人托养服务工作的重要发展时期，按照国家"十二五"规划纲要改善民生、建立健全基本公共服务体系的总体安排部署，这一时期残疾人托养服务工作主要集中在以下几个方面。

(1) 初步建立残疾人托养服务体系

"十二五"期间,要建立健全以省级或省会城市托养服务机构为示范、设区的市和有条件的县托养服务机构为骨干、乡镇(街道)和社区日间照料服务为主体、居家安养服务为基础的残疾人托养服务体系,努力推动示范和骨干托养服务机构、基层日间照料机构、居家托养服务同步发展;探索建立残疾人托养服务补贴制度等长效机制;制定实施残疾人托养服务机构建设标准和服务规范,加强托养服务队伍建设,加大社会宣传的力度。至"十二五"末,要初步建立起残疾人托养服务体系。

(2) 继续实施"阳光家园计划",为 200 万人次残疾人托养服务予以补贴

首期"阳光家园计划"的实施时间是 2009 年至 2011 年,共资助 50 万人次残疾人接受了不同形式的托养服务。项目将于 2011 年底执行结束,为了促进地方托养服务工作持续向前发展,保证"十一五"期间已经受益的残疾人继续得到服务,中央财政将在"十二五"余下的四年里继续以"阳光家园计划"项目的形式支持残疾人托养服务工作,此次中央财政的投入规模将进一步扩大,为 200 万人次残疾人托养服务予以补贴。

2. 政策措施

(1) 开展需求调查,摸清底数

底数清晰是必要的基础性工作,应及时组织开展辖区内残疾人托养服务需求调查,摸清底数。以处于就业年龄段且无业的智力残疾人、精神残疾人、重度肢体残疾人为重点摸查对象;区分残疾人

对寄宿托养服务、日间照料服务、居家安养服务等不同形式的托养服务需求，建档立卡；客观分析残疾人及其家庭生活状况，切实掌握他们对托养服务的经济负担能力。全面掌握需求状况是做好托养工作的基本前提和重要基础，以前没有开展摸底调查的地方，"十二五"期间一定要补上，保证托养服务工作的针对性和扎实推进。

（2）建立健全残疾人托养服务体系，推动建设一批骨干示范型机构

坚持政府主导，按照"建立健全以省级或省会城市托养服务机构为示范、设区的市和有条件的县托养服务机构为骨干、街道（乡镇）和社区日间照料服务为主体、居家安养服务为基础的残疾人托养服务体系"的总体要求，结合地方实际，转变工作方式，理清托养服务工作发展思路，研究制定有针对性的残疾人托养服务发展规划，并将其纳入当地经济社会发展大局，作为改善残疾人状况的民生工程，统筹安排，同步实施，推动残疾人托养服务快速健康发展。

《残疾人康复和托养设施建设规划》已经得到国家发改委的同意并正式立项，中央财政将支持建设一批公益性残疾人托养服务骨干示范机构。各地要抓住这一有利时机加快残疾人托养服务机构建设进程，并将日间照料机构逐步延伸至人口集中的社区、街道（乡镇）。这一批骨干示范型机构建成之后，将充分利用其在管理、服务、人才、技术等方面的资源优势，发挥服务示范、业务指导、人员培训等辐射作用。因此，在集中托养机构的建设上，要消除疑虑，坚定信心，充分认识到骨干机构是残疾人托养服务工作长期、规范发展的必要载体，是建立残疾人托养服务政策资金、人才培养、服务标准、管理制度、资助制度的平台和阵地。

采取积极措施，大力支持发展各级各类残疾人托养服务机构，引导支持其他社会组织和个人兴办不以营利为目的的残疾人托养服务机构，逐步形成经办主体多元化、服务形式多样化、运作机制公益化的托养服务机构网络，努力满足残疾人集中托养服务需求。持续关注政府出台的各项民生政策,加强沟通,把残疾人托养服务设施建设纳入当地政府基本建设计划,统筹安排,优先实施。充分有效落实《国务院关于鼓励和引导民间投资健康发展的若干意见》(国发〔2010〕13号)中"通过用地保障、信贷支持和政府采购等多种形式,鼓励民间资本投资建设专业化的服务设施,兴办养(托)老服务和残疾人康复、托养服务等各类社会福利机构"的规定,以及国务院办公厅《关于发展家庭服务业的指导意见》(国办发〔2010〕43号)中的各项扶持政策,采取公建民营、民办公助、政府补贴、购买服务等多种方式兴办残疾人托养服务业。

(3) **大力发展居家托养服务**

加强机构建设,发展集中托养,目的在于探索托养服务内容和规范,研究制定有关制度和标准,培训专业管理和服务队伍,扩大社会宣传效应。但机构数量有限,只能解决小部分残疾人的托养问题,要解决托养服务工作覆盖面的问题,满足大多数残疾人的托养需求,必须大力发展居家服务。中央7号文件和国办19号文件也都明确提出要大力发展居家服务,应该说,居家服务是托养服务的主渠道。发展居家服务,一是要充分挖掘社区各种资源,为我所用;二是要针对特殊需求,不断拓展服务内容,采取定人包户、定期上门、临时陪护、发放服务券等多种形式,为更多居住在家并符合托养条件的残疾人提供生活照料、康复护理、精神慰藉、安全保护等方面的服务,并积极培育、发展和规范管理残疾人居家安养服务组织,切忌以发放补贴代替服务。

(4) **推进稳定、多元化的托养服务投入机制和补贴项目**

要坚持以政府为主导,把残疾人托养服务设施建设纳入当地政府基本建设计划,统筹安排,优先实施。采取公建民营、民办公助、政府补贴、购买服务等多种方式兴办残疾人托养服务业。针对智力、精神和重度肢体残疾人的特殊需求,建立残疾人托养服务补贴制度。

从实际出发,积极研究制定针对残疾人托养服务机构、残疾人居家安养服务组织的税费优惠政策。

继续组织实施"阳光家园计划——智力、精神和重度残疾人托养服务项目"(2012-2015年),坚持政府投入为主、鼓励社会力量参与,通过财政补助、社会募集等多种渠道筹措项目所需资金,逐步提高对残疾人的补助标准,受益残疾人将从50万人次扩大到200万人次。精心组织开展"阳光家园"示范创建活动,培育一批"阳光家园"示范区和示范机构,发挥典型示范作用。

(5)制定实施残疾人托养服务机构建设标准和服务规范

依托骨干示范性机构研究制定残疾人托养服务基本规范,逐步建立残疾人托养服务工作机制,加强托养服务行业管理和监督。各级残联负责本辖区残疾人托养服务的实施与管理,建立残疾人托养服务信息库,对申请享受政府补助的残疾人和托养服务机构等进行资格审查,帮助落实托养服务政策措施,提供托养服务业务指导、人员培训、技术支持,会同有关部门组织开展考核评估验收,检查监督服务质量。对验收达标的托养服务机构给予居民家庭水、电、气、暖费用同价等优惠待遇。

加强托养服务队伍建设,注重人才培养,提高队伍素质。托养服务工作在"十一五"期间刚刚起步,工作基础薄弱,管理和服务人才队伍还不能适应事业发展的需要。"十二五"期间,要注重研究制定培训培养计划,充分利用托养服务示范机构技术资源和社会培训资源,注重职业(执业)资格、专业水平提升,针对不同层级的托养服务管理人员、专业技术人员、服务人员进行培训培养。将县级以上政府有关部门和残联兴办的残疾人托养服务机构作为托养服务工作的业务培训和实习基地,定期组织辖区内托养服务机构和居家托养服务人员进行业务培训。按照专业化与志愿者相结合的工作方针,加强残疾人托养服务队伍建设和职业道德教育,提高服务队伍的整体素质。

（六）文　化

残疾人文化是残疾人事业和社会主义文化的重要组成部分。参与文化活动是残疾人的重要权利，是残疾人平等参与社会生活、追求美好生活、实现自身价值的重要途径，是展示我国社会文明进步程度、人权保障成就的一个平台和标志。推动广大残疾人积极参与文化活动，保障残疾人享有适应自身特点和需要的基本公共文化服务，丰富残疾人精神文化生活，既是残疾人文化工作的使命，又是保障残疾人基本权利、实现全面发展和提高全民族素质，促进社会和谐的生动体现和必然要求。

改革开放以来，我国残疾人事业取得了举世瞩目的成就，残疾人文化工作持续发展，残疾人群众文化活动日趋活跃；残疾人特殊艺术享誉世界，极大地推动和促进了残疾人文化工作的进展。

残疾人文化事业起步晚、起点低、基础薄弱，总体发展水平仍然不高。我国残疾人数量众多，残疾人获得的基本公共文化服务水平与健全人群存在较大的差距，社会为残疾人提供文化服务的能力与广大残疾人的需求之间还有较大差距，具体表现在特殊政策扶持、制度保障及场地设施、资源提供、活动开展等方面。不同残疾类别、不同艺术类别、不同区域和城乡之间残疾人文化工作发展不平衡；经常参与文化活动的残疾人比例和普通人群相比差距较大。

1. 主要任务

我国正在逐步完善基本公共服务均等化，发展残疾人文化事业需要政府和社会的共同努力，应统筹兼顾、完善机制、加大力度、增加投入，不断增强残疾人参与文化活动的意识，切实改善残疾人参与文化活动的设施条件和社会环境，逐步提高残疾人文化服务能力，丰富残疾人文化生活，推动广大残疾人平等共享基本公共服务均等化的各项成果，推进社会主义文化的发展繁荣和和谐社会建设。

在残疾人文化工作体系中，群众性文化和文化艺术两者紧密结合，互为依托。群众性文化工作是基础，直接关系到残疾人群体的身心健康水平和精神面貌，决定了残疾人平等享受基本公共文化服务的程度，是缩小残疾人与健全人群在享受文化服务方面的差距，提高残疾人群体的身心健康水平和精神面貌与平等参与社会生活的能力，实现残疾人文化工作普惠性和可持续发展的根本要求。文化艺术是推力，残疾人通过各种演出和文艺活动展示自己的才华，展示残疾人自强不息的精神风貌，激励、吸引更多的残疾人积极参与文化活动，反映我国残疾人事业和社会文明进步的丰硕成果。开展残疾人文化艺术活动对推动残疾人群众性文化工作水平的进一步提高，扩大残疾人事业影响力，促进残疾人事业进一步发展有着巨大的带动和激励作用。

随着时代的进步、经济社会的发展和生活水平的提高，文化生活正成为更多民众基本生活方式的重要内容，残疾人参与文化活动的要求日益强烈。同时，各级政府坚持以人为本、执政为民的理念，把满足人民群众日益增长的文化需求作为保障和改善民生的一项重要工作。目前，我国正在推进基本公共服务均等化，加强残疾人"两个体系"建设，建立健全基本公共服务体系，为"十二五"残疾人文化工作提供了良好的政策支持。中央7号文件明确提出"繁荣残疾人文化体育事业"，国家"十二五"规划纲要再次强调"丰富残疾人文化体育生活"；李长春同志在视察中国盲文出版社时指出，"各级党委、政府要对残疾人文化事业给予更多关爱，纳入经济社会发展规划，加大财政扶持力度，办更多好事实事"。

"十二五"期间，将充分利用国家推进基本公共服务均等化的契机，重点加强残疾人群众性文化工作，推动残疾人更好地享受文化服务，进一步活跃群众精神文化生活，促进残疾人特殊艺术又好又快发展，推进残疾人文化事业长远发展。主要任务如下：

(1) 加强公共文化服务，满足残疾人基本文化需求

残疾人群众文化工作是实现残疾人文化事业长远发展的基础，也是残疾人文化服务的主要内容。中央7号文件提出，"组织残疾人开展形式多样、健康有益的群众性文化、艺术、娱乐活动，丰富残疾人精神文化生活，激发残疾人参与社会主义先进文化建设的热情和潜能"。

不同的残疾人因残疾类别、残疾程度等方面存在差异，导致在文化活动场地、活动形式、参与方式等方面存在特殊需求。需要根据残疾人的实际情况和特殊困难，有针对性地改善为残疾人、特别是农村和边缘地区的残疾人提供的公共文化服务，进一步满足残疾人的文化需求，使残疾人可以共享社会文化成果。

(2) 丰富残疾人文化生活，发展残疾人文化艺术

残疾人文化艺术对于提高残疾人事业的社会影响，调动残疾人参加社会活动的积极性，展示残疾人自尊、自信、自强、自立的精神风貌，激励自强不息的民族精神，展示我国经济社会发展成就，彰显人权保障和社会文明进步成果具有重要作用。

"十二五"期间，将进一步提高残疾人文化艺术发展水平，加强制度化管理，注重残疾人文化艺术人才培养，培育品牌，促进残疾人文化艺术可持续发展，加强文化交流，以残疾人文化艺术为抓手促进残疾人文化事业全面发展。

2. 主要政策措施

(1) 依托基本公共文化服务均等化，全面推进残疾人群众文化工作

"十二五"时期，我国将加强基本公共文化服务。国办19号文件提出，"发展残疾人文化体育服务"；国家"十二五"规划纲要要

求,"注重满足残疾人等特殊人群的公共文化服务需求,建立健全公共文化服务体系"。加强基本公共文化服务,要大力开展基层群众性文化活动,并将其融入社会公共文化生活,全面改善各类人群参与文化活动的条件。作为社会主义文化的重要组成部分,残疾人文化基础相对薄弱,必须充分发挥各级政府的主导作用,动员社会支持,依托现有文化资源,有效改善残疾人文化发展环境,提高残疾人文化服务能力。

公共文化设施和场所免费向残疾人开放,是残疾人文化工作的内容之一。《残疾人保障法》规定,"文化、体育、娱乐和其他公共活动场所,为残疾人提供方便和照顾";国家"十二五"规划纲要提出,"公共博物馆、图书馆、文化馆、纪念馆、美术馆等公共文化设施免费向社会开放";残疾人事业"十一五"发展纲要明确指出,"支持公共文化、体育设施和机构普遍对残疾人开放并提供优惠服务";国办19号文件要求:"图书馆、博物馆、体育场馆、群众艺术馆、文化馆和乡镇综合文化站、社区文化中心(街道文化站)等公共文化体育设施免费向残疾人开放,并为残疾人参与文化体育活动提供便利。""十一五"以来,国家大力发展公共文化事业,新建或改建了很多适合残疾人使用的文化设施和场所。但也要看到,很多现有的文化设施和场所无障碍条件还不够完善,残疾人适用的文化设施和场所的类别还不够广泛。因此,"十二五"期间要继续推进公共文化设施和场所免费向残疾人开放,改善文化设施和场所的无障碍条件,提高文化设施的利用率和开放率,切实保障残疾人参与文化活动的权利。

组织广大残疾人开展丰富多彩的文化活动,丰富他们的精神文化生活是残疾人文化工作的主要内容之一。《残疾人保障法》规定,"残疾人文化、体育、娱乐活动应当适应各类残疾人的不同特点和需要,使残疾人广泛参与";中央7号文件要求,"组织残疾人开展形式多样、健康有益的群众性文化、艺术、娱乐活动";国办19号文件要求,"特殊教育学校、残疾人专门协会、社区残疾人组织要积极开展残疾人群众性文化体育活动";残疾人事业"十一五"发展纲要规定,城市社区、农村乡镇的残疾人组织和特殊教育学校、福利企事业单位要根据各类残疾人的特点,开展残健融合、形式多样、有益身心健康的文化、艺术、娱乐活动;同时要求,利用现有的街道文化站、社区服务活动室及其他文化场所,组织残疾人开展各种形式、健康有益的文化活动。

残疾人是特性突出、人数众多的弱势群体。考虑到残疾人的不同特点和需要,残疾人文化、娱乐活动往往有自己的特殊性。因此开展残疾人群众文化活动、丰富残疾人的文化生活必须根据残疾人的不同特点和需要,开展专门的活动,这就有必要依托各类专门的残疾人组织或机构,发挥它们贴近残疾人生活的优势,开展残疾人群众文化活动。"十一五"期间,随着我国公共文化事业和残疾人事业的发展,各类文化机构的规模不断壮大,各种残疾人民间组织和残疾人服务机构层出不穷,为残疾人提供文化服务、组织文化活动的主体不断扩大。"十二五"期间,要团结、动员、组织各类文化机构、残疾人组织和残疾人机构,发挥它们贴近残疾人的优势,开展形式多样、有益身心健康、方便残疾人参与的文化活动,丰富他们的精神文化生活。

"农家书屋"是新闻出版总署等部委为满足农民文化需要,在行政村建立的、农民自己管理的、能提供农民实用的书报刊和音像电子产品阅读视听条件的公益性文化服务设施。自2009年起,华夏出版社和中国盲文出版社出版的为残疾人服务的图书入选"农家书屋"推荐书目,经过各省新闻出版局的推荐,已成为农村残疾人不可缺少、触手可及的精神食粮。

全国文化信息资源共享工程是文化部应用现代科学技术,将中华优秀文化信息资源进行数字化加工整合,通过工程网络体系,以互联网、卫星、移动存储、镜像、光盘、有线电视、数字电视网等方式,实现优秀文化信息资源的共建共享项目。国办19号文件要求,文化信息资源共享、流动舞台车、全民健身等政府重点文化体育工程要有为残疾人服务的内容。培养残疾人自立、自信、自强的精神，增强残疾人参与社会生活的能力，促进残健融合，是组织举办残疾人文化活动的目的之一。《残疾人保障法》规定，"各级人民政府和有关部门鼓励、帮助残疾人参加各种文化、体育、娱乐活动，积极创造条件，丰富残疾人精神文化生活"；"残疾人事业宣传文化工作'十一五'实施方案"规定，鼓励残疾人积极参加各种群众性文化娱乐活动，促进残健交流。

"十二五"期间，要进一步促进国家公共文化服务机构及工程纳入为残疾人服务的内容，鼓励和促进国家及各级政府举办的文化艺术类评比吸纳残疾人参与，培养残疾人的自信心和自立自强精神，提高残疾人参与社会生活的能力。

《残疾人保障法》规定，"残疾人文化、体育、娱乐活动应当面向基层，融于社会公共文化生活，使残疾人广泛参与"。中央7号文件指出，"丰富残疾人精神文化生活，激发残疾人参与社会主义先进文化建设的热情和潜能"。国家"十二五"规划纲要指出，"以农村基层和中西部地区为重点，继续实施文化惠民工程。促进基层文化资源整合和整合利用"。

"十一五"时期，中国残联在全国1000个城市社区开展了"文化进社区"活动，为社区的残疾人书柜或图书角配发为残疾人服务的图书和音像制品上百万件。"残疾人文化周"活动是中国残联和文化部为活跃残疾人文化生活采取的一项重要举措，每年举办一次，由各省、自治区、直辖市残联和文化厅共同组织实施，每年集中在一段时间内，密集举办各类可供残疾人参与并展示才能的文化活动。"文化周"活动是一项基础性残疾人文化活动平台，是广大残疾人直接参与文化活动的最直接的载体。

"十二五"期间，残疾人文化工作将进一步深入基层，重点解决基层残疾人读书难、活动少的实际问题，满足基层残疾人文化需求。以"文化活动周"和"文化进社区"活动为契机，丰富基层残疾人文化生活，加强残疾人群众文化工作。

盲人是残疾人中最特殊、最困难的群体，残疾人文化工作高度重视盲文及盲人有声读物阅览室（盲人阅览室）建设，满足广大基层盲人的文化需求，保障他们的文化权益。国办19号文件指出，"有条件的公共图书馆设立盲文和盲人有声读物阅览室"。

"十一五"期间，虽然中国残联和文化部在省、地两级公共图书馆积极推动盲人阅览室建设，但尚有超过半数的两级公共图书馆没有设立盲人阅览室。县级公共图书馆设立盲人阅览室基本上是空白。按照李长春同志关于"公共图书馆建到那里，盲人阅览室就建到那里"的指示精神以及在广西视察时提出的"各级公共图书馆都要设立盲人阅览室"的要求，"十二五"期间，省、市、县三级公共图书馆均应设立盲人阅览室，配置盲文图书、有声读物及相关阅读设备；对中西部的部分市、县级公共图书馆的盲人阅览室建设予以扶持，给予一定的经费补助，用于购买盲文书籍、有声读物、电脑软件及盲用阅听设备等。

（2）扶持残疾人文化艺术和盲人读物出版等公益性文化事业

中央7号文件指出，"扶持残疾人文化艺术产品生产和盲人读物出版等公益性文化事业"。残疾人图书和音像制品包括：残疾人事业和工作用书、宣传用书（音像制品），残疾人康复、教育、就业等领域的知识和服务用书（音像制品），残疾人文艺创作及反映残疾人生活、残疾人工作和残疾人事业的文艺创作。但是多数残疾人图书和音像制品受市场限制，不易收回成本，需要政府补贴。

"十二五"期间，要动员公共文化机构创作和推出反映残疾人生活、残疾人工作和残疾人事业的文化艺术产品，扶持、鼓励残疾人题材的图书、影视作品的出版、制作和发行，鼓励残疾人创作图书和影视作品。

"十二五"期间，为给广大残疾人阅读图书、开拓视野、增长见识提供便利条件，中国残联和国家图书馆等单位共同开发建设中国残疾人网上数字图书馆，为各类残疾人提供数字资源服务。

国办 19 号文件指出，"影视作品和节目要加配字幕"。"十二五"时期，适应网络飞速发展的要求，为满足广大残疾人学习生活的需要，鼓励并扶持各种音像制品、网络视频和学习课件加配字幕。

国办 19 号文件指出，"加强盲文出版和文化资讯建设，加大对盲文、盲人有声读物……等的扶持力度"。

中国盲文出版社是我国最大的盲文出版机构，成立 50 年来出版了大量盲文教材、教辅读物及各类盲文图书。但是一直以来，盲文出版在规模、品种、技术研发等方面远远不能满足盲人文化学习的需要，只能优先满足盲校学生和老师对盲文教材和教辅读物的需求。"十二五"期间，国家将扩建中国盲文出版社，建设中国视障文化资讯服务中心，并充分发挥其资源辐射和公共文化服务作用，利用科学技术带来的便利，加强盲人信息化产品研发、生产和应用，同时，提高盲文读物出版规模，在"十一五"基础上翻两番。

（3）**发展残疾人文化艺术，加强交流合作**

残疾人文化艺术是残疾人事业的品牌，有助于提升残疾人事业的社会影响力。全国残疾人艺术汇演、全国特教学校学生艺术汇演每四年举办一次，发掘和培养了大量特殊艺术人才。中央 7 号文件指出，"发展残疾人特殊艺术，培养优秀特殊艺术人才"。"十二五"期间，将以特教学校为基础，发掘和培养特殊艺术人才，继续办好艺术汇演，鼓励和扶持残疾人参加文艺演出之外的各类别文艺活动，积极开展对外演出交流活动，培育残疾人特殊艺术品牌。

根据"残疾人事业宣传文化工作'十一五'实施方案"的有关要求，为发掘和培养特殊艺术人才，促进特教学校学生全面发展，"十一五"期间，中国残联和教育部联合命名全国 200 所特教学校为残疾人特殊艺术人才培养基地。"十二五"期间，国家将对 200 个基地给予扶持，鼓励开展特殊艺术人才培养、教师培训、开展校内文艺活动，并部分资助购置残疾学生参与艺术活动所必需的设备等。

四年一届的全国残疾人文艺汇演和全国特教学校学生艺术汇演

已经成为残疾人特殊艺术的品牌活动,多年来,十余万残疾人通过这两个活动丰富了业余文化生活,培养了艺术情趣,增强了自信,也有无数特殊艺术人才通过这两个活动被培养和发掘出来。"十二五"期间,要继续办好第八届全国残疾人艺术汇演和第六、七届全国特教学校学生艺术汇演,为广大残疾人创造平等参与社会生活的平台。

全国残疾人文化艺术博览会是将于"十二五"期间推出的大型展会活动。每年的"残疾人文化周"活动都涌现出大批民间残疾人特殊艺术人才,如何整合人才资源并推向社会,将是"十二五"时期的一项重要工作。全国残疾人文化艺术博览会将全面展示残疾人文化艺术发展成就,向全社会推广残疾人文化艺术人才、各种特殊艺术作品和产品,为广大残疾人提供参与社会、展示才华的舞台。

根据"残疾人事业宣传文化工作'十一五'实施方案"的要求,"十一五"时期先后成立了中国残疾人作家联谊会、中国残疾人美术家联谊会和中国残疾人书法家联谊会,举办了多次作家笔会、征文和书画征集、民间艺术作品展等活动,团结了大批的残疾人文化艺术人才。"十二五"时期,将继续培养和发现残疾人文化艺术人才和艺术作品,举办各种创作交流活动,扩大门类,团结更多残疾人,力争成立中国残疾人文学艺术界联合会,建立优秀残疾人文化艺术人才库。

中华文化是中华民族的灵魂,残疾人文化艺术是中华文化的重要组成部分。多年来,残疾人文化艺术积极参与对外文化交流,展示我国人权保障事业成就,赢得了巨大声誉,中国残疾人艺术团被众多国家誉为"美与友谊的使者"。国办19号文件指出,"加强各级残疾人文化艺术组织和团体建设,鼓励残疾人参与文化艺术创作"。"十二五"期间,要进一步活跃各地残疾人文艺团体,支持广泛参与文化交流,纳入国家对外文化演出的总体规划。同时适当扩大艺术类别,促进各类别残疾人艺术人才及作品的对外交流。

（七）体　育

残疾人体育是全民体育和残疾人事业的组成部分。参加体育活动是残疾人的重要权利，是残疾人康复健身、提高身体素质、平等参与社会、实现自身价值的重要途径。体育健身是残疾人最关心、最直接、最现实的利益问题之一。推动广大残疾人积极参加体育健身，保障残疾人享有适合其身心特点的基本公共体育服务，增强残疾人身体素质和身体健康水平，既是残疾人体育工作的根本使命，又是保障残疾人基本权利、实现全面发展及提高全民族素质、促进社会和谐的生动体现和必然要求。

改革开放以来，党和政府高度重视残疾人体育健身工作，出台了多个加强残疾人体育工作的文件，如 2007 年国务院办公厅印发《关于进一步加强残疾人体育发展的意见》（国办发〔2007〕31 号），2009 年中国残联、国家体育总局、民政部、教育部《关于切实加强新时期残疾人群众体育工作的意见》，极大促进了我国残疾人体育工作的不断发展，推动了残疾人群众体育活动日趋活跃。残疾人运动员在国际赛场上超越自我、顽强拼搏，屡创佳绩，带动了全国残疾人体育工作的蓬勃发展，促进了残疾人生存和发展状况的明显改善。

但必须清醒地认识到，我国残疾人体育事业起步晚、起点低、基础薄弱，总体发展水平不高；残疾人数量众多，残疾人获得的基本公共体育服务水平与普通健全人群存在较大差距，社会为残疾人提供体育健身服务的能力与广大残疾人健身需求之间存在较大差距，具体表现为：在健身方法、场地设施、健身指导、活动开展等方面还远远不能满足残疾人的特殊需求，不同残疾类别、区域和城乡残疾人体育工作之间不够平衡，经常参加体育锻炼的残疾人比例与普通社会人群相比差距悬殊。当前，我国正在逐步完善基本公共服务均等化，发展残疾人体育事业需要国家和社会的特别支持，如增加投入、加大力度、统筹兼顾、完善机制等，不断增强残疾人积极参加体育健身活动的意识，切实改善残疾人参加体育健身活动的场地设施条件和社会环境，逐步提高残疾人体育健身服务能力，增强残疾人身体素质，奠定残疾人体育工作良好发展基础，推动广大残疾人平等共享基本公共服务均等化的积极成果，推进社会主义和谐社会建设。

在残疾人体育工作体系中，群众性体育和竞技体育两者紧密结合，互为依托。群众性体育工作是基础，直接关系到残疾人群体的身心健康水平，决定了残疾人平等享受基本公共体育服务的程度，是缩小残疾人与普通健全人群在享受体育健身服务方面的差距，增强残疾人群体的身体素质，提高平等参与社会生活的能力，实现残疾人体育工作普惠性和可持续发展的根本要求。竞技体育是推力，为残疾人通过体育竞赛，实现"更快、更高、更强"的人类体育梦想搭建平台，同时又能展示残疾人"自强不息、奋勇争先"精神，展现残疾人群体的良好精神风貌，激励、吸引更多的残疾人积极参加体育活动，反映我国残疾人事业和社会文明进步的辉煌成就。此外，残疾人体育竞赛活动还是提高残疾人群众性体育健身工作水平，扩大残疾人事业的影响力，推动残疾人事业加快发展，为国争光的有力举措。

1. 主要任务

近年来，我国经济社会发展取得辉煌成就，特别是北京残奥会的成功举办，大大激发了包括广大残疾人在内的社会各界参加体育健身的热情，残疾人参加体育锻炼和体育竞赛的要求更加强烈，体育健身正在成为更多民众基本生活方式的重要内容。同时，党和政府坚持以人为本、执政为民的理念，把满足人民群众日益增长的体育健身需求作为保障和改善民生的一项重要工作。近年来，我国推进基本公共服务均等化，加强残疾人"两个体系"建设，提出在

"十二五"期间完善基本公共服务体系;中央7号文件要求"繁荣残疾人文化体育事业",国家"十二五"规划纲要明确提出"丰富残疾人文化体育生活",2011年2月国务院发布的《全民健身计划(2011-2015年)》提出"大力推进残疾人体育",都为发展残疾人体育工作提供了强大的政策支持。

"十二五"期间,我国将继续以实现残疾人体育事业普惠性为目标,充分利用国家推进基本公共服务均等化、贯彻落实《全民健身计划(2011-2015年)》的契机,重点加强残疾人群众体育健身工作,推动残疾人更好地享有体育健身服务,进一步活跃群众体育,强化群众体育健身的基础地位;提高残疾人体育运动水平,加快推进残疾人体育事业又好又快长远发展。

(1) 加强残疾人群众体育工作,促进残疾人康复健身,提高社会参与能力

残疾人群众体育工作是实现残疾人体育事业长远发展和普惠目标的根本保障,也是提高残疾人体育服务能力的紧要任务。中央7号文件提出,"落实全民健身计划,开展残疾人群众性体育健身活动,增强体质、康复身心";国务院办公厅《关于进一步加强残疾人体育工作的意见》强调,"根据残疾人特点,组织残疾人广泛开展自强健身活动"。

残疾人在残疾类别、残疾程度等方面存在着差异,导致在健身场地、健身器材、健身方法指导和健身效果评估、健身指导人员培训、活动组织等方面也存在特殊需求。当前,基本公共体育服务体系尚不够完善,为残疾人提供符合特殊需求的健身指导和服务能力有限。因此,在充分发挥基本公共体育服务效能的同时,需要针对残疾人群体的特殊需求和实际情况,采取特殊措施,解决残疾人参加体育健身所面临的困难和问题,改善残疾人参加体育健身的活动条件,增强为残疾人提供体育健身指导和服务的能力,提高残疾人享有公共体育服务均等化的现实可能性,不断提高残疾人康复健身和平等参与社会生活的能力。

(2) 提高残疾人竞技体育水平,在重大残疾人国际赛事中争取优异成绩

国务院办公厅《关于进一步加强残疾人体育工作的意见》提出"发挥残疾人体育赛事对残疾人群众体育活动的推动作用",《全民健身计划(2011-2015年)》提出"办好残疾人运动会和健身展示活动"。"十二五"期间,我国将进一步提高残疾人竞技体育工作水平,完善管理制度,加强科研保障,推进人才培养,促进残疾人竞技体育日益规范化、科学化,加强交流合作,增强残疾人体育工作活跃程度,提高残疾人体育事业影响力,推动残疾人体育事业又好又快发展。

2. 主要政策措施

(1) 依托公共体育健身服务体系,全面推进残疾人群众体育

"十二五"时期,我国将加大基本公共体育服务。2011年国务院《政府工作报告》强调"大力开展全民健身活动",国家体育总局《体育事业发展"十二五"规划》明确要求"加快完善公共体育服务体系,提高公共体育服务水平,切实提高全民族的身体素质和健康水平";"十二五"时期群众体育的发展目标强调:"强化公共体育服务职能,建立完善以全民健身设施建设、组织建设、活动开展、健身指导、科学评估等为主要内容的全民健身公共服务体系,切实保障广大人民群众参加体育活动的权利。"加强基本公共体育服务,要大力开展全民健身活动,全面改善各类人群参加体育健身的条件。作为全民体育的重要组成部分,残疾人体育基础相对薄弱,基础性保障比较落后,必须抓住推进基本公共体育服务的有利契机,充分发挥政府的主导作用,有效改善残疾人体育发展环境,提高残

疾人体育服务能力。

"十二五"期间，将积极争取社会支持，不断推进残疾人体育工作纳入基本公共体育服务体系大局，充分调动和利用现有体育资源，全面改善残疾人参加体育健身条件，逐步提高体育健身服务能力。

公共体育设施免费向残疾人开放，是残疾人体育工作长期坚持的措施之一。残疾人事业"十一五"发展纲要提出，"支持公共文化、体育设施和机构普遍对残疾人开放并提供优惠服务"，"所有公共体育活动场所都应向残疾人免费开放"；中央7号文件要求"实行公共文化体育设施对残疾人优惠开放"；《残疾人保障法》规定，"文化、体育、娱乐和其他公共活动场所，为残疾人提供方便和照顾"。1995年6月国务院颁布实施《全民健身计划纲要》15年以来，我国公共体育健身场地设施数量和面积显著增加。但是，部分体育健身场地设施无障碍条件不够完善，社会无障碍设施系统性不强，阻碍了残疾人使用身边的公共体育健身场地设施。《全民健身计划（2011–2015年）》强调，"公共体育设施进行必要的无障碍改造，为残疾人参加体育活动提供便利"；"改善各类公共体育设施的无障碍条件，各类体育设施的开放率和利用率有较大提高"；"新建居住区要按照国家有关居住区规划设计规范标准，设计建设公共体育设施。设计和建设公共体育设施要严格执行国家有关无障碍设计建设规范标准"。"十二五"期间，将继续推进实现公共体育设施免费向残疾人开放，改善体育设施的无障碍条件，提高体育设施的利用率和开放率，切实保障残疾人参加体育健身活动的权利。

社会体育指导员是体育健身活动的指导者和组织者。多年来，国家各级体育行政主管部门培养的社会体育指导员队伍已达65万人，成为推动全民健身事业发展的重要力量和宝贵的人才资源。"十二五"时期是构建全民健身公共服务体系的重要时期，国家体育总局将进一步加强社会体育指导员的培养和管理，并要求培养适应残疾人需要的体育健身指导人员。在残疾人体育工作中，将充分发挥现有社会体育指导员在动员、指导、组织残疾人积极参加体育健身，协助维护体育场地设施、引领健康生活方式等方面的重要作用,加强残疾人体育健身工作的指导和组织力量。

社区和社会福利机构、特殊教育学校、康复机构、托养服务机构等残疾人相对集中的基层单位,便于动员和组织残疾人就近、就便参加康复健身,在组织指导力量、场地器材配备方面具有一定的优势,也容易形成残疾人参加体育健身活动的良好氛围,是开展残疾人体育健身活动的重要依托。国务院办公厅《关于进一步加强残疾人体育工作的意见》提出,"指导、支持各类企事业单位组织残疾人开展体育活动。充分利用各种文化体育设施,积极探索适合残疾人特点的基层残疾人体育的组织方式和活动内容,开展形式多样的基层残疾人体育活动"。"十二五"时期,要继续发挥这些基层单位的载体作用,丰富和活跃基层残疾人体育健身活动。

在积极拓展残疾人群众体育健身工作资源的同时,还要重视统筹兼顾,推动实现城乡以及各类别残疾人体育工作协调发展。

第二次全国残疾人抽样调查数据显示,我国农村残疾人占残疾人总数的75.04%。受生活水平、场地设施、组织指导等因素的制约,农村残疾人体育工作发展相对缓慢,组织性、活跃度都需要进一步提高。农村残疾人体育工作发展水平较低是制约残疾人体育事业早日实现普惠目标的瓶颈之一。"十二五"期间,将有针对性地加大农村残疾人体育工作的开展力度,加大投入,发挥基层残疾人组织和社会体育指导员的组织作用,因地制宜,开拓创新,推广普及简便易行的农村残疾人健身项目,组织农村残疾人喜闻乐见、易于开展的体育健身活动,不断提高农村残疾人的健身意识,使健身活动逐步融入农村残疾人的日常生活。

实现各类别残疾人体育工作均衡发展是全面提高残疾人体育服务能力的必然要求。我国在20世纪80年代就成立了中国残奥委员会、中国聋人体育协会、中国特奥委员会三大全国性残疾人体育组织,20多年来,残疾人体育形成了较为完善的发展模式。与国际残疾人体育组织相对应,根据服务对象的残疾类别,目前我国残疾人体育活动分为残奥、聋人体育运动、特奥三大类。"十二五"期间，将加强统筹协调，推动三类运动均衡发展，确保各类残疾人均能较好地享受体育健身指导服务。根据残疾人事业"十一五"发展纲要要求，2010年底我国参加特奥运动的智力残疾人突破100万。"十二五"期间力争在此基础上发展到120万，提高特奥运动的普及程度和参与水平。

(2) 贯彻《全民健身计划（2011 – 2015 年）》，实施"残疾人自强健身工程"

国家"十二五"规划纲要提出"丰富残疾人文化体育生活"，《全民健身计划（2011 – 2015 年）》明确要求"大力推进残疾人体育"。"十二五"期间，要认真贯彻落实这些指导性精神，把体育作为残疾人"两个体系"建设的重要内容，针对残疾人个性化、类别化的特殊需求，全面实施"残疾人自强健身工程"，逐步解决推进残疾人体育工作存在的特殊困难，进一步加大残疾人体育健身工作的指导和保障力度，不断提高残疾人体育健身的指导能力和服务能力。"残疾人自强健身工程"具体内容包括：①推广适合残疾人身心特点的体育健身方法和项目；②为基层残疾人体育活动场所和残疾人综合服务设施配置适宜的器材器械，命名建设群众体育活动示范点；③培养残疾人体育健身指导员，指导、组织残疾人科学健身；④举办全国性、区域性残疾人群众体育展示活动和比赛；⑤开展残疾人群众体育促进康复健身效果的评估和科学研究。

推广残疾人体育健身项目。近年来，先后推广了轮椅太极拳、健身操、柔力球及残疾人飞镖、象棋等深受残疾人喜爱的体育健身项目，并在全国第八届残运会上首次设立了残疾人飞镖、象棋两个群体项目的比赛。各地也纷纷创新推广了具有本地特色的体育健身项目。"十二五"期间，将组织专家力量，根据残疾人身心特点，研究编创健身方法；筛选和普及一些康复健身效果明显、易于掌握和推广的体育健身项目；在调研的基础上，对推广的残疾人体育健身方法和健身项目进行规划。编撰体育健身方法、健身项目的文字和声像辅导材料,根据实际举办相关健身方法、健身项目培训班,增加残疾人体育健身方法、项目的选择范围,提高体育健身服务的针对性。

发挥体育健身活动的载体和引领作用。促进残疾人体育健身活动的区域交流,营造体育健身的浓厚社会氛围。"十二五"期间,通过开展多层次、多类别的残疾人群众性体育健身比赛、展示活动,活跃残疾人体育健身氛围,吸引、动员更多的残疾人积极参加体育健身和体育活动,推广体育健身项目。动员和引导各级体育社团、协会和社会力量,广泛开展便于群众参与的经常性健身活动,利用全民健身日、全国助残日等重要节点,举办残疾人体育健身展示、交流活动。在残疾人群众体育活动的基础上,创新活动形式,丰富活动内容,举办全国性、区域性的残疾人体育健身展示活动和交流、比赛,发挥示范作用,带动基层全民健身活动广泛深入开展。

配置残疾人体育健身器材,建设群众体育活动示范点。"十一五"期间,国家体育总局同中国残联共同实施"全民健身助残工程",在残疾人集中的场所配备体育健身器材,已建设了42所,发挥了较好的示范作用。"十二五"期间,积极利用社会资源,根据残疾人身体特点、城市和区域特点,组织技术攻关,改造、研制残疾人体育健身器材,增加残疾人体育健身器材的选择性和适用性。在体育器材的配备方面,统筹兼顾城乡、不同区域和场地条件对健身器械的不同需求。除继续做好"全民健身助残工程"的建设和管理工作外,还将借鉴其管理模式,扩大惠及面,加强规划指导,在基层残疾人体育活动场所和残疾人综合服务设施配置适宜残疾人健身使用的器材器械,方便残疾人就近就便参加体育健身。发挥地方政府的主体责任,吸引地方配套投入,充分发挥示范点的示范效益,逐步改善残疾人体育健身活动条件。

加强残疾人群众体育活动示范点建设。在改善基本场地、器材的基础上,组织经过培训的社会体育指导员和残疾人体育健身指导员定期进行健身指导、组织残疾人体育健身活动，对周边具有一定的辐射带动作用的残疾人体育健身活动场所，命名为"残疾人群众体育活动示范点"，在残疾人体育健身方法和项目推广、培训，健身活动组织方面积极发挥示范点的作用。

培养残疾人体育健身指导员。残疾人在体育健身指导、方法和项目选择、器材和活动组织方面，具有与普通健全人群不同的特点和特殊要求。培养残疾人体育健身指导员，是指导、组织残疾人科学健身的重要措施。《全民健身计划（2011－2015年）》中提出，"培养为残疾人服务的体育教师和社会体育指导员，组织开展残疾人体育健身活动"。同时，培养残疾人体育健身指导员也是《中国残疾人事业中长期人才发展规划纲要（2011－2020年）》中的任务目标之一。"十二五"期间，将启动残疾人体育健身指导员培养工作，建立国家和地方两级培养体系，把《中国残疾人事业中长期人才发展规划纲要》确定的残疾人体育健身指导员培养任务进行分解；培训专、兼职残疾人体育健身指导员，形成一支积极性高、能力强的残疾人体育健身指导员队伍，传播健身理念，传授健身方法，组织健身活动，管理健身设施，不断增强残疾人体育健身工作的指导能力。建立残疾人体育健身指导员培训、考核、认证、管理工作体系；为残疾人体育健身指导员发挥积极作用创造条件、提供保障。建立健全残疾人体育健身工作网络。

开展残疾人群众体育的科学研究和评估。由于受发展水平等因素限制，我国残疾人群众体育工作基础较为薄弱，缺少对残疾人体育健身现状的全面了解和深入研究，影响到制定残疾人体育健身工作长远发展规划。虽然我国制定并实施普通健全人群不同年龄阶段的体质测定国家标准和体育锻炼标准，并且进行了三次全国范围的国民体质监测和全国群众体育健身抽样调查，但是目前尚没有制定国家残疾人体质测定标准，在历次的全国体育健身抽样调查工作中，没有把残疾人纳入调查对象。这不利于准确掌握残疾人体质状况和科学规划残疾人体育健身工作。《全民健身计划（2011－2015年）》

提出了"研制国家残疾人体质测定标准,深入实施《国民体质测定标准》"。"十二五"期间,将加大工作力度,组织科学研究,研制推广适合残疾人群的体育健身方法、项目、器材;探索和研究残疾人群众体育工作对残疾人康复健身效果的评估;做好残疾人体质测定标准的研制工作;建立动态监测机制,为更好地开展残疾人体育健身活动提供科学指导,增强工作的预见性,提高残疾人体育健身工作的科学管理水平。

(3) **改革和发展残疾人竞技体育,提高水平,加强交流合作**

残疾人体育竞赛是残疾人体育工作的组成部分,具有巨大的示范效应,对于提高残疾人体育工作的影响力,展示残疾人体育精神内涵,营造良好的社会氛围具有重要的推动作用。"十二五"期间,将从赛事组织、队伍管理、基地建设、科研教育、道德作风、保障机制等方面完善措施,进一步加大管理力度,使残疾人体育竞赛工作日益规范化,逐步探索形成长效管理机制。"十二五"期间,主要措施如下:

改革竞赛制度。自1984年举办首届全国残运会以来,迄今已举办了7届全国残运会,5届全国特奥运动会。2011年10月,将举办第八届全国残运会。同时,每年还举办各项目的全国锦标赛。仅"十一五"期间,便累计举办一百余项次全国性的残疾人体育赛事活动。目前,已出台了《全国残疾人体育竞赛管理办法》等多项管理制度,有效地规范了残疾人体育竞赛工作。随着残疾人体育工作的不断发展壮大,还需要在既有的管理基础上,逐步改革完善竞赛制度,进一步规范竞赛工作,提高赛事的品牌效益,调动残疾人和地方积极性,不断适应新形势,创新新办法,营造新局面。

实施残疾人运动员等级评定办法。建立优秀残疾人运动员集训队伍,培育残疾人体育技术人员、管理人员队伍。随着残疾人体育事业的发展壮大,已初步建立了一支运动水平高、道德作风好的运动员队伍以及相对稳定、有爱心和奉献精神的技术人员队伍。近几年，陆续出台了《全国残疾人体育教练员等级制度》、《全国残疾人体育分级员管理办法》、《全国残疾人运动员注册管理办法》等运动员和技术人员管理办法，结合参加国际赛事组织运动员集训，举办裁判员、分级员培训班，有效地规范了运动员和技术人员的培养和管理工作。今后将继续加强相关制度建设，探索制定《残疾人运动员等级评定办法》，进一步加强和规范残疾人运动员、技术人员和管理人员培养，不断提高残疾人体育人才建设水平。

加强残疾人体育基地建设和管理，发挥示范作用。残疾人体育训练基地在承担训练比赛任务、提供群众体育活动场所等方面发挥着重要作用。目前，我国已挂牌建设 27 个全国残疾人体育训练基地，并出台了管理制度。"十二五"期间，还将加强基地的建设和管理，确保充分发挥基地的使用效益、示范作用和保障功能，使其成为残疾人体育工作的资源中心、信息中心、交流中心。

加强残疾人体育教育、科研工作和道德作风建设。残疾人体育教育和科研工作是不断提高运动水平的重要保障。道德作风建设是确保残疾人体育健康发展以及弘扬人道主义的关键。"十二五"时期，将不断加强残疾人体育教育、科研工作和道德作风建设，提高残疾人体育工作水平，推动残疾人体育事业健康、科学、可持续发展。

解决残疾人运动员退出集训队之后的社会保障和教育、就业等问题，解除他们的后顾之忧是建立一支稳定的运动员队伍的需要，也是当今残疾人体育事业人才培养中需要解决的一个重要问题。今后，将继续会同教育、人事、民政、财政等有关单位，研究残疾人运动员保障机制，促进运动员全面发展。

办好全国残运会、特奥会、聋人运动会等赛事。组团参加残奥会、特奥会、听障奥运会等重要国际赛事，争取优异成绩，为国争光。全国残运会、全国特奥运动会四年一届，已形成了较为稳定的举办模式，并被纳入国务院批准的大型运动会系列。改革残疾人综合性运动会的举办模式，简化运动会仪式，重在参与，重在交流，重在健身，发挥全国残运会等综合性运动会在促进群众体育健身、扩大交流、动员社会方面的重要作用。

参加国际赛事是我国参与国际残疾人体育事务交流合作，展示国家形象的重要平台。2011－2015年，我国将派团参加2012年伦敦残奥会、2013年雅典世界听障奥运会、2014年索契冬季残奥会、2015年世界特奥运动会、2015年温哥华冬季聋奥会等重要国际赛事，力争取得优异成绩，为国家赢得荣誉，进一步推动我国残疾人体育事业的发展。

（八）无障碍环境建设

无障碍环境是残疾人参与社会生活的基本条件，是方便老年人、妇女、儿童和全社会成员的重要措施，也是完善城市功能不可或缺的基本元素。加强无障碍环境建设，是社会文明进步的重要标志。

1. 主要任务

"十一五"期间，在党中央、国务院的高度重视下，在各地各相关部门的共同努力及社会各界的大力支持下，我国无障碍建设取得了积极进展，为"十二五"期间深入开展无障碍建设奠定了坚实基础。

无障碍环境建设的政策、法律法规、标准更加完善。2008年3月，《中共中央关于促进残疾人事业发展的意见》（中发〔2008〕7号）就加快无障碍建设和改造提出了明确具体的要求。2008年4月，全国人大常委会修订后的《残疾人保障法》将无障碍建设原规定的一条扩展为一章，丰富和强化了有关无障碍建设的内容。2009年，国务院法制办、住房和城乡建设部、工业和信息化部、中国残联等部委开始制定《无障碍环境建设条例》。多个地方人大和地方政府出台了无障碍设施建设地方性法规及规范性文件。有关部委制定《信息无障碍 身体机能差异人群网站设计无障碍技术要求》、《呼叫中心信息无障碍服务技术要求》等相关信息无障碍建设标准。

无障碍环境建设成果显著。2006年以来，根据残疾人事业"十一五"发展纲要和建设部等13个部委制定的《无障碍建设"十一五"实施方案》的要求，住房和城乡建设部、民政部、中国残联、全国老龄办在100个城市开展了"十一五"创建全国无障碍建设城市工作。各创建城市按照国家要求，依据《全国无障碍建设城市工作标准》，积极开展创建工作，成立了由政府领导牵头、相关部门参加的创建工作领导机构，出台了无障碍建设和管理的地方性法规和规范性文件，形成了政府主导，相关部门各司其职、密切配合，全社会广泛参与的工作机制。各创建城市的城市道路新建、改造了缘石坡道和盲道；政府办公建筑、商场、宾馆饭店、银行、医院、公园、广场、机场、文化建筑、体育建筑、室外公共厕所、学校、残疾人和老年人服务设施、居住小区等公共建筑实施了无障碍建设和改造。根据国家要求，各地还启动了残疾人家庭无障碍改造工作；部分城市的图书馆配有盲人阅览室、电视台开办了手语节目，在电视节目中加配了字幕，在大型公共场所设置了语音、信息屏幕系统，有的城市还开通了聋人短信报警服务平台。无障碍建设城市的创建工作还带动了其他城市无障碍建设的开展，全国城市无障碍环境建设水平显著提高，残疾人、老年人和全体社会成员参与社会生活的环境更加便利，全社会无障碍意识得到增强，初步形成我国城市无障碍化基本格局。"十一五"期间，北京、青岛、秦皇岛、上海、广州等城市以举办奥运会、残奥会、特奥会、世博会、亚运会、亚残运会等大型国际赛事和交流活动为契机，促进无障碍建设和改造，完善无障碍服务，相关政府网站完成了无障碍改造，受到了残疾人朋友和社会的广泛好评。"十一五"期间，政府和社会各界积极为广大残疾人及有特殊需求人群提供无障碍信息服务，缩小数字鸿沟所带来的影响。2008年启动了《中国残疾人信息无障碍关键技术支撑体系及示范应用》项目，并列入"十一五"国家科技支撑计划。该项目在无障碍技术产品研发、示范应用等方面取得了明显成效，为残疾人信息无障碍的可持续发展奠定了良好基础。

据第二次全国残疾人抽样调查统计，我国残疾人达8296万人，占全国总人口的6.34%；据全国老龄工作委员会办公室统计，目前我国60岁以上老年人口达1.4亿，我国已进入老龄化社会。未来二十年，老年人口还将以年均超过总人口3%的速度递增，2020年将达2.4亿，占总人口的16%，2050年将达4亿。此外还有大量的伤病人、儿童及有特殊需求的人等，对无障碍环境的需求迅速增长。今后几年将是我国基础设施建设和城镇化快速发展的重要时期，科学、规范、系统、深入推动无障碍建设，是坚持以人为本、落实科学发展观、全面建设更高水平小康社会的必然要求，也是广大残疾人、老年人、伤病人等弱势群体的迫切需要，对于促进经济社会又好又快发展、维护社会公平正义具有积极意义。

"十二五"无障碍环境建设具体任务包括：

——加快推进无障碍建设与改造，开展全国无障碍建设市、县、区创建工作。

——加强信息无障碍建设，公共服务信息方便残疾人使用。

——开展残疾人家庭无障碍改造，对贫困残疾人家庭提供改造补助。

2. 主要政策措施

（1）制定实施《无障碍环境建设条例》，依法开展无障碍建设。

近些年来，在各级党委和政府的重视和领导下，通过有关部门的共同努力和社会各界的广泛参与，我国无障碍建设取得了可喜的成绩。但无障碍建设仍存在许多亟待解决的困难和问题：目前只有部分城市相对系统地开展了无障碍建设，大部分城市的道路、公共建筑、居住小区、公共交通设施等未进行无障碍改造；新建设施还存在不规范、不系统、不符合无障碍规范要求的问题；已建无障碍设施管理亟待加强；全社会的无障碍环境尚未形成。究其原因，与现有法律法规对无障碍建设还缺乏系统性规定不无关系。虽然一些法律法规包含了涉及无障碍建设的条款，但内容过于原则，实践中难以有效执行。无障碍建设还没有成为各地各部门的自觉行动，亟待立法来规范和推动。制定实施《无障碍环境建设条例》，依法开展无障碍建设，对于加快我国无障碍建设进程，全面提升无障碍建设的规模和水平具有重要意义。

(2) 完善无障碍建设标准体系

无障碍建设标准规范是科学、规范开展无障碍建设的重要技术支持。近年来，有关部门结合多年无障碍建设实践，特别是奥运会、残奥会无障碍建设经验，参考借鉴国际最新理念，制定了《残疾人航空运输办法》、《信息无障碍导则》、《信息无障碍通信终端设备设计导则》、《信息无障碍术语、图形符号、标识》、《通信设备无障碍》、《网站无障碍》等标准规范，修订了《城市道路和建筑物无障碍设计规范》、《民用机场旅客航站区无障碍设施设备配置标准》，加上已有的《特殊教育学校建筑设计规范》、《铁路旅客车站无障碍设计规范》，以及相关部门制定实施的标准规范中涉及无障碍的条款或内容，使无障碍建设技术标准体系进一步完善。随着经济社会发展和无障碍建设的不断深入，需要不断修订完善无障碍建设标准体系，更好地指导无障碍建设工作。

(3) 新建、改建、扩建设施严格按照国家相关规范建设无障碍设施，加快推进既有道路、建筑物、居住小区、园林绿地特别是与残疾人日常生活密切相关的已建设施无障碍改造。

保证新建设施符合无障碍标准，是推进无障碍建设的重要措施。新建时将无障碍设施一并考虑并不增加建设成本，建成后再进行无障碍改造不仅造成资源的浪费，而且有的限于客观情况将显著增加改造成本，甚至难以进行改造。为保证无障碍建设不欠新账，避免边建设边改造造成资源浪费，必须把好源头关，保证新建设施严格符合无障碍规范要求。对不执行规范要求的，规划部门不核发建设工程规划许可证，施工图设计文件审查机构不予通过审查，有关部门不予验收备案。国外均通过立法对新建设施的无障碍建设进行了强制性规定，如德国相关法律规定，"所有新建公共建筑及改建、扩建的公共建筑，必须根据一般技术标准进行无障碍设计和修建"。我国台湾地区法律也规定，"各项新建公共建筑物、活动场所及公共交通工具，应规划设置便于各类身心障碍者行动与使用之设施及设备"。

由于历史原因和经济条件的制约，我国城市相当部分既有设施未考虑无障碍规范，也没有配备无障碍设备，无障碍改造的任务十分繁重，这也成为制约我国无障碍建设发展的重要因素。因此，必须加大力度推进对既有设施进行无障碍改造。国外的做法是对既有道路、建筑、公共交通设施等无障碍改造明确规定改造年限。鉴于我国的实际情况，通过明确和落实改造主体的责任、政府和有关部门统筹规划、鼓励和倡导全社会积极参与、逐步实施等形式加快改造进程是适宜的。考虑到相关道路、公共建筑物、公共服务机构、居住小区、园林绿地及残疾人、老年人专门服务机构与残疾人、老年人日常生活密切相关，为更好地保障残疾人、老年人等特殊群体的权益，发挥效益最大化，应该优先对这些设施实施无障碍改造。

（4）提高无障碍建设质量和水平，加强无障碍设施日常维护与管理。

在当前无障碍建设过程中，无障碍设施不规范、不系统的现象还相当常见，要制定计划，分级分批地对有关规划、设计、建设、管理人员和从事残疾人、老年人事业的人员进行无障碍规范的培训，提高执行规范的自觉性；建设行政主管部门要更加注重细节，严把施工管理关、质量监督关、竣工验收关，确保无障碍设施的安全、可达、便利，并与周边道路、建筑物的其他无障碍设施相衔接。

无障碍设施的维护和管理是无障碍建设的一个重要方面。目前，无障碍设施被占用的现象还比较严重，有些无障碍设施由于管理不善没有切实发挥作用，有的甚至被损坏。要格外重视无障碍设施的日常维护和管理工作，通过开展无障碍专项检查，同时注重发挥人大代表、政协委员、新闻媒体、社区居民、残疾人、老年人的监督作用，保证已建无障碍设施的正常使用。

(5) 开展创建全国无障碍建设市、县、区工作

"十一五"期间,住房和城乡建设部、民政部、中国残联、全国老龄委在全国 100 个城市开展了创建全国无障碍建设城市工作,极大地推进了我国无障碍建设,初步形成我国城市无障碍化的基本格局。实践证明,开展创建全国无障碍建设城市工作是提高我国城市无障碍建设水平的一项重要举措。"十二五"要在总结"十一五"经验的基础上,继续巩固创建全国无障碍建设城市工作的成果,深入开展创建全国无障碍建设市、县、区活动,全面推进我国城市无障碍建设。

(6) 普及无障碍知识,加强宣传与推广。

无障碍建设在技术上不是难题,关键是相关部门和全社会要树立无障碍的观念和意识。无障碍建设惠及每一个人,不是对残疾人、老年人等的额外照顾。要利用广播、电视、报刊、互联网等载体,利用全国助残日、国际残疾人日、法制宣传日等时机,加强无障碍知识的普及和宣传,展示城市无障碍设施建设的成就,增进全社会对无障碍设施建设重要意义的认识,促进全社会无障碍意识的提高,为无障碍建设创造良好的社会环境。近些年来,各地在推进无障碍建设宣传中,也积累了一些好的经验,如北京为配合无障碍建设和奥运会筹办工作的开展,从 2007 年 8 月开始,以每一季度第一个月的 16 日为无障碍推动日,并确定一个主题,通过推动日切实加强无障碍建设的宣传和监督整改工作,这种宣传形式就很有成效,形成了宣传的冲击力。

(7) 将无障碍建设纳入社会主义新农村和城镇化建设内容,与小城镇、公共服务设施同时规划、同时设计、同时施工、同时验收。

国家"十二五"规划纲要明确指出,"按照推进城乡经济社会发展一体化的要求,搞好社会主义新农村建设规划,加强农村基础设施建设","科学制定城镇化发展规划,促进城镇化健康发展"。

今后一个时期，将是我国基础设施、新农村和城镇化建设快速发展的重要时期，这既给我国无障碍建设提供了难得的历史机遇，也提出了更高更迫切的要求。无障碍建设必须融入基础设施、新农村和城镇化建设进程，在规划、设计、施工、验收等环节严格把关，从源头上避免造成新的历史欠账。

（8）航空、铁路及城市公共交通要加大无障碍建设和改造力度，公共交通工具要完善无障碍设备配置，公共停车区优先设置残疾人停车泊位。

航空、铁路、城市公共交通是包括残疾人、老年人等有特殊需求群体在内的全体社会成员的主要出行方式。多年来，民航、铁路系统高度重视无障碍建设，出台了《民用机场旅客航站区无障碍设施设备配置标准》、《铁路旅客车站无障碍设计规范》，采取措施推进民用机场、旅客车站无障碍建设和改造，完善客机和列车内无障碍设施设备。城市公共交通无障碍建设也取得了积极进展，一些城市的公交车站进行了无障碍改造，一些公交线路配备低底盘公交车辆。但由于历史的原因，我国公共交通无障碍建设的水平与全体社会成员特别是残疾人、老年人等特殊群体的需求还有较大差距，需要大力推进。一是交通运输、铁路及城市公共交通要加大无障碍建设和改造力度，交通运输、铁道、住房和城乡建设等行业主管部门，要切实采取措施，依据《城市道路和建筑物无障碍设计规范》、《民用机场旅客航站区无障碍设施设备配置标准》、《铁路旅客车站无障碍设计规范》、《地铁设计规范》等标准规范要求，推进城市民用机场旅客航站区、铁路旅客车站、地铁轻轨车站、长途汽车站、客运码头、公交车站等的无障碍建设和改造；二是公共交通工具要配置无障碍设备，要对飞机、地铁、轻轨车辆、火车、公交车、客轮等公共交通工具进行无障碍升级改造，配置无障碍设备，使公共交通工具逐步达到无障碍的要求，如应方便残疾人、老年人等特殊群体上下、乘坐、内部通行，配置信息屏幕显示系统和无障碍标识，具备条件的还应有方便残疾人、老年人等特殊群体的无障碍厕所或厕位等。

驾驶汽车是残疾人平等参与社会生活的权利。目前我国允许包括左下肢、右下肢、双下肢残疾人在内的肢体残疾人和部分听力残疾人驾驶汽车。随着我国经济社会的发展，将有越来越多的残疾人借助驾驶汽车出行和参与社会生活。由于需要使用轮椅、拐杖等辅助器具，普通停车位不适合残疾人使用。因此为残疾人设置专用停车位十分必要。国际上大多数国家和地区都在停车场相对便利的位置设置残疾人专用停车位，并通过立法对残疾人专用停车位的设置和管理进行规定，同时规定了违规占用残疾人专用停车位的严厉处罚措施。如我国台湾地区《台湾身心障碍者保护法》规定："公共停车场应保留百分之二比例作为身心障碍者专用停车位，车位未满五十个之公共停车场，至少应保留一个停车位，非身心障碍者不得违规占用。"因此与国际接轨为残疾人设置专用停车位十分必要。

（9）**实施无障碍环境建设工程。广泛开展残疾人家庭无障碍改造工作，有条件的地方要对贫困残疾人家庭无障碍改造提供补助。基本完成残疾人综合服务设施的无障碍改造。**

贫困残疾人家庭无障碍改造工程

与公共建筑相比，我国残疾人家庭无障碍建设和改造工作亟待加强。家庭是残疾人生活的重要场所，无障碍设施是否完善，直接关系到残疾人生活的质量，关系到残疾人权利的实现。我国共有残疾人家庭7050万户，其中城镇有240万户残疾人家庭靠低保救济生活，农村有贫困残疾人家庭1100多万户，这些残疾人家庭由于生活困难，缺少基本无障碍条件，日常生活极为不便。

针对这一状况，《中共中央关于促进残疾人事业发展的意见》（中发〔2008〕7号）指出，"要对贫困残疾人家庭住宅无障碍改造提供资助"。为贯彻落实这一要求，财政部、中国残联共同在河北、山西、内蒙古、吉林、安徽、江西、湖北、湖南、广西、四川、甘肃等11个省、自治区开展了贫困残疾人家庭无障碍改造试点工作,针对各类别和城乡贫困残疾人的不同需求,对贫困残疾人家庭基础设施系统进行无障碍化改造,并配置必要的生活设备,全面改善了残疾人家庭生活环境,提高了贫困残疾人生活质量。同时总结了经验,为"十二五"期间在全国全面开展残疾人家庭无障碍改造工作奠定了基础。

2010年,温家宝总理在政府工作报告中提出,"要让人民生活得更加幸福、更有尊严"。中共十七届五中全会提出,要顺应各族人民过上更好生活新期待,着力保障和改善民生。这些精神都对新时期的残疾人工作提出了更高的要求。为贫困残疾人家庭实施无障碍改造,不仅是维护残疾人权益、改善民生、提高残疾人生活品质、使他们有尊严地生活的重要举措,更是使贫困残疾人实现更高水平小康的具体体现。"十二五"期间,应推广财政部、中国残联贫困残疾人家庭无障碍改造的理念、工作方法和成功经验,广泛开展贫困残疾人家庭无障碍改造工作。东部及沿海发达地区要争取在"十二五"内基本完成贫困残疾人家庭的无障碍改造,中西部经济欠发达地区要全面开展此项工作,为残疾人群体实现全面小康提供物质基础。中央财政将进一步加大投入,各地方财政也要安排匹配资金,结合本地实际,制定贫困残疾人家庭无障碍改造工作计划,加大资金投入,完善工作措施,丰富改造内容,提高改造质量,确保残疾人家庭无障碍改造工作取得实效。

改造主要内容:为贫困残疾人家庭安装扶手,改造室外坡道和室内坡化,改造卫生间、浴室、厨房、卧室,配发坐便器、窄轮椅等无障碍用品。

工程总体目标:利用五年时间,中央为8万户贫困残疾人家庭无障碍改造提供补助,改善残疾人家庭无障碍状况,提高贫困残疾人生活质量,促进残疾人充分参与社会生活。

工程实施相关制度保障:中国残联会同相关部门进行项目总体设计,设立专门机构负责组织实施。依托各地无障碍建设领导机构,整合资源，制定项目实施方案、年度计划，明确实施原则，确定项目地区、资金分配方案、检查验收措施各项具体要求。建立相关制度，细化审批方法，强化管理监督。各项目省（自治区）从实际出发，确定本地区实施方案，层层落实责任制，保证改造质量，并进行回访。

残疾人综合服务设施无障碍改造工程

残疾人综合服务设施是为残疾人提供服务的重要载体，由于当前相当一部分综合服务设施是购买和划拨来的，没有无障碍设施；与此同时，一些新建综合服务设施也没有严格按照无障碍设计规范进行设计和建设，影响了残疾人的使用。加强残疾人综合服务设施无障碍建设具有十分重要的意义。"十二五"期间，各地要加大残疾人综合服务设施等特殊设施的无障碍建设和改造力度，争取财政投入，制定年度计划，切实按照无障碍规范的要求，基本完成残疾人综合服务设施无障碍改造工作。

（10）建立和完善信息无障碍标准规范体系和评估机制

"十一五"期间，在标准研究方面已经取得了一定的成绩和进展，制定出了《信息无障碍 身体机能差异人群网站设计无障碍技术要求》等十几项标准，但仍存在标准不健全、执行力弱、缺乏评价机制等问题，加强标准规范的研究及评价体系的制定仍是我国信息无障碍发展的紧迫需求。"十二五"期间，要在互联网内容及应用、计算机软件、通信终端产品、多媒体终端、专用设备等多个领域，逐步建立和完善符合我国信息无障碍发展的信息无障碍标准规范体系和评估体系，为我国全面开展信息无障碍建设工作奠定坚实基础。

（11）积极开展信息无障碍技术、产品的研发推广和服务示范

以残疾人的切实需求为导向，以信息无障碍标准规范为基础，重点研究面向视障和听障人群在图像、声音等信息获取方面的补偿关键技术，积极推进互联网和手机、电脑等信息无障碍实用技术产

品的研发,如面向视障及听障人群的专用浏览器、针对网站内容的无障碍自动改造系统、智能读屏软件及面向多类残障人群的便携式网络终端等,为残疾人均等获取信息提供便利。围绕重大活动、公共服务、政务发布等积极开展信息无障碍技术、产品的推广和示范应用。

(12) 推进图书和声像数字资源无障碍化建设与服务

随着信息技术的快速发展,图书、声像等文化资源的数字化得到普遍应用,但由于没有考虑到听力和视力残疾人的特殊需求,他们在获取这些资源时存在数字鸿沟,阻碍了残疾人公平获取信息。"十一五"期间,中国盲人数字图书馆开通,成为我国第一个能够以多种技术体现网上信息无障碍服务的数字图书馆网站,盲人可以通过该网站享受到经过无障碍化处理的各种资源。"中国残疾人数字图书馆"的建立为残疾人提供贴心的网上阅读服务,残疾人通过身份验证,不到馆即可享受到馆的各种阅读服务,解决了残疾人出行困难因而无法享受公共服务资源的问题。

"十二五"期间,要广泛挖掘社会公共信息服务资源,与图书馆等公共服务机构开展合作共建,推进残疾人学习、生活相关的图书和声像数字资源的无障碍化建设。改善残疾人无障碍获取文化、知识的环境,加强盲人数字图书馆和残疾人数字图书馆建设,提高残疾人独立学习和生活能力,使残疾人更好地参与社会文化生活,分享社会进步取得的成果。

(13) 省级残联和有条件的市县残联要积极推进网站信息无障碍服务

"十一五"期间,中国残联积极推动网站信息无障碍建设。在北京 2008 奥运会和残奥会、上海世博会、广州亚残运会期间,相关政府网站完成了无障碍改造,上海、四川等地方残联网站也纷纷完成了无障碍改造,受到了残疾人朋友和社会的广泛好评。但是政府和社会公共服务机构为残疾人提供无障碍的网站服务意识还没有普遍形成,全国进行无障碍改造的网站仍较少,远远不能满足残疾人朋友的需求。"十二五"期间,各级残联要积极推动政府和公共服务部门网站无障碍技术应用示范,争取全国省级残联和有条件的地市残联网站实现无障碍浏览服务,并在部分地方残联培养一批能够实施网站无障碍改造的技术管理人员。

（九）权益维护

依法维护残疾人权益是残疾人工作的主题，是残疾人事业的出发点和落脚点。"十一五"期间，残疾人维权工作取得积极进展，确立了残疾人维权工作的业务格局，形成了残疾人维权工作机制，为依法促进残疾人事业发展和维护残疾人权益作出了积极贡献。"十二五"是全面建设小康社会的关键时期，也是依法发展残疾人事业的关键时期。残疾人维权工作要立足于新的起点，不断开创残疾人权益保障的新局面。依据国家"十二五"规划纲要和残疾人事业发展的实际状况，"十二五"时期残疾人维权工作的主要任务是：完善残疾人维权工作机制，畅通联系残疾人的渠道，深入开展残疾人法律救助工作，着力解决残疾人普遍性、群体性的利益诉求。

1. 法律救助工作

为解决残疾人普遍面临的打官司难、请律师贵等困难，"十一五"期间，最高人民法院、最高人民检察院、公安部、司法部、民政部、人保部、教育部、卫生部和中国残联共同建立了残疾人法律救助制度，作为国家法律援助制度、司法救助制度的补充；先后出台了《关于加强残疾人法律救助工作的意见》等文件，成立了残疾人法律救助工作协调领导小组及办公室，在全国范围内建立了56个残疾人法律救助工作站，直接为残疾人提供法律救助服务；积极促进残疾人法律救助工作在全国范围内的展开，指导各地因地制宜开展残疾人法律救助工作。各地按照相关规定和要求，积极建立残疾人法律救助工作协调机制，法院、检察院、公安、司法行政、民政、人力资源和社会保障、教育、卫生、残联等部门和单位分工合作，共同开展残疾人法律救助工作，充分发挥残疾人法律救助工作站的职能和作用，一定程度上缓解了残疾人在获得法律服务方面的困难。

"十二五"期间，我国经济社会发展中不平衡、不协调、不可持续的问题仍然会比较突出，收入分配仍然会有较大差距，就业总量压力和结构性矛盾并存，社会矛盾明显增多，残疾人权益保障工作将长期面临复杂形势和巨大压力。深入开展残疾人法律救助工作是依法维护残疾人权益的科学方法和有效手段。"十二五"期间，各级政府及相关单位和部门必须进一步深入推进残疾人法律救助工作，根据残疾人在医疗康复、教育、就业、社会保障、法律事务等方面的实际需求，努力提供相应的法律救助服务，着力解决残疾人普遍性、群体性的利益诉求。主要措施有：

一是切实加强残疾人法律救助工作协调机制建设。县级以上普遍建立包括法院、检察院、公安、司法行政、民政、人力资源和社会保障、教育、卫生、残联等单位和部门在内的残疾人法律救助工作协调机制，不断加强协调工作常态化和制度化建设，在涉及残疾人权益的重大政策制定、重大案件解决上切实发挥有效作用。各单位和部门要将残疾人法律救助工作纳入自己的工作规划和部署。

二是不断拓展残疾人法律服务工作领域和服务内容。司法行政、残联等单位和部门要积极开展"送法进社区"、"送法进农村"等活动，把残疾人法律服务向社区、乡村和老少边穷地区延伸，根据残疾人的不同需求，及时提供个性化、专业化服务，依法解决残疾人切身利益问题。

三是进一步加大对残疾人的法律援助力度。各级法律援助部门要把残疾人作为法律援助的重要对象，继续推动将残疾人权益保护事项纳入法律援助补充事项范围，加大残疾人法律援助机构建设，不断扩大残疾人法律援助覆盖面，使更多残疾人受益。确保符合规定的残疾人法律援助案件获得足额经费补助。

四是加快残疾人法律救助工作机构建设。在省、市、自治区和有条件的县、市、区建立残疾人法律救助工作站，形成残疾人法律救助的体系和网络，加强工作站规范化建设，强化社会化工作方式，充分发挥工作站服务残疾人的功能和作用。通过多种途径和手段，加强残疾人法律救助工作的组织人员保障、能力技术保障和资金保障。

五是加强残疾人法律救助工作的信息化管理和基础理论研究。注重现代科技在残疾人法律救助工作中的重要作用，加强对残疾人法律救助工作的信息化管理，推动建立残疾人法律救助信息网；与相关高校、科研院所合作，加强残疾人法律救助工作的基础理论研究，为残疾人法律救助工作的深入开展奠定基础。

2. 参政议政工作

"十一五"期间，全国共有4100名残疾人、残疾人亲友和残疾人工作者当选为县级以上人大代表或被推荐为县级以上政协委员，进一步反映了我国人民代表大会和人民政协人员组成上的广泛代表性，说明了残疾人综合素质和参政议政能力的不断提升，体现了国家从最高政治层面对残疾人权益的关注和保障，不仅是我国残疾人事业发展的新成就，也是我国民主政治和人权保障事业不断发展的生动体现。残疾人、残疾人亲友、残疾人工作者人大代表和政协委员作为全国8300万残疾人的代表，认真履行职责，积极建言献策，为我国经济社会的发展和残疾人事业的进步作出了积极贡献。各级残联作为广大残疾人的代表和服务组织，逐步建立了服务人大代表、政协委员的工作机制，积极向各级人大、政协推荐优秀的残疾人、残疾人亲友和残疾人工作者，及时与相关人大代表、政协委员沟通联系，每年协助人大代表、政协委员提出促进残疾人事业发展的建议、提案近2000件，办理人大、政协交办的建议、提案1500余件，协助开展相关检查、视察和调研活动，为残疾人政治权利的实现作出了积极努力。

"十二五"期间，我国将积极发展社会主义民主政治，支持人民代表大会依法履行职权，支持人民政协围绕团结和民主两大主题履行职能。残疾人、残疾人亲友、残疾人工作者人大代表和政协委员应当充分认识自己肩负的历史使命和政治责任，积极参政议政，为残疾人事业发展和经济社会发展作出更大贡献。各级残联要进一步强化服务意识，提升服务水平，完善残联系统人大代表、政协委员服务工作机制，为残疾人参政议政提供更好的服务。主要措施有：

一是广大残疾人和残疾人组织要积极关注、参与国家经济社会发展和残疾人事业发展；残疾人、残疾人亲友、残疾人工作者人大代表和政协委员要认真履行自身职责，加强调查研究，积极谏有据之言，献有用之策；各级政府及有关部门要高度重视残疾人和残疾人组织的意见和建议，充分发挥残疾人组织和残疾人代表在国家经济、社会、文化生活中的民主参与、民主管理和民主监督作用。

二是各级残联要建立健全人大代表、政协委员服务工作机制，逐步建立人大代表、政协委员沟通交流的平台，做好残疾人、残疾人亲友和残疾人工作者人大代表、政协委员推荐工作，协助人大代表、政协委员提出建议、提案，妥善办理人大、政协交办的建议、提案，促进残疾人事业发展和残疾人权益保障中重大、疑难问题的解决。

3. 信访工作

"十一五"期间，全国各级残联信访工作部门积极贯彻落实党中央、国务院关于信访工作的一系列决策部署和要求，紧密结合国家信访维稳形势和残疾人工作特点，坚持以残疾人为本，以推进残疾人信访问题解决、维护残疾人权益为目标，弘扬尊重残疾人权益的理念，完善工作制度，健全工作机制，强化系统管理，提高干部素质，切实帮助残疾人排忧解难。至"十一五"末，在全国残联系统内，省级残联均设有专人负责信访工作，多数地（市）级残联明确了维权信访工作的部门，县（市）级残联有专兼职人员从事维权信访工作，全国残联系统基本建立了信访组织网络，层层有人抓、级级有人管的残疾人信访工作体系已初步形成。

"十二五"期间,我国将进一步完善残疾人信访工作机制,畅通信访渠道,健全信访事项督查督办与突发群体性事件应急处置机制。加大矛盾纠纷排查化解力度,将残疾人信访反映的困难和问题解决在基层。根据各类别残疾人的不同特点、需求,制定出台相关政策,解决残疾人在社会保障和服务等方面普遍性、群体性的权益诉求。加大重大侵害残疾人权益的信访案件协调督办力度,严厉打击侵害残疾人权益的违法犯罪行为,维护残疾人权益和社会稳定。主要措施有:

一是完善工作机制,畅通信访渠道。完善工作机制是做好残疾人信访工作的基础。"十二五"期间,各级残联在现有工作基础上,要进一步完善党政领导干部阅批残疾人来信、定期接待残疾人来访、组织机关干部下访和领导同志包案督查督办、妥善解决处理残疾人典型信访案件等制度,形成长效机制,切实转变工作作风,帮助残疾人排忧解难。要与公安、信访、卫生等部门及相关单位建立健全应急预警机制,及时妥善处理突发和群体性信访事件。畅通信访渠道是广泛听取残疾人意见建议的有效途径。各级残联在不断拓宽残疾人诉求表达形式的同时,一定要确保信访渠道畅通,确保信访残疾人或亲属"进得来、谈得上"。

二是开展矛盾纠纷排查,将问题解决在基层。做好残疾人信访工作,解决问题是关键。残疾人信访反映的问题多数发生在基层,残疾人信访工作的重心也应放在基层。"十二五"期间,各级残联要将残疾人信访工作的重心下移,关口前移,要在事后协调解决的同时将工作的重点转移到事前排查化解上来,按照"属地管理、分级负责,谁主管谁负责"和"依法、及时、就地解决问题与疏导教育相结合"的工作原则,切实做好矛盾纠纷排查化解工作,对残疾人信访反映的问题和矛盾纠纷要力求做到发现得早、化解得了、控制得住、处理得好。要坚持经常排查与集中排查相结合,尤其是对残疾人信访反映强烈的焦点、突出问题,要进行重点排查,建立完善的信访档案。对排查出的问题,要及时予以跟踪督导妥善协调解决处理,切实把残疾人信访反映的问题解决在基层,把矛盾纠纷化解在当地。

三是及时收集汇总信访信息,为领导决策和制定政策提供参考。各级残联信访工作部门要充分发挥"第二研究室"作用,坚持定期对本地区各类别残疾人信访情况进行分类、收集汇总,进一步提高综合分析研判水平,及时为领导决策和制定政策提供参考,从而更好地、更加有针对性地解决各类别残疾人在社会保障和服务等方面存在的普遍性和群体性权益诉求。

四是加大协调督办力度,打击侵害残疾人权益的违法犯罪行为,维护残疾人权益和社会稳定。"十二五"期间,各级残联要在同级人民政府及其所属各部门之间、残联系统之间、本级残联各业务部门之间,建立上下联动、左右协调、高效运转的长效机制,形成工作合力,共同解决处理好残疾人信访反映的实际困难以及跨地区、跨部门、跨行业的突出信访问题。及时关注侵害残疾人权益的各类违法犯罪活动,进一步加大综合协调力度,沟通相关单位或部门予以督查督办、严厉打击,维护残疾人权益,维护社会和谐稳定大局。

（十）残疾预防

人口与发展是 21 世纪全球共同关注的重大问题，人口健康在国家可持续发展中占有相当重要的位置。在过去的半个世纪中，我国人口健康水平发生了举世瞩目的变化，但依然面临着较大的残疾人口规模和发生风险。如何采取有效的行动降低残疾的发生，不仅仅是一个医学问题，更是一个制约我国社会经济发展的重大社会问题。

1. 我国残疾预防工作已取得阶段性成就

自上世纪 80 年代初系统开展残疾人工作以来，党中央、国务院一直十分重视残疾预防工作。1988 年国务院批准实施残疾人事业五年工作纲要，把积极开展预防残疾作为残疾人事业发展的三项主要任务之一。

1990 年公布，2008 年修订的《残疾人保障法》强调，"国家有计划地开展残疾预防工作，加强对残疾预防工作的领导宣传，普及优生优育和预防残疾的知识，针对遗传、疾病、药物中毒、事故、灾害、环境污染和其他致残因素，制定法律、法规，组织和动员社会力量，采取措施，预防残疾的发生和发展"。

1996 年国务院批准实施的残疾人事业"九五"计划纲要，把"系统开展残疾预防，努力减少残疾发生"作为五年残疾人事业发展的工作总目标之一，并设专章提出五个方面的具体措施。

2001 年国务院批准实施的残疾人事业"十五"计划纲要，也将"开展降低出生缺陷的健康教育，建立健全出生缺陷干预体系"、"减少和控制残疾发生，提高人口素质"作为"十五"计划纲要的一项重要任务。

2002 年 7 月，为落实《国务院办公厅关于做好提高出生人口素质工作的意见》提出的目标和措施,积极响应2002年5月联合国儿童问题特别大会提出的持续降低婴儿死亡率的全球目标倡议,从根本上解决我国出生缺陷高发的状况,卫生部、中国残联制定《中国提高出生人口素质、减少出生缺陷和残疾行动计划(2002-2010年)》。这一行动计划对于提高认识,制定年度工作目标,有效防控出生缺陷和残疾的发生已经起到了重要作用。

2004年,卫生部、教育部、公安部、民政部、司法部、财政部、中国残联共同发布《关于进一步加强精神卫生工作的指导意见》。《意见》指出,加强精神卫生工作,做好精神疾病的防治,预防和减少各类不良心理行为问题的发生,对保障我国经济社会全面、协调和持续发展具有重要意义。

2006年,中国残联与卫生部组织制定了《全国防盲治盲规划(2006-2010年)》。规划确立了全国防盲治盲的指导思想和工作原则。要求各省(自治区、直辖市)根据本地的盲率及视力残疾现状、经济社会发展状况、人口密度及医疗条件等,因地制宜地开展防盲治盲活动,推进防盲治盲工作。

2007年,世界卫生组织在北京召开了"首届国际听力障碍预防与康复大会",发布了旨在推动全球"人人享有健康听力"的《北京宣言》,要求各国政府制订本国的耳聋预防和康复规划。为响应这一号召,进一步推进我国听力障碍预防与康复工作的深入开展,努力实现人人享有基本听力卫生保健和康复的目标,我国政府制定了《全国听力障碍预防与康复规划(2007-2015年)》。规划确立了全国听力障碍预防与康复的指导思想、工作方针、规划目标、主要措施和考核与评估机制。

2007年,国务院批准实施的残疾人事业"十一五"发展纲要,提出要"开展残疾预防,减少残疾发生"的工作目标并继续组织实施白内障复明手术,针对遗传、疾病、中毒、意外伤害、有害环境等主要致残因素,有重点地开展宣传教育,采取干预措施。

2008年,中央7号文件专设章节加强残疾预防工作,并明确指出要"建立综合性、社会化预防和控制网络,形成信息准确、方法科学、管理完善、监控有效的残疾预防机制。广泛开展以社区为基础、以一级预防为重点的三级预防工作。强化安全生产、劳动保护和交通安全等措施,有效控制残疾的发生和发展"。意见成为制定并实施国家残疾预防行动计划,指导当前和今后一个时期残疾预防工作的纲领性文件。

2010年10月,中共中央第十七届五中全会《关于制定国民经济和社会发展第十二个五年规划的建议》指出"支持残疾人事业发展,健全残疾人服务体系";"加强公共卫生服务体系建设,扩大国家基本公共卫生服务项目,积极防治重大传染病、慢性病、职业病、地方病和精神疾病";"加大环境保护力度,以解决饮用水不安全和空气、土壤污染等损害群众健康的突出环境问题为重点,有效控制城市大气、噪声污染"。对建立完善残疾人服务体系和有效开展残疾预防的具体措施进一步提出明确要求。

经过近20多年来的努力,在党中央、国务院的高度重视下,随着我国经济发展、社会进步、医疗卫生水平的提高和残疾人事业的快速发展,残疾预防工作取得了显著成就。通过优生优育、计划免疫、补碘、新生儿出生缺陷干预等有效措施,脊髓灰质炎、营养不良后遗症和药物致聋等传统致残因素得到控制,有效地预防了部分残疾发生;仅"十一五"期间,全国就有424万盲人通过白内障复明手术重见光明;通过开展肢体残疾矫治手术、精神病综合康复防治、聋儿语训等重点康复工程,900多万残疾人得到不同程度的康复,减少减轻了数百万例残疾的发生和发展。同时,我们初步探索出适合国情的残疾预防工作模式和经验。

——初步形成了政府负责,有关部门和团体履行职责,社会参与的残疾预防工作体系。

——制定相关法律法规和政策,依法依规推动残疾预防工作;

——摸清情况,制定工作方案,有计划推动残疾预防工作;

——组织实施残疾预防重点工程,降低重点领域残疾风险;

——普及预防知识，增强公众预防意识；

应该清醒地看到，随着我国老龄化、工业化、信息化和城镇化的快速发展，社会进步，人民生活水平不断提高。同时，新的致残因素也在明显增加，如快速增长的慢性病和老年病致残、骨关节疾患致残、各种毒性物质致残、精神因素致残、交通等意外事故致残等，这些致残风险对人民群众的健康构成新的挑战。

2. 加强残疾预防已成为国际社会的共识和行动

鉴于残疾预防工作的重要性以及对社会经济发展的重大影响，残疾预防日益成为国际社会的共识和行动目标。

1976年，世界卫生组织指出，单有残疾康复是很不够的，必须重视未残先防。为此，提出关于残疾的一级预防、二级预防和三级预防概念，指出残疾预防要多部门（如卫生、教育等）联合采取措施。

1981年，多个国家的科学家、医生和政府官员齐集英国利兹堡举行国际残疾预防会议，分析和探讨了全球残疾预防问题，发表了著名的《利兹堡宣言》，明确论述了残疾的可预防性，呼吁制定预防残疾行动纲领，作为当年联合国"国际残疾人年"后续工作的一个必要内容。同年，世界卫生组织专家委员会认真研究残疾的预防和康复问题，发表专题技术报告，着重分析了发展中国家三级预防（康复）问题和工业发达国家残疾预防的特殊问题。

1982年，联合国在提出的《残疾人十年工作的全球行动纲领》中把残疾预防与康复相提并论，分别列为一项大目标，同时提出残疾预防的三大策略：①采取综合措施，②因时因地及时制订有效的计划，③早期干预与系统的三级预防相结合。在"残疾人十年"运动开始后不久，联合国发展总署、世界卫生组织和联合国儿童基金会发起成立"国际消除可预防性残疾行动委员会"，在一些发展中国家如印度尼西亚、菲律宾等国帮助实施社区卫生计划，提出从早期确诊、治疗和康复，提供可负担得起的手术，提高孕产妇和婴幼儿的存活率，免疫接种，消除营养不良，提供清洁用水等7个方面预防残疾的发生。

1992年，在日内瓦国际卫生大会上，世界卫生组织系统总结了80年代世界范围内残疾预防的成绩，强调把残疾预防作为人类的一项基本保健权利，大会还提出残疾预防的重点在一级和二级预防，要求各国保健和康复计划围绕残疾预防这个中心，协调行动，紧密合作，以争取残疾预防更大的成绩。随着以社区为基础的残疾康复计划在全世界的推广，以及残疾的概念和模式的转变，把残疾康复纳入到初级卫生保健服务中。消除歧视，改善社会环境，提供残疾人平等的权利和机会已经成为新世纪以来残疾预防和康复的重点。

2002年，联合国亚太经济社会委员会开始在亚太地区开展"亚太残疾人十年（2003－2012）计划"，并在当年通过了"为亚洲及太平洋残疾人努力缔造一个包容，无障碍和以权力为本的社会"即著名的琵琶湖千年行动纲要。"纲要"要求各国政府为婴幼儿及其家庭提供早发现、早确诊和转诊服务，向残疾儿童的家庭提供资助和培训的早期干预服务；为残疾儿童提供同等受教育的机会。

2004年，世界卫生组织、国际劳工组织、联合国教科文组织指出，残疾的社会模式使人们越来越清楚地意识到阻挡人们参与的环境障碍是引起残疾的主要原因，建立和提供平等参与的社会环境，消除贫穷是预防残疾的重要内容。

2005年，世界卫生组织第58次会议通过决议，承诺加强残疾人的康复服务，支持以社区为基础的康复规划，提出要在2009年之前完成一份包括残疾预防、管理和康复的世界报告以指导这一领域的工作；同时要求各成员国政府提高各国人民对残疾预防问题重要性的认识，协调政府部门共同参与预防残疾活动，采取所有必要的措施来降低怀孕期和婴幼儿期造成残疾的危险因素。

世界卫生组织在2006－2011年残疾和康复行动计划中提出：让所有的残疾人都生活的有尊严，有平等的权利和机会。残疾和康复行动的主要任务涉及从残疾一级预防到残疾康复、改善致残环境等各方面内容；

2006年联合国通过《残疾人权利公约》，《公约》是联合国本世纪最大工程之一，是人类历史上第一部具有法律约束力的关于残疾人权利保护的国际文书。《公约》确认残疾是一个演变中的概念，残疾是伤残者和阻碍他们在与其他人平等的基础上充分和切实地参与社会的各种态度和环境障碍相互作用所产生的结果。公约敦促签约国应当组织、加强和推广综合性适应训练和康复服务和方案，尤其是在医疗卫生、就业、教育和社会服务方面。公约还提出：向残疾人提供残疾特需医疗卫生服务，包括酌情提供早期诊断和干预，并提供旨在尽量减轻残疾和预防残疾恶化的服务。

回顾过去30多年的国际残疾预防行动，可以清晰地看到，国际社会对残疾预防的认识不断提高，残疾预防的领域日益广泛。人们进一步认识到：

——残疾预防是提高一个国家竞争力的基础工作之一；

——残疾预防不仅是医疗卫生部门的事，也是政府多部门必须齐心协力，共同配合来完成的大事；

——残疾预防不仅仅在生物医学层面，而且在社会文化层面也有着重要的责任和义务；

——残疾预防必须扎根基层，面向社区，服务社群；

——残疾预防事关全体公民的生存、健康与发展，需要全社会的共同参与；

中华民族要自立于世界民族之林，必须把残疾预防工作放在提高综合国力、促进社会和谐的重要地位来安排和推动。

3. "十二五"时期我国残疾预防工作的重点

"十二五"时期，应重点做好以下几方面的工作：

一是积极开展中国残疾预防对策研究。2009年12月，在国家社科基金办的大力支持下，中国残联、北京大学联合承担并组织实施国家社科基金重大项目——《中国残疾预防对策研究》，目前课题已取得初步研究成果，数篇论文已公开发表或收入到会议的论文集中。这是做好残疾预防的基础性工作之一。项目集中了国内知名高校和机构优秀的残疾预防、社会学、心理学、康复医学等领域的专家学者，对我国当前的致残因素、预防对策、工作机制等进行深入的调查研究和论证，提出"十二五"期间以及今后更长时期我国残疾预防的对策。

二是执行《残疾人残疾分类和分级》国家标准。由中国残疾人联合会牵头，在1987年、2006年两次全国残疾人大样本抽样调查残疾评定标准的基础上，借鉴《国际功能、残疾和健康分类》标准，组织全国各领域医学专家历时数年制定的这一国家残疾分级和评定标准的制订和颁布执行，有利于残疾评定工作的标准化、制度化。

三是制定和实施《残疾预防和残疾人康复条例》。残疾预防并康复是改变、修复残疾人生命形态的根本途经，是残疾人权利实现的真实体现和实现参与共享的重要保障，也是各级政府履行公共服务职责的重要载体。残疾预防及残疾人康复工作是一个宏大的系统工程，需要国家统筹，建立起由政府残工委各相关部门组成的专门委员会，调动社会各方面力量共同推动。目前，由中国残联牵头，卫生部、国家计生委等多部委参与，组织国内知名专家学者正在抓紧起草《残疾预防和残疾人康复条例》，力争早日颁布实施。

四是制定和实施《无障碍环境建设条例》。残疾预防包括多方面的行动，如初级保健、产前产后的幼儿保健、营养教育、传染病免疫运动、防治地方病措施、执行安全条例、在不同环境中防止发生事故的方案，也包括改造工作场所以防止职业残疾和疾病，预防由于环境污染或武装冲突而造成的残疾。而无障碍环境建设是方便残疾人、老年人、伤病人、妇女、儿童等特殊群体和全社会成员出行、参与社会生活的重要条件。制定出台无障碍建设条例，对于预防由于外在环境等因素导致的残疾，具有十分重要的意义。

五是制定和实施国家残疾预防行动计划。中央 7 号文件明确指出，要"制定和实施国家残疾预防行动计划"，这是当前和今后一个时期减少和控制残疾发生、提高我国人口素质的客观需要，也是党中央、国务院在构建社会主义和谐社会、深入贯彻落实科学发展观过程中的重大战略部署，是当前和今后一个时期残疾人事业的重大任务之一。残疾预防是一项系统社会工程，为了保证所编制的国家残疾预防行动计划的科学性、有效性和可行性，必须有政府多部门的参与和协作。建立健全残疾预防法律法规，在制订和修订优生优育、安全生产、药品管理、交通管理、环境保护等相关法规时将残疾预防内容纳入其中。同时要组织开展残疾预防综合试点，选择残疾预防的若干重点领域对具体的预防策略、措施手段、部门分工、组织协调等内容进行深入细致的探索和总结，以完善国家残疾预防行动计划，并在试点成熟后，逐步推广至全国实施。

残疾，是社会发展进程中不可避免要付出的代价，积极的预防是控制和减少残疾的有效途径。

4. 工作目标和总体要求

我国残疾人口数量众多，给社会和家庭带来了较大的压力。第二次全国残疾人抽样调查数据显示，2006 年我国各类残疾人总数为 8296 万人，占全国人口总数的 6.34%，即平均每 16 个人中就有一名残疾人。全国有残疾人的家庭户共 7050 万户，占全家庭户总户数的 17.8%。加上人口快速老龄化、工业化和城镇化等因素，我国正处于残疾高发期，残疾人口还将持续增加。相关研究表明，我国残疾人每年增加约 200 万，2020 年以后每年将以 250 万人的速度快速增加，至 2050 年我国残疾人口将达到 1.68 亿，占全国总人口的 11%。如此庞大的残疾人口规模势必会对我国的医疗保障体系、公共卫生体系、社会保障体系等形成更加严峻的挑战。为此，必须在 2020 年前抓住我国重大战略机遇期，尤其是在"十二五"期间未雨绸缪,大力发展残疾预防事业,实施全国性的残疾预防行动,为我国经济社会可持续发展奠定坚实的基础。

残疾并不是注定要发生的,是可以预防和控制的,现代科学技术的发展为残疾预防和控制提供了强有力的技术支撑。世界卫生组织指出:利用现有的技术可以使至少50%的残疾得以控制或者使其延迟发生。近10年来,由于国际组织的发起和推动,各国政府日益重视,科技与卫生事业的进步,社会发展和人民生活水平的提高,无论在世界范围还是在中国,残疾预防工作都已取得很大成绩。

(1)**一些致残性传染病已经得到有效控制、消灭或接近消灭。**

致残性传染病如脊髓灰质炎、麻风病的有效控制、消灭,大大减少了此类传染病所致残疾。如我国在实行计划免疫后的9年中(1982-1990),与实行计划免疫前的9年相比,4种致残性疾病:脊髓灰质炎、麻疹、白喉、百日咳等的年平均患病人数减少了323万例,从而大大降低了相应残疾在儿童中的发生率。

(2)**作为致残因素的营养不良和微量元素缺乏,如维生素A、碘缺乏等,正在不断得到矫正。**

20世纪90年代,全世界大约一半的发展中国家采取直接分发维生素A胶囊、维生素A强化类食品等措施改善人口维生素A缺乏状况。1993-1998年,全世界每年分发大约10亿颗维生素A胶囊。据估计,1995年全世界大约只有1.2%学龄前儿童维生素A缺乏,到20世纪末临床性维生素A缺乏大约从10年前的3%下降到1.5%,下降了50%左右。维生素A水平的提高将有助于减少低视力和视力障碍的发生。

碘缺乏造成的儿童智力发育迟滞和智力残疾一直是营养干预的重点项目,目前全世界四分之三的发展中国家颁布了食用碘添加盐预防智力发育迟滞的法规。我国早在20世纪70年代末就开始通过食盐加碘防治碘缺乏病,经过近20年的推广和努力,2002年全国监测结果显示我国碘添加盐的覆盖率达到 95.2%，总体人群和婴幼儿尿碘水平处于适宜状态。2003 年世界卫生组织已把我国评估为碘营养适宜国家，通过全民实用碘盐这种经济有效的干预方法，大大减少和预防了我国智力残疾的发生。

（3）妇幼卫生和优生优育工作的加强使先天性残疾预防取得了一定的成效，通过对出生缺陷的干预，减少了先天性残疾的发生。

以我国出生缺陷发生率最高的山西省为例，该省每万名新生儿中有出生缺陷的高达 190 名。其中，万名新生婴儿中有 200 至 400 名缺陷婴儿的县区有 39 个，有 400 名以上缺陷婴儿的县区有 13 个。2001 年，国家把该省和顺、中阳、平遥、平定 4 县市列为"人口出生缺陷干预工程"试点，山西省在出生缺陷发生率较高的 31 个县，同时开展人口出生缺陷干预工作。通过努力，山西省"人口出生缺陷干预工程"初见成效，统计结果显示，2004 年平遥县出生缺陷率由 2003 年的 190.26/万降到 102.38/万，和顺县出生缺陷率由 427/万下降到 297/万。我国其他地区开展的"人口出生缺陷干预工程"取得了不错的效果。

（4）开展康复医疗，加强残疾的二级预防和三级预防工作，减少了残疾和残障的发生。

为了实现残疾人平等参与社会的权利，我国从 1988 年开始开展白内障复明、低视力康复、聋儿康复和精神病防治康复等一系列康复活动和项目。通过 15 年来各部门的配合和努力，我国一共有 1280 万左右的残疾人得到不同程度的康复。1991 年，我国开始社区康复的试点工作，以社区和家庭为重点，广泛开展康复训练。

大量残疾预防工作的结果表明，我国现有的残疾预防政策和措施是有效的，残疾的发生和发展是可以控制的。但是，这些预防措施大多数限于个别领域，仍然缺乏国家残疾预防对策的系统研究，没有形成残疾预防工作整体的方针和政策；已开展的残疾预防成果及经验没有及时进行总结和推广，没有形成成熟的残疾预防模式；

城乡之间、不同地区之间的残疾预防工作存在着巨大的差异;用于残疾预防的资源总量不足。我国的残疾预防工作还需要进一步整合,加强残疾预防已经成为"十二五"时期残疾人工作的一个战略重点,实施全国性的残疾预防行动势在必行、刻不容缓。

残疾预防的目的就是要控制致残危险因素,避免或减少残疾的发生,并阻止或延迟残疾的进一步发展。"十二五"时期残疾预防的主要任务是,制定和实施国家残疾预防行动计划,建立综合性、社会化预防和控制网络,形成信息准确、方法科学、管理完善、资源共享、监控有效的残疾预防机制;实施一批重点残疾预防工程,有效控制残疾的发生和发展。

5. 制定和实施国家残疾预防行动计划

残疾预防是一项系统社会工程,必须要有系统、周密的残疾预防规划以及相应的政策支持。

第一,要制定全国残疾预防长远规划,合理制定不同时期残疾预防的策略和目标。从国家计划的高度上统筹全国性重大残疾预防工作,并在各级政府社会发展规划中纳入残疾预防相关内容,这是残疾预防的首要对策。

第二,还要制定和实施切实可行的残疾预防行动计划,增强现有政策的可操作性,以保证国家残疾预防策略和目标的实现。在目前各类残疾预防措施的专题研究和实践的基础上,系统总结经验教训,形成整体的国家残疾预防对策和行动计划,以指导残疾预防工作的顺利进行。

第三,要积极推动政府各相关部门参与和协作残疾预防工作。残疾预防工作涉及卫生、计生、安监、教育、残联等部门和单位,必须在国务院残工委的领导下,积极推动多部门的参与协作,全面构建残疾预防的支持政策,建立中央与地方财政合理分担机制,给予财政经费保障;切实保证各类残疾预防政策的落实。如除制定国家级的残疾预防行动计划外,相关部门在制定和修订有关优生优育、安全生产、药品管理、交通管理、安全生产、环境保护等相关法规和政策文件时,还应将残疾预防相关内容纳入其中,促进国家残疾预防行动计划政策措施进一步具体化,保证达到政策目标。

第四,良好的社会支持是残疾预防工作成功必不可少的保障。要充分发挥慈善机构、民间团体、志愿者等个人及非政府组织在残疾预防工作中的积极作用,营造支持残疾预防工作的社会环境。

第五,积极总结和推广已有的残疾预防模式和成果,将成功经验整合到国家残疾预防体系中;要加强以循证为基础的残疾预防对策研究,进一步总结和研究科学、经济、有效的残疾预防措施。开展残疾预防体系建设试点项目,形成以社区为基础、以一级预防为重点的三级预防工作,健全政府统筹规划和协调,各有关部门和团体齐抓共管、各司其职、密切配合的残疾预防工作体系和工作机制。

6. 实施重点残疾预防工程

目前,全国各地对各类残疾的预防已经进行了较长时间的探索,对于一些特定类型的残疾,如出生缺陷、交通和职业意外伤害、听力残疾、视力残疾等的预防已经形成了有效可行的政策措施和方法,但大多还停留在一个个的"点"上,没有或没来得及深入总结,形成适宜的残疾预防模式并进行推广。此外,从残疾预防的角度看,残疾高危人群和残疾人作为一个整体实际上暴露在各种残疾风险的威胁之下,受多重致残危险因素的综合作用。而致残高危因素具有明显的年龄和职业特征,不同年龄和不同职业人群的残疾发生水平和致残原因都不尽相同。因此,对于不同的重点人群和不同的致残原因,应该实施有重点的优先干预策略,选择不同的干预重点和措施。"十二五"时期要针对危害面广和可预防的致残因素,实施一批重点预防工程。各地相关部门应积极总结残疾预防成果和经验,促进残疾预防模式的形成及及时推广,推动残疾预防工作的开展。

针对一般人群，应强化计划免疫和基本医疗卫生保健，大量减少传染病致残的发生。有效落实各项地方病防治措施，防止出现地方性克汀病新发病例、中毒氟骨症患者、大骨节病临床新发病例和急性、亚急性克山病病例。规范临床药物使用管理，完善控制药物不良反应的措施和不良反应的报告制度，减少药物致残。

针对育龄人口，应重点通过遗传咨询和产前诊断等手段早期发现残疾，推广免费孕前优生健康检查试点，开展新生儿疾病筛查、诊断和治疗，逐步建立健全全国产前筛查诊断网络，做好孕产期保健和产前诊断，防止和减少先天性残疾人口的出生。

针对儿童，应重点预防跌落、意外伤害和传染性疾病致残，建立残疾儿童早发现、早报告、早治疗制度，有效控制孤独症、脑瘫、重度智力残疾等先天残疾的发生，有效控制先天性苯丙酮尿症和先天性甲状腺功能低下引起的儿童智力残疾的发生。

对高危职业人口来说，重点在于加强安全生产教育和个人防范意识，减少意外伤害和职业病损所带来的残疾。加强环境保护、安全生产、工伤预防、交通安全和防灾减灾工作，提高应急处理和医疗急救能力，控制、减少环境因素和事故致残。

对视力残疾，要加强初级眼保健工作，提高白内障手术能力，普及青少年视力检查和眼保健，减少白内障、糖尿病视网膜病变、低视力、儿童盲、屈光不正等导致的可避免盲。

针对老年人则要重点预防非传染性疾病和精神疾病致残。积极开展高血压、冠心病、脑血管疾病等慢性病的预防监测和治疗，倡导健康生活方式，减少慢性病致残。

精神残疾预防方面，要加强重点人群心理健康教育和心理危机干预，减少精神疾病及其导致的残疾和自杀的发生，提高人民群众的心理健康水平。

7. 宣传普及残疾预防知识

要有效地开展残疾预防工作,首先要提高政府相关部门和公众对残疾预防重要性的认识,要充分认识残疾预防知识的普及和预防意识的提高是最经济和最有效的预防措施;广泛宣传和普及残疾预防知识,普遍提高公众对残疾问题重要性的认识,形成"残疾预防是全社会共同责任"的共识,倡导全社会积极参与残疾预防工作。

组织好世界精神卫生日、全国爱耳日、爱眼日、预防出生缺陷日、防治碘缺乏病日等主题宣传教育活动;重点做好新婚夫妇、孕产期妇女、有害环境地区居民、交通和矿山行业职工、中小学生等重点人群的宣传教育工作;普及婚前卫生指导、孕前优生咨询和医学检查。

8. 法律法规和基础信息平台建设

开展全国性的残疾预防行动,必须有相应的配套政策作保障,加强残疾预防有关法律法规的建设,形成有力的政策法规体系和制度环境,有效组织和动员各种社会力量的参与,保证我国残疾预防工作的顺利进行。

推动全国性残疾预防机制的建立。执行残疾人残疾分类标准,实施残疾报告制度。加强信息收集,建立残疾预防的综合信息网络平台和数据库,建立健全我国的残疾预防监测和信息统计数据库,建立完善的残疾监测及残疾预防文献资料库,为致残因素监控、残疾预防研究和政策措施制定提供可靠的基础和依据。

推动科研单位和实际工作单位之间的合作,加强国家社科基金重大项目"中国残疾预防对策研究"的组织实施和成果转化应用工作,为制定和实施国家残疾预防行动计划提供理论和实证支持,科学有效地开展残疾预防工作。

五、服务能力建设

（一）残疾人组织与工作队伍建设

中国残疾人联合会是国家法律确认、国务院批准的由残疾人及其亲友和残疾人工作者组成的人民团体，是全国各类残疾人的统一组织，具有代表、服务、管理三种职能，即代表残疾人共同利益，维护残疾人合法权益；团结教育残疾人，为残疾人服务；履行法律赋予的职责，承担政府委托的任务，管理和发展残疾人事业。残疾人联合会是党和政府联系残疾人群众的桥梁和纽带，承担着发展残疾人事业、维护残疾人权益的光荣使命。中央7号文件明确规定，抓好残疾人专职、专业和志愿者队伍建设，就是要选好配强各级残联领导班子，将残联干部队伍建设纳入干部队伍和人才队伍建设整体规划，造就一支恪守"人道、廉洁、服务、奉献"职业道德的高素质残疾人工作干部队伍；要培育基层残疾人工作者队伍，提高为残疾人服务的能力；加快培养高素质残疾人事业专业技术人才；要进一步活跃各专门协会，切实发挥"代表、服务、维权"职能，真正实现"三个活跃"的目标；要广泛动员社会力量，发展壮大助残志愿者队伍，为广大有志愿服务需求的残疾人提供优质实效的志愿服务；要切实加强各级残联的建设，健全基层残疾人组织，解决好人员待遇问题，为残疾人工作提供有力的组织保障。

1. 主要任务

（1）完善残疾人组织体系，履行"代表、服务、管理"职能

加强残疾人组织建设，完善残疾人组织体系是残疾人事业加快发展的根本保障。残疾人联合会组织体系包括：各级残疾人联合会（含专门协会）和基层残疾人协会。各级残联履行"代表、服务、管理"职能，协助政府共同参与残疾人事业社会管理、监督和公共服务，依照法律和章程开展工作；基层残疾人协会密切联系残疾人，反映残疾人需求，为残疾人提供服务；各级专门协会根据各类残疾人特点开展活动。中央7号文件明确指出，要加强各级残联的建设；国办19号文件指出，要把残疾人组织建设纳入"两个体系"建设的总体目标和规划中。2009年在中央编办首次专函回复的前提下，由民政部、财政部、人力资源和社会保障部、中国残联4部门联合出台了《关于进一步加强和规范基层残疾人组织建设的意见》，对残联20多年来坚持不懈力抓的计划单列、乡镇理事长专职、基层残联机构、人员编制、工作经费等一系列政策给予了重申和明确，强调了加强和完善基层残疾人组织网络建设的重要性，重申了实现基层残疾人组织"机构健全规范、队伍稳定实干、服务功能完善"和形成"横向到边，纵向到底"的残疾人工作组织网络体系的目标；完善残疾人组织体系，还要进一步活跃各级专门协会，使残疾人在残疾人组织更加活跃，残疾人组织在基层更加活跃，残疾人和残疾人组织在社会更加活跃。

（2）加强基层残疾人组织建设和社区残疾人工作，提高为残疾人服务的能力

残疾人生活在基层，生活在社区，基层、社区是各项业务工作得以落到实处的平台，也是为残疾人提供服务的最直接载体。加强

基层残疾人组织建设和社区残疾人工作，是推进"两个体系"建设、夯实残疾人事业基础的必然要求，有利于密切与残疾人的血肉联系，做好各项服务，改善残疾人民生，推动残疾人事业发展。

党和政府历来重视基层残疾人组织建设。国务院批转的六个残疾人事业五年纲要都对基层残疾人组织建设工作提出了要求。国务院残工委于2005年下发了《关于进一步加强基层残疾人组织建设的意见》。中央7号文件明确要求："要加强各级残联的建设，健全基层残疾人组织，解决好人员待遇问题，为残疾人工作提供有力的组织保障。""农村基层组织要抓好残疾人工作落实"，"培育基层残疾人工作者队伍，提高为残疾人服务的能力"。《关于进一步加强和规范基层残疾人组织建设的意见》对加强基层残疾人组织建设作出了全面部署。经过多年努力，基层残疾人组织建设取得显著成效，截至2010年年底，全国31个省、市、自治区（西藏除外）都基本完成了"十一五"基层残疾人组织建设任务：2700个县（市、区）实现了规范化达标，达标率96.9%；40041个乡镇（街道）组建了残联，组建率98.7%；60万个村（社区）成立了残协，组建率达92.6%；乡镇（街道）、村（社区）选聘残疾人专职委员总计56万名，选聘率达87.5%。同时，基层残疾人组织建设也面临不少困难和问题，乡镇（街道）残联组织建设仍较薄弱，功能还不够完善，村（社区）残疾人组织仍不健全，不少地方缺乏工作经费，残疾人专职委员待遇比较低，基层残疾人工作者队伍素质和服务能力亟待提高。

随着社会主义市场经济的发展和城镇化进程的加快，城市社区在经济社会发展中的地位越来越重要，社区居民对社区服务的需求越来越多，要求越来越高。做好社区服务工作对提高居民生活质量、扩大就业、化解社会矛盾、促进和谐社会建设都具有重要意义。而广大残疾人生活在社区，社区是为残疾人提供服务最直接的工作层面，充分借助社区服务平台、积极整合社区资源、融入社区大局是实现残疾人合法权益、推进残疾人"两个体系"建设的关键所在，对于提高残疾人生产生活质量，推动残疾人事业的发展，加强社会主义精神文明建设，维护和谐稳定的大好局面，都具有十分重要的现实意义和长远意义。国家历来重视社区建设。自2000年12月中办、国办转发民政部《关于在全国推进城市社区建设的意见》以来，城乡社区建设就成了我国建设基层、管理基层、服务基层的重要手段和内容，国家先后出台了《"十一五"社区服务体系发展规划》、《城乡社区服务体系建设"十二五"规划》以及国务院《关于加强和改进社区服务工作的意见》和中办、国办《关于加强和改进城市社区居民委员会建设工作的意见》等一系列文件政策，城乡社区服务体系建设取得了明显成效。在这个过程中，中国残联积极致力于推动残疾人事业纳入城乡社区建设的工作大局，并先后与民政部等国家14个部门联合出台了《关于加强社区残疾人工作的意见》，国务院批转的残疾人事业"十五"计划纲要也包含了社区残疾人工作，与民政部联合印发了《社区残疾人工作"十五"实施方案》，与民政部联合召开了全国社区残疾人工作会议等。残疾人工作在社区建设中得到统一部署，同步发展，广大残疾人从中获得了实实在在的利益。

加强基层残疾人组织建设和社区残疾人工作，就是在加强基层和社区残疾人组织机构建设、队伍建设、教育培训等方面下工夫的同时，还得切实将涉及残疾人民生的康复医疗、教育就业、扶贫救济、社会保障、权益维护等工作落到实处；要坚持以政府为主导，社区为依托，有关部门密切配合，社会各界共同参与的社会化工作方式；要将社区残疾人工作纳入社区建设总体规划，融为一体、同步发展、共建共享；要建立以社区居民委员会为核心、社区残疾人组织为纽带、社区服务机构为基础的工作机制，促进残疾人平等参与社会生活；要将残疾人工作纳入国家正全面开展的城乡社区建设整体规划中，积极融入大局，有效整合资源，为残疾人"两个体系"建设和实现残疾人的福祉提供有利的条件，切实提高基层为残疾人服务的能力和水平。

（3）建设高素质的残疾人工作专职、专业和志愿者队伍

建设高素质的残疾人工作专职、专业和志愿者队伍，是发展残疾人事业，服务广大残疾人的重要保障。

"十一五"期间，中国残联按照残疾人事业发展需要，统筹兼顾，多措并举，在残疾人事业专业人才队伍建设上做了大量工作，取得了明显成效。一是以中央7号文件为指导，根据《国家中长期人才发展规划纲要（2010－2020年）》，结合我国残疾人事业人才队伍建设实际，制定了《中国残疾人事业中长期人才发展规划纲要（2011－2020年）》。二是残疾人事业人才队伍不断发展壮大，素质显著提高，人才结构不断优化。各类人才分布在管理、医疗、康复研究、临床护理、工程、翻译、新闻出版、信息管理、盲人医疗按摩、听力语言康复、特殊艺术、社会工作等十几个业务领域。截至2010年年底，全国残疾人事业人才队伍总量60多万人，其中全国残联系统在职人员9.4万人，基层残疾人专职委员56万人。

中国残联历来重视残疾人工作专职队伍建设，采取各种有力方式和手段不断提高其综合素质和专业化水平，努力打造一支高素质的专职残疾人工作者队伍。积极贯彻落实《中华人民共和国公务员法》，做好残联机关干部参照管理工作；适应残疾人事业发展需要，在编制较少的地区增加残疾人工作的人员编制；大力培育基层残疾人工作者队伍，提高为残疾人服务的能力；积极争取政策，拓宽残疾人干部进入公务员队伍的途径。

助残志愿者队伍是发展残疾人事业不可或缺的重要力量。中央7号文件、《残疾人保障法》和国务院批转的六个残疾人事业五年纲要都对志愿助残工作提出了明确要求；中央文明委《关于深入开展志愿服务活动的意见》将志愿助残服务纳入社会主义精神文明建设，统一部署，整体推进；中央文明办将志愿助残活动列为全国重点开展的志愿服务项目。2010年7月，中央文明办、

中国残联等八部门联合出台《关于加强志愿助残工作的意见》，中央文明办、民政部、中国残联召开全国志愿助残工作会议，对新时期志愿助残工作作出全面部署。2011年3月，中宣部、中央文明办召开"讲文明树新风"志愿服务活动视讯会议，将关爱残疾人志愿服务活动列入中央文明办志愿服务活动的重要内容。

20多年来，我国广泛开展了"手拉手红领巾助残"、"青年志愿者助残"、"全国助残日"、"文化助残"、"科技助残"、"法律助残"等多种形式的助残活动，扶残助残的社会氛围日益浓厚，志愿助残服务渗透到残疾人事业的各个领域，残疾人得到了实实在在的帮助。目前，全国已经形成了较为完善的志愿助残工作网络，建立县级助残志愿者联络总站2183个，乡镇（街道）联络站28034个，村（社区）联络点27.4万个，注册助残志愿者发展到530万人，社会各界人士与20多万残疾人通过"一助一"长期结对服务。北京残奥会、上海特奥会、上海世博会、广州亚残运会等大型活动的志愿助残服务得到了广泛赞誉，成为赛会和展会的亮点。目前志愿助残工作也面临一些困难和问题：志愿助残的社会环境有待进一步改善，长效机制尚未有效建立，服务能力和专业化水平还不够高，已有的工作与残疾人的迫切需求相比还存在较大差距。"十二五"期间，要进一步广泛动员社会力量，切实发展壮大助残志愿者队伍，积极致力于志愿服务长效机制的建立，为广大有志愿服务需求的残疾人提供更加优质实效的志愿服务；要针对残疾人的实际需求，不断丰富志愿服务内容，创新志愿服务形式；要广泛建立志愿者助残基地、服务站、联络站，进一步健全组织网络；要加强规范化管理，切实完善助残志愿者注册制度，建立助残志愿者培训制度，提高志愿服务能力；要积极建立志愿服务信息平台，切实做好志愿服务对接工作；要不断探索针对助残志愿者的表彰激励和监督机制，切实调动助残志愿者的积极性，维护其合法权益。

(4) 充分发挥残疾人专门协会作用

1988年中国残联成立之初,根据《中国残联章程》,按照残疾类别设立了中国盲人协会、中国聋人协会、中国肢残人协会、中国智力残疾人及亲友协会和中国精神残疾人及亲友协会等5个内设群众组织,统称专门协会。专门协会是在同级残联主席团领导下,按残疾类别设立的群众组织,是残联的主体协会和重要组成部分。其职能是"代表、服务、维权",主要任务是代表本类别残疾人的利益,密切与残疾人的联系,团结教育本类别残疾人,反映本类别残疾人的特殊愿望及需求,为本类别残疾人提供服务,维护本类别残疾人合法权益,争取社会帮助,开展群众性文化体育活动,参与国际交流与合作。充分发挥专门协会作用是加强残联组织代表性的必然要求,是密切与基层残疾人血肉联系的必然要求,是反映广大残疾人需求与愿望的必然要求,是残疾人事业不可或缺的重要组成部分。

目前,全国省级以下共建立各类残疾人专门协会15500个,全国的市级专门协会已建比例为99.6%,市辖区级专门协会已建比例为90.5%,县(含县级市)级专门协会已建比例为95.6%。经过20多年的发展,各专门协会履行"代表、服务、维权"职能,发挥桥梁、纽带作用,密切联系基层残疾人,广泛开展活动,扩大协会影响,争取各种力量关心、理解、支持残疾人工作,在宣传贯彻政策法规,反映残疾人需求与愿望、促进基层残疾人活跃等方面发挥了积极的作用,是残联机关联系基层残疾人的重要渠道之一。

但是,专门协会工作也存在着许多问题和不足:部分地方残联对专门协会工作重视程度不够,全国专门协会工作发展不平衡,专门协会组织建设不够健全、完善、规范;智协、精协工作相对薄弱,"经费、场地、人员"三落实问题没有得到有效解决,专门协会与残疾人社会组织的合作仍处于探索阶段。

2. 政策措施

(1) 进一步加强残联组织建设，完善各级残联机构设置，配备适应工作需要的人员编制。

加强与残疾人的血肉联系，切实履行职能；掌握残疾人社会保障和服务的基本情况和基础数据，积极向政府反映残疾人的特殊困难和需求；协助政府做好有关政策法规、规划的制定和行业管理工作。做好第二代残疾人证发放管理工作。

"十二五"期间，要紧紧围绕"两个体系"建设目标任务，进一步加强残联组织建设，完善各级残联机构设置，健全基层残疾人组织，尤其是要进一步巩固基层残疾人组织规范化建设成果，重点做好乡镇（街道）、村（社区）残疾人专职委员选聘和培训工作，以满足残疾人的多种服务需求；要配备适应工作需要的人员编制，解决好人员待遇问题，为残疾人工作提供有力的组织保障。

各级残联要在残疾人事业的发展中进一步密切与残疾人的血肉联系，宣传残疾人事业，动员社会理解、尊重、关心、帮助残疾人，支持残疾人事业；听取残疾人意见，反映残疾人需求，维护残疾人平等的公民权利，努力改善残疾人生产、生活状况；自觉接受广大残疾人的监督，防止形式主义和官僚主义；扩大残疾人对残疾人事业的参与面，充分发挥残疾人在残联组织和各项业务工作中的作用；依法维护残疾人合法权益，尊重残疾人的公民权利和人格尊严；把全心全意为残疾人服务作为一切工作的出发点和落脚点。

各级残联组织要掌握残疾人社会保障和服务的基本情况和基础数据，积极向政府反映残疾人的特殊困难和需求，协助政府做好有关政策法规、规划的制定和行业管理工作。我国有8300多万残疾人，直接影响2.6亿家庭人口。残疾人是一个数量众多、特性突出、特别困难的社会群体，是社会保障和公共服务的重点人群。改革开放以来，残疾人社会保障与服务状况得到了明显改善，但还存在着体系不完备、覆盖面较窄、城乡区域差别较大、投入不足、服务设施和专业人才队伍匮乏等问题，难以有效解决残疾人最关心、最直接、最现实的特殊困难和基本需求。各级残联是党和政府联系残疾人的桥梁和纽带，受政府委托，管理和发展残疾人事业，乡镇（街道）、社区（村）残疾人组织和残疾人协会专职委员要深入开展调查摸底工作，建立残疾人需求与保障档案，做好残疾人需求分析和转介服务，全面掌握各年龄段残疾人基本情况，社会保障状况，康复、教育、就业、维权、文体、无障碍等服务需求状况，调研工作要细致到位，数据要准确并及时更新，积极向党委和政府反映残疾人最关心、最直接、最现实的基本需求和特殊困难，争取得到保障和有效解决。要注重抓好典型，及时总结推广好的经验和做法，使残疾人状况在加快推进残疾人"两个体系"建设的每一项工作中得到切实改善，促进各项社会保障和服务措施的落实；要利用残疾人工作的专业知识和专业视角协助政府研究、制定、实施残疾人事业的法规、政策、计划和优惠残疾人的措施，更好地发展和管理残疾人事业。

残疾人证是残疾人残疾身份的唯一合法证明，是残疾人享受各项服务的重要凭证，是落实党和政府各项优惠政策的重要依据。残疾人证的发放对于采集残疾人基础信息、掌握残疾人实际困难与需求，开展残疾人劳动就业、社会保障、康复医疗、税收减免等各项工作具有不可替代的重要作用。第一代残疾人证自1995年统一制发以来，对保障残疾人合法权益和推进残疾人事业发展发挥了积极作用。但随着残疾人事业的发展进步，第一代残疾人证已不能很好地适应现实需要。因此，做好第二代残疾人证的核发管理工作，不仅是残疾人事业发展的迫切需要，也是我国建设和谐社会的内在要求。但由于受办证自愿、传统偏见、部分老年残疾人对自身残疾的不认可、残疾人证含金量总体不高、宣传不到位等因素的影响，第二代残疾人证办理比例总体不高。截至目前，已经办理第二代残疾人证近1880万，占全国8300万残疾人总数的22.7%。"十二五"期间，将采取上门服务、集中办证、减免贫困残疾人评残鉴定费用等各种行之有效的措施,进一步加大残疾人证发放工作力度,做到应发尽发;结合残疾人证的发放,进一步完善残疾人基础数据,为制定落实医疗、社保等各项优惠政策、开展残疾人社会保障和公共服务提供翔实、可靠、及时的基础信息,提高残疾人证管理水平和使用效应;进一步加大宣传力度,使残疾人证核发信息及相关优惠政策等尽可能传达到每一位残疾人;积极开展残疾人证核发的工作经验交流,使各地残联信息互通,取长补短,经验共享,共同推动残疾人证核发工作的开展。核发和管理残疾人证是一项政策性很强的工作,要严格按照残疾人证管理办法执行。对于有意愿办证又符合残疾标准的申请人必须予以办理。坚决杜绝办理不符合残疾标准的人情证,严防假冒伪造残疾人证。

(2)按照《关于进一步加强和规范基层残疾人组织建设的意见》的要求,在规划城乡基层组织建设的过程中,对基层残疾人组织给予积极指导和支持,进一步推进基层残疾人组织规范化建设。

建立健全乡镇(街道)、村(社区)残疾人组织,除分类指导地区外,农村基层残疾人组织实现全覆盖。加大基层残疾人组织的工作经费投入。着力培育基层残疾人工作者和残疾人专职委员队伍。加强残疾人专职委员培训工作,改善工作条件,妥善解决好其待遇问题,为基层残疾人工作提供组织和人才保障。

"十二五"期间,要按照《关于进一步加强和规范基层残疾人组织建设的意见》的要求,进一步加强基层残疾人组织建设,逐步实现"机构健全规范、队伍稳定实干、服务功能完善"的目标。

第一,将基层残疾人组织建设纳入城乡基层组织建设规划大局。在开展城乡社区建设和社会主义新农村建设中,要把基层残疾人工作纳入其中。在规划和部署城乡基层组织建设的过程中,要充分考虑残疾人和残疾人组织的特殊性,将基层残疾人组织建设纳入城乡基层组织建设规划大局,给予积极指导和支持,统筹安排,同步发

五、服务能力建设

展,有效发挥基层残疾人组织的作用。积极推动把基层残疾人组织建设纳入地方党委、政府和有关部门的目标考核体系,建立推进工作的长效机制。

第二,进一步推进基层残疾人组织规范化建设,城乡基层残疾人组织实现全覆盖。根据"机构健全规范、人员稳定实干、服务功能完善"的总体要求,建立健全乡镇(街道)、村(社区)残疾人组织,着力抓好农村基层残疾人组织建设,除分类指导地区外,所有的乡镇(街道)、村(社区)都要建立残疾人组织,选聘残疾人专职委员,城乡基层残疾人组织实现全覆盖。要按照《基层残疾人组织规范化建设验收标准》,在对县级残联的规格、编制、干部配备、制度设置、服务设施建设等方面作出规定的同时,要明确要求:乡镇(街道)残联设在编的理事长主持日常工作,要从主席团委员中至少选聘一名残疾人委员作为专职委员(专干)协助理事长开展工作;村(社区)要成立残协,要从残协委员中选聘一名残疾人委员作为专职委员协助村(社区)残协主席开展工作;乡镇(街道)残联、村(社区)残协要有为残疾人提供服务的完善服务机制和服务场所。各地要按照《标准》的要求,切实做好基层残疾人组织规范化建设。

第三,将基层残疾人组织的工作经费纳入当地财政预算,加大经费投入,逐步形成稳定的经费保障机制,为基层工作提供有力的经费保障。

第四,加强基层残疾人工作者队伍建设,着力培育基层残疾人工作者和残疾人专职委员队伍。要将基层残联干部队伍建设纳入当地干部队伍和人才队伍建设的整体规划,做好残疾人干部的选拔、培养和配备工作。残疾人专职委员队伍作为社会工作人才队伍的重要组成部分,要按照国家有关规定进行管理,列入基层社会管理和公共服务岗位。残疾人专职委员应按就地就近和公开、公平、公正的原则通过民主推选或公开招聘的形式选聘,坚持绩效考评和残疾人评价相结合的方式进行考核,实行能进能出的动态管理方式。各地可根据本地实际,积极推动将残疾人专职委员纳入公益性岗位就业,并按规定给予岗位补贴、社会保险补贴等。

第五,加强残疾人专职委员培训,改善工作条件,妥善解决好待遇问题。建立分级培训机制,加强以岗前培训、定期轮训为主的多种形式相结合的教育培训工作,努力提高残疾人专职委员队伍素质和服务能力。落实好残疾人专职委员待遇,按照费随事转的原则,妥善解决好残疾人专职委员的待遇问题,将专职委员的工作补贴或误工补贴经费、教育培训经费按规定纳入当地财政预算。将残疾人专职委员的选聘工作纳入再就业等工程,专职委员按规定纳入城乡社会保险和社会救助范畴。

(3) 将残疾人社会保障和服务纳入城乡社区建设规划和内容。

社区建设协调领导机构要吸收同级残联为成员,城乡社区居民委员会要充分发挥残疾人协会和残疾人专职委员的作用,整合社区资源开展残疾人康复、社保经办、就业服务、日间照料、文化体育、法律服务、无障碍等工作。

"十二五"期间,各级残联要以不断满足社区残疾人的物质、文化、生活需要为出发点,充分发挥政府、社区居委会、残疾人协会、驻社区单位、企业及居民个人在社区服务中的作用,整合社区资源,健全服务网络,创新服务方式,拓宽服务领域,强化服务功能;要将残疾人事业和"两个体系"建设纳入城乡社区建设整体规划,采取更为积极的态度,更加有力的举措,在社区开展就业服务、社会保障服务、救助服务、卫生和计划生育服务、文化服务、教育服务、体育服务、流动人口管理和服务、安全服务、志愿服务等公共服务过程中,将广大社区残疾人作为主要的服务对象,统筹安排,重点服务;要按照规范化建设标准积极建立完善社区残疾人组织,深入推进残疾人社区康复,不断活跃残疾人的文化体育生活;切实开展社区无障碍环境建设工作;残联要成为社区建设协调领导机构的成员单位,城乡社区居民委员会要充分发挥残疾人协会和残疾人专职委员的作用，在开展城乡社区建设和社会主义新农村建设的同时，要将基层残疾人组织建设纳入整体工作范畴给予指导和支持等；要积极整合社区就业和残疾人大学生就业、残疾人专职委员的选聘等工作，整合残疾人活动场所与社区服务设施；要在社区服务、便民利民服务中积极融入有关残疾人的康复、社保经办、就业服务、日间照料、文化体育、法律服务、无障碍等内容，切实为残疾人提供服务；要将残疾人作为城乡社区志愿服务的主要对象，并积极提供全面、准确的残疾人志愿服务需求信息；要在社区民主建设的过程中，切实尊重每个残疾人的民主权利；要积极参与国家有关农村社区建设实验工作及农村社区建设规划和具体实施，为残疾人"两个体系"建设在农村得以有效落实争取更多的资源，搭建更有效的工作平台。

（4）活跃专门协会工作，切实发挥"代表、服务、维权"职能，加强对民间残疾人组织的联系、指导和支持。

"十二五"期间，各级残联要重视、支持专门协会工作发展，县级以上残联全部建立残疾人专门协会，省、设区市残联建立残疾人专门协会活动场所，进一步加强专门协会规范化建设。对涉及各类别残疾人的专项工作，残联相关业务部门要与专门协会进行沟通，扩大专门协会参与面。

第一，逐步解决专门协会"经费、场地、人员"三落实问题。省级（含计划单列市、副省级城市）残联要全部建立专门协会工作办公室，配备专职工作人员；省级以下残联要创造条件逐步建立专门协会工作办公室。省级（含计划单列市、副省级城市）残联要配备驻会盲人理事、聋人理事，兼任本类别专门协会的主席或副主席；逐步配备智力残疾人和精神残疾人亲属作为理事会的专（兼）职理事。省级以下残联要积极创造条件解决残疾人及亲属任专（兼）职理事问题。

年度专门协会工作经费由专门协会工作办公室或组联部门统筹

协调，纳入同级残联经费预算。与就业有关的，可从就业保障金中支出。其余经费可通过企业赞助、社会募捐等多种渠道解决。具体要求是：东部地区省级残联每个协会年工作经费不少于8万元，中部地区不少于4万元，西部地区不少于2万元；全国地（市）级残联每个专门协会年工作经费不少于1万元，区（县）级不少于0.5万元；专门协会工作办公室要有一定的工作经费。

省及设区市残联建立残疾人专门协会活动场所，各级残联为专门协会开展活动、学习培训、沟通交流提供方便，并提供计算机网络、书籍借阅、轮椅等服务项目。

第二，全国县级以上残联全部建立盲人协会、聋人协会、肢残人协会、智力残疾人及亲友协会、精神残疾人及亲友协会，要求名称规范、五类齐全，选配有能力、有意愿、有威望的主席班子。

第三，第24次全国残联工作会议中国残联执行理事会工作报告指出：要把社会残疾人组织看成与我们同根生的手足、了解诉求的触角、服务体系的延伸、来自基层的声音，是我们天然的社会基础。目前，这些组织不少还在困难中求生存，提供了许多残疾人需要的服务，我们应该给予力所能及的帮助，包括经费和人力。

为此，各级残联要重视、支持残疾人社会组织的发展，探讨合作共赢、协同发展之路。要进一步加大与残疾人社会组织的联系沟通力度，注意掌握残疾人社会组织概况，倾听残疾人社会组织的呼声，支持、帮助残疾人社会组织发展。

（5）加强残联干部队伍建设，将残联干部队伍建设纳入干部队伍和人才队伍建设整体规划，加大培养、使用和交流力度。

选好配强各级残联领导班子。做好残疾人干部的选拔、培养和使用工作，省级残联配备盲人、聋人专职理事，逐步配备智力、精神残疾人亲属理事。建立完善优秀残疾人人才库。深入开展残疾人工作者"人道、廉洁、服务、奉献"的职业道德教育，加大设区市、县级残联干部培训力度。进一步发挥各级残联代表大会代表的作用。

五、服务能力建设

"十二五"期间，中国残联党组、理事会将全面贯彻落实中央《2010－2020年深化干部人事制度改革规划纲要》，以改革创新精神着力推进全会干部人事制度改革，把为残疾人事业选调优秀人才、提高干部的整体素质和工作能力，作为组织人事制度改革的出发点和落脚点。各级人事部门要认真贯彻落实《党政领导干部选拔任用条例》和《公务员法》及其配套法规，继续推进事业单位人事制度改革和聘用制度实施，指导事业单位实施岗位设置工作。在干部选拔中，继续坚持德才兼备、以德为先的用人标准，注重干部的思想品德修养。不断扩大选人用人民主，进一步完善民主推荐、民主测评方法，拓宽民主渠道，更广泛地了解民意，增强民主推荐、民主测评的科学性和真实性。从实际出发，进一步增强干部工作的透明度和公开性。完善公开选拔、竞争上岗等办法，改进考试和测评工作，努力提高选人用人的公信度和群众的满意度。2010年开始对直属单位干部选拔任用工作开展"一报告两评议"。进一步建立健全干部管理机制，加强对领导干部的管理和监督，定期或不定期地对领导班子进行考核和民主测评。2010年开始对机关副处级以上干部和直属单位班子成员开展个人事项报告工作，并建立专档管理。认真贯彻落实中共中央办公厅《2010－2020年干部教育培训改革纲要》要求，抓好大规模干部教育培训。落实中国残联新一轮大规模培训干部五年规划，对不同层次干部开展分类培训，每年举办2－3期中国残联领导干部培训班，举办新任职领导干部培训和青年干部培训，做好局级领导干部自主选学工作的组织、服务和管理工作。进一步创新干部培训工作机制、培训内容和培训方法，增强培训工作的针对性和实效性，着力提高领导班子和领导干部推动发展、促进和谐的能力。建立和完善干部教育培训激励机制，充分调动各单位、各部门开展教育培训工作的积极性，加强对各类培训的检查指导，制定培训方案，精心组织实施。继续加大培养选拔优秀年轻干部力度，重点加强年轻干部党性修养和实践锻炼。做好援藏、援疆以及挂职锻炼干部的选派和考核工作。坚持做好培养选拔女干部、少数民族干部和党外干部工作。继续加大干部交流力度,坚持交流与培养使用相结合。机关内部、机关与事业单位之间、中残联与地方残联之间要采取干部交流、挂职锻炼等方式,促进干部成长。选送部分正科级或处级干部到地方残联或扶贫县挂职锻炼;从地方残联选送若干名处级以上干部到中国残联挂职锻炼。

各级党委组织部门要高度重视残联的领导班子建设,选拔有爱心、有责任感、能力强的干部到残联任职,选好、配强班子;按照《党政领导干部选拔任用条例》规定,加大残联干部交流力度,将残联干部纳入干部交流总体规划,做到进得来、出得去;要充分考虑残疾人工作的特殊性和实际困难,切实关心爱护残联干部;残疾人工作干部队伍的培训纳入当地党政领导干部教育培训和人才队伍建设整体规划,统筹安排,并结合残疾人事业特点,设置相应培训内容,提高残疾人工作者的综合素质和工作能力。

加强残疾人工作者职业道德建设是建设一支适应残疾人事业发展需要的高水平工作者队伍的要求。残疾人工作者要恪守"人道、廉洁、服务、奉献"的职业道德,做人道主义的传播者和践行者;要遵纪守法,清正廉洁;要全心全意为残疾人服务,维护残疾人合法权益;要热爱残疾人事业,乐于奉献,对残疾人有爱心、真心和实心。制定实施《全国残联系统干部教育培训规划(2011－2015年)》,规范和加大残联干部培训工作。

残联是集残疾人自身代表、公益服务和事业管理为一体的各类残疾人的统一组织。残联的性质决定了必须要培养残疾人从事残疾人工作,选拔优秀残疾人干部担任残联领导职务。由于历史的原因,各级残联组建初期,干部队伍中残疾人数量较少,随着残疾人事业的发展和残疾人自身素质的不断提高,涌现出一大批受教育程度高、基本素质好的优秀残疾人,越来越多的残疾人希望并且有能力参与残疾人工作,投身残疾人事业。这为选拔、培养残疾人充实残疾人工作者队伍提供了更加有利的条件。"十二五"期间,各级残联要进一步加大优秀残疾人干部选拔配备工作力度,增强残联组织的代表性，要按照中央组织部《关于选拔残疾人干部充实地方残疾人联合会领导班子和干部队伍的报告》（组通字〔2002〕38号）的精神，切实做好各级残联残疾人干部配备工作，各省、市、自治区和各副省级城市残联领导班子中，必须配备1名残疾人理事长和副理事长，理事会中要有聋人、盲人、肢体残疾人理事，并逐步配备智力、精神残疾人亲属理事。省、市、县残联机关干部队伍中，都要有一定数量的残疾人干部，其中省级残联机关干部队伍中，残疾人干部比例达到15%以上。

代表大会制度是残疾人联合会的一项根本性的组织制度。各级残联代表大会代表是各级残联代表大会活动的主体，肩负着发展残疾人事业的重要职责和使命。在2007-2008年地方残联换届工作中，共选举产生了各级残联代表大会代表20余万人，其中包括残疾人和残疾人亲友、残疾人工作者、政府有关部门负责人和社会各界人士，残疾人和残疾人亲友占三分之二。这些代表具有较高的综合素质和较强的参政议政能力，热爱和关注残疾人事业；具有广泛的代表性，大部分来自基层，与广大残疾人联系密切，关心残疾人疾苦，了解残疾人急需解决的实际困难；认真学习党和国家发展残疾人事业的方针政策，了解相关法律法规和残联业务工作，是各级残联日常联系残疾人的桥梁和纽带。进一步发挥各级残联代表大会代表的作用，对于坚持和完善残联代表大会制度，推进民主建设，加强民主监督，增强残联代表性，密切残联与残疾人的血肉联系，激发代表参与残疾人事业的积极性、主动性，提高各级残联的服务和创新能力，具有十分重要和深远的意义。要提高认识，强化措施，使代表作用的发挥制度化、常态化。中国残联党组成员联系若干残疾人代表的规定坚持多年，明确规定要求省级残联班子建立联系残疾人代表制度，尝试建立代表轮值制度或常任制度，进一步发挥各级残联代表大会代表作用。

采取切实措施，建好、管好、用好残疾人人才库。省级人才库要保证库存人才数量不低于120人，市级人才库要保证库存人才数量不低于 30 人，县级人才库要保证库存人才数量不低于 10 人。要真正把各级残疾人人才库的建设和完善与培养、配备各级各类残疾人干部、表彰优秀残疾人代表、推进残疾人参政议政等工作密切联系起来，纳入整体工作规划，在经费、设备、人员等方面给予支持，以保证各级残疾人人才库的建立和完善，充分发挥其效能。

（6）实施《中国残疾人事业中长期人才发展规划纲要（2011－2020 年）》。

加快培养残疾人社会保障和服务等专业人才队伍。建立完善人才保障和激励机制，按照国家有关规定落实对为残疾人服务工作人员的工资待遇倾斜政策。

当前和今后一个时期，中国残疾人事业人才队伍建设将按照"广纳贤才、提升素质、优化结构、注重使用"的指导方针，到 2020 年，中国残疾人事业人才发展将实现以下总体目标：①人才资源总量稳步增长。到 2020 年，全国残疾人事业人才队伍总量要达到 80 万人，其中全国残联系统在职人员 10 万人，基层残疾人专职委员 70 万人。②人才层次明显提升。培养造就一批具有国内、国际领先水平的残疾人各专业领域领军人才及高水平团队，高层次专业人才和重点领域急需紧缺专门人才基本满足需要，人才竞争比较优势明显增强。③残疾人工作者思想政治和职业道德水平不断提高，专业理论与知识不断丰富，社会化工作方法不断完善，业务工作能力不断增强，综合素质不断提升。④人才使用效能明显提高。各类人才在代表残疾人利益、维护残疾人权益、管理残疾人事务、为残疾人提供专业化服务等方面的作用得到充分发挥。⑤人才发展环境不断改善。我国残疾人事业人才队伍建设体制机制更加健全，人才的培养开发、选拔使用、优化配置、合理流动、激励保障等方面的制度不断完善。同时统筹推进各类人才队伍建设。

残疾人社会保障和服务等专业人才培养工程主要包括：

康复人才培养工程

五、服务能力建设

发展目标：到2020年，我国残疾人康复工作人才队伍专兼职总量由30万人增加到50万人，其中高级职称专业技术人才达到3万人。继续实施康复人才培养"百千万工程"，培养康复机构学科带头人约5000名，培养高学历人才9000名，培养康复专业技术人员21万名，培养社区康复协调员30万名。

主要举措：加大高精尖人才的培养和引进力度，抓紧培养急需研发人才和紧缺技术人才。依托国内外高水平院校、知名公益组织和培训机构，加大对各类康复人才的培养力度。组织实施残疾人康复人才综合素质提升工程。加强康复人才发展统筹规划和分类指导。了解掌握社区康复协调员总量和工作情况，进一步规范社区康复协调员继续教育培训内容。

听力语言康复人才培养工程

发展目标：到2020年，我国听力语言康复人才队伍总量由1万人增加到2.1万人，其中高级专业技术人才达到2100名，学历层次和综合素质普遍提高。

主要举措：以省级学科带头人培养为重点，积极开展国家和地方两级培训、高校合作办学和进修学习。依托高校开设康复教育学、听力学、言语语言病理学等专业，逐步完善学科体系。完善和依托国家、区域、省级三级继续教育培训基地，开展实用技术短期培训，年培训量达6000人次。完善小儿听力师、听觉言语康复师、学前康复教师、言语矫治师职业标准，推进行业资质培训、认证制度建设，完善职业准入与考评制度。编写听力语言康复专业教材，组建国家听力语言康复师资培训团队，开发全国培训和继续教育数字化网络系统。

就业服务人才队伍培养工程

发展目标：到2020年，全国残疾人就业服务机构工作人员实现持证上岗，其中高级职业指导师达到20%、中级达到50%、初级达到30%，着力培养残疾人职业指导管理型人才，残疾人就业服务人才综合素质和能力水平明显提高。

主要举措：以培养高级职业指导人员为重点，大力开展职业资格培训。加强对基层（社区、乡镇）残疾人就业指导员培训，每年培训不少于1万人，积极推动街道（乡镇、社区）基层残疾人就业服务平台建设。各省至少建立1个残疾人就业服务规范化建设示范培训基地。定期组织国内外培训考察工作，积极开展国际交流。加强残疾人就业服务人才培养考核机制建设，制定考评考核规范，定期进行评估。

信息化建设人才工程

发展目标：到2020年，各省残联完成本级信息中心建设，计算机网络专业技术人员不少于4人，统计专业技术人员不少于1人，其中高层次管理人才达到40人，高级职称专业技术人才达到40人。各市县残联信息化建设逐步完善。

主要举措：培养和引进信息统计专业高端人才。加大对信息统计专业技术人员的培训力度。加强残疾人信息和无障碍技术研究，逐步形成学术交流开放平台。

残疾人特殊艺术人才培养工程

发展目标：到2020年，全国特殊艺术创作人才和艺术人才达到5000人。专业艺术指导人才达到300人，引进和培养特殊艺术创作人才50名，重点培养100名以上特殊艺术表演人才。

主要举措：建立健全特殊艺术人才的培养、引进和使用机制。运用全国残疾人艺术汇演和全国特殊教育院校艺术汇演等形式，搭建特殊艺术交流研讨平台。加大人才的培养力度和引进力度，重点引进高层次管理人才、创作人才，重点培养特殊艺术表演人才。建立健全特殊艺术表演人才发现、培养、选拔、使用、激励机制，探索建立符合市场机制的演员签约转会运行机制，建立特殊表演人才数据库。进一步建立健全各类残疾人艺术专门协会，鼓励开展对外交流。

残疾人体育人才培养工程

发展目标：到2020年，我国残疾人体育各类专业人才总量达到

7万人,其中顶尖运动员人数稳定在500人,高级教练100人,国际级裁判30人,国际分级师40人,专业反兴奋剂管理人员40人,残疾人社会体育指导员3万人。

主要举措:建立健全残疾人社会体育指导员培训制度和等级制度。逐步完善残疾人体育后备人才培养体系和国家队教练员管理体系,大力推进国家队复合团队建设。统筹推进残疾人体育专业技术人才职称和职业资格制度建设。与体育科研机构和高校建立长期合作机制,创新体育科研和保障人才培养模式。制定残疾人体育人才培养工作计划和教育培训指导大纲,建立国家和省级两级培训体系。以各级残疾人体育管理中心和学校为依托,建设残疾人体育人才继续教育和职业培训基地。加快推进全国体育院校的残疾人体育专业建设,寻求与国内外知名残疾人体育协会和培训机构建立稳定合作关系。

为确保残疾人事业人才队伍建设总体目标和各类具体目标的实现,"十二五"期间将采取如下重大政策。

人才投资优先保障政策

财政预算要优先保证对人才发展的投入。进一步加大人才发展资金投入力度,保障人才发展重大工程的实施。在重大建设和科研项目经费中,应安排一定比例的经费用于人才培养培训。根据本行业、本单位人才队伍建设的需要,设立人才发展基金。

人才合理流动政策

完善人才交流和挂职锻炼制度,打破人才身份、单位、部门和所有制限制,营造开放的用人环境。大力吸引海内外高层次人才。扩大人才交流任职范围。拓宽党政人才来源渠道,完善从企事业单位和社会组织选拔人才制度。

人才激励保障政策

进一步完善人才的激励机制。坚持精神激励和物质激励相结合。鼓励和支持用人单位针对人才的个性需求,从物质、精神、事业、感情等多方面,研究制定切实可行的激励措施,为各层次各类人才的发展创造条件。鼓励和支持科研人员在创新实践中成就事业并享有相应的社会地位和经济待遇。改善高精尖人才的生活条件，在经费、生活保障、福利待遇等方面予以优先解决。

建立和完善人才培养机制

进一步完善人才培养机制，遵循人才成长规律，兼顾当前需要与长远发展，逐步规范人才培养制度。加大在职人才继续教育的力度。不断拓宽管理人才培养渠道，定期选送优秀干部到国外进修学习，提高管理人才的综合管理能力。加大在职学历学费报销比例。重点加强高层次技术人才、社会人才培养机制的建设，既要从专业技术的角度，对创新能力、科学精神、梯队建设以及科研成果等方面进行科学的评价，又要从社会评价的角度，对其学术地位、学术声望、人文素质以及社会认可度等方面进行客观的评价。继续完善职称评聘制度，坚持个人申报、社会评价、单位聘任、政府调控的人才评价与使用的改革方向，实施评聘分开。

（7）将志愿助残工作纳入国家志愿服务总体规划，开展"志愿助残阳光行动"。

建立健全助残志愿者招募注册、评价激励、权益维护等机制，促进志愿助残服务的专业化、常态化、长效化。助残志愿者注册人数达到1000万。

"十二五"期间，要按照中宣部、中央文明办2011年召开的"讲文明树新风"志愿服务活动视讯会议精神，中央8部门《关于加强志愿助残工作的意见》和全国志愿助残工作会议的要求，切实做好志愿助残工作。

第一，将志愿助残工作纳入国家志愿服务总体规划。在全国志愿服务活动协调小组的统筹规划下，将志愿助残作为志愿服务工作的重要组成部分全面推进。各级党委、政府和有关部门要把为残疾人提供服务作为全面推广志愿服务的有效途径和平台，积极开展志愿助残服务。各地各部门要认真研究部署志愿助残工作，制定具体实施方案,切实抓好落实。把志愿助残工作与"创先争优"教育活动紧密结合,将志愿助残活动开展情况作为评选文明城市、文明村镇、文明单位的重要内容,纳入城市公共文明指标测评。

第二,开展"志愿助残阳光行动"。整合各类志愿助残服务资源,打造统一的"志愿助残阳光行动"服务品牌,以各部门志愿服务平台为依托,充分发挥各部门优势,广泛动员社会各界力量,共同为残疾人提供志愿服务。开展"党政领导干部志愿助残阳光行动"、"社区志愿助残阳光行动"、"青年志愿助残阳光行动"、"巾帼和家庭志愿助残阳光行动"、"法律志愿助残阳光行动"、"解放军、武警官兵志愿助残阳光行动"、"残疾人志愿服务阳光行动"等形式多样的活动。组织好"志愿助残阳光行动"主题日和全国助残日活动。

第三,建立健全助残志愿者招募注册、服务对接、评价激励、权益维护等机制,促进志愿助残服务的专业化、常态化和长效化。

一是要建立健全招募注册机制。加大助残志愿者招募力度,利用社会志愿者注册系统等志愿者注册平台,对助残志愿者进行注册管理。

二是要建立健全服务对接机制。建立健全助残志愿者联络站(点),充分发挥其作用。助残志愿者联络站(点)要根据志愿者的服务意愿和能力特长,结合残疾人的特定需求,对志愿者进行残疾人业务基本知识和服务技能培训,为志愿者提供服务对象,积极做好志愿者与残疾人之间的对接工作,并建立完善残疾人需求信息、志愿者服务信息、服务对接资料等工作档案。

三是要建立健全评价激励机制。积极探索志愿助残服务的反馈、监督和评价模式,加强考核体系、评估体系建设。完善注册志愿者服务时间储蓄、互助服务、服务转换等制度,建立科学有效的激励机制。志愿服务组织根据本系统核发的志愿者证书上登记的助残服务时间,结合残联助残志愿者联络站(点)对志愿者服务表现的评定,按照星级认定制度进行考核认定。大力宣传志愿助残模范事迹,使志愿助残行动及时得到社会肯定,增强社会影响力和感召力。对作出突出成绩的单位和个人予以表彰,中央文明办、民政部、中国残联联合命名一批"全国志愿助残示范基地"和"全国志愿助残阳光使者"。

四是要建立健全权益维护机制。社会各界要尊重助残志愿者的劳动,尊重其人格、隐私等权利,依法维护助残志愿者和志愿服务组织的合法权益。志愿助残服务的组织者应当为志愿者从事志愿助残服务活动提供必要的生活、安全、卫生、医疗等条件和保障,帮助解决与服务活动相关的实际困难。志愿助残服务活动的组织者和志愿者一般应当避免安排和从事需要承担重大管理责任、经济责任或者具有较大人身伤害风险的服务活动。志愿助残服务活动的组织者可根据自身条件和实际需要,为志愿者办理相应的人身保险。

第四,广泛动员社会力量,发展壮大志愿者队伍,扩大志愿助残服务的覆盖面,使注册助残志愿者达到1000万人,受助残疾人达到1.5亿人次。

(8) 大力弘扬自强不息精神,鼓励和帮助残疾人参与社会生活,充分发挥残疾人在残疾人事业中的作用。

广泛开展自强活动,培育自强典型。召开第五次全国"自强与助残"表彰大会。

残疾人充分发扬自尊、自信、自强、自立等"四自"精神,积极融入社会,主动参与社会生活,共享社会经济文明发展结果,对于体现残疾人良好精神风貌、赢取社会认可和尊重、实现残疾人自身价值等具有重要意义。残疾人参与社会活动,需要社会的帮助,也需要残疾人自身的"四自"精神,即要求残疾人乐观进取,不懈奋斗,积极适应时代要求,不断提高自身素质,勇于参与社会生活和社会实践,激情投身经济建设和社会发展,与其他社会成员共同创造社会财富,共同分享社会发展成果。

近年来,随着残疾人事业的发展和残疾人自身素质的不断提高,我国涌现出了一大批受教育程度高、综合素质高的优秀残疾人,他们积极投身社会主义建设,积极参与国家政治生活和社会事务。目前全国有4100多名残疾人、残疾人亲属及残疾人工作者成为县级以上人大代表和政协委员,他们认真行使民主权利,积极参政议政,为经济社会发展和残疾人状况的改善作出了积极贡献。

同时,为激励残疾人"四自"精神,培育残疾人自强典型,感染和宣传社会,也为鼓励广大残疾人工作者爱岗敬业,恪守"人道、廉洁、服务、奉献"职业道德,多为残疾人办实事做好事,1991-2009年,国务院残工委和有关部门先后四次召开全国"自强与助残"表彰大会,隆重表彰了吴运铎、张海迪、王树明等587名残疾人自强模范,717个扶残助残先进集体和个人,333个残疾人之家以及127名全国残联系统先进工作者。这些自强模范和先进工作者在各个领域作出了突出的贡献,创造了感人的业绩,他们的事迹和奋斗精神在全社会引起巨大反响,在残疾人中产生强烈共鸣。

"十二五"期间,将开展第五次全国"自强与助残"表彰活动,表彰一批在"十二五"期间业绩突出、事迹感人的残疾人自强模范、扶残助残先进集体和个人、残疾人之家以及残联系统先进工作者,以切实激发广大残疾人立志图强的勇气和信心,培养扶残助残的良好社会风尚,丰富民族精神的内涵,提高全社会的道德水准,激发社会活力,推动社会文明进步,增进社会公平和谐和推动先进文化建设。还将表彰一批全国残疾人工作先进单位和先进个人,对在"十二五"期间残疾人工作成效显著、残疾人生产生活状况明显改善、残疾人事业发展长效机制逐步完善、残疾人社会保障体系和服务体系建设成绩突出的市(地、州、盟)、县(市、区、旗)及积极践行人道主义思想,恪守"人道、廉洁、服务、奉献"职业道德,爱岗敬业,求实创新,甘于奉献,全心全意为残疾人服务,工作成绩显著、贡献突出的残疾人工作先进个人予以表彰。

（二）法制建设

依法治国是我国治国的基本方略，建设社会主义法治国家是我国社会主义现代化的重要目标，加强残疾人事业法制建设是依法发展残疾人事业的重要前提和基本保障。"十一五"期间，残疾人事业法制建设取得显著成效，基本形成残疾人事业法律法规体系，《残疾人保障法》等保障残疾人权益的法律法规得到有效实施，普法宣传教育工作常抓不懈，残疾人依法维护自身权益的意识和能力明显提高。依据国家"十二五"规划纲要和残疾人事业发展的实际状况，"十二五"时期残疾人法制建设的主要任务是：进一步完善残疾人事业法律法规政策体系，加强普法宣传，提高全社会依法维护残疾人权益的意识，为残疾人社会保障体系和服务体系建设提供良好法制环境。

1. 立法工作

2011年3月10日，全国人民代表大会常务委员会委员长吴邦国在第十一届全国人民代表大会第四次会议上所作的《全国人民代表大会常务委员会工作报告》中指出，一个立足中国国情和实际、适应改革开放和社会主义现代化建设需要、集中体现党和人民意志的，以宪法为统帅，以宪法相关法、民法、商法等多个法律部门的法律为主干，由法律、行政法规、地方性法规等多个层次的法律规范构成的中国特色社会主义法律体系已经形成，标志着我国立法工作站在了一个新的历史起点上。

"十一五"期间，我国残疾人立法工作取得积极进展，残疾人事业法律法规体系基本形成。全国人大常委会完成了对《残疾人保障法》的修订，进一步明确政府职责，强化对残疾人的权利保障；《就业促进法》、《社会保险法》等法律明确规定保障残疾人权利的具体内容；批准我国加入联合国《残疾人权利公约》，并通过履约进一步促进我国残疾人事业的发展。国务院制定通过《残疾人就业条例》，相关部门启动了无障碍建设条例、残疾预防和残疾人康复条例的制定以及《残疾人教育条例》的修订工作；各地积极修订《残疾人保障法》实施办法，制定和修订保障残疾人权益的地方法规、规章和优惠扶助规定。我国基本形成了以宪法为依据，以刑事、民事、行政、社会等法律为基础，以《残疾人保障法》为核心，以《残疾人教育条例》、《残疾人就业条例》等行政法规和地方法规为配套，以扶助优惠残疾人的规定为补充的残疾人事业法律法规体系，为发展残疾人事业和维护残疾人权益奠定了良好法制基础。

"十二五"时期，我国将全面推进法制建设，坚持科学立法、民主立法，完善中国特色社会主义法律体系。"十二五"是完善残疾人事业法律法规体系的重要机遇期，根据我国立法工作的整体规划和残疾人事业发展的实际需求，要进一步加强残疾人立法工作，使残疾人事业的主要领域基本实现"有法可依"，为残疾人"两个体系"建设提供良好的法制环境。主要措施有：

一是在相关法律的制定、修订过程中注重对残疾人权益的保障。在精神卫生法、社会救助法等相关法律的制定和修订过程中，积极加强对残疾人现状与需求的调查研究，深入分析残疾人面临的困难和问题，及时提出保障残疾人权益的立法建议，促进相关法律纳入更多保障残疾人权益的内容。

二是基本完成《残疾人保障法》配套行政法规的制定工作。按照《残疾人保障法》和《残疾人权利公约》的基本原则和精神，加强与相关部门和单位的沟通协调，完成无障碍建设条例、残疾预防和残疾人康复条例的制定工作，完成《残疾人教育条例》的修订工作，促进我国无障碍建设、残疾预防、残疾人康复和残疾人教育工作取得新成效。适时研究制定其他配套行政法规的可行性。

三是加强对地方立法工作的指导。督促各地按照《残疾人保障法》和《残疾人权利公约》的基本原则和精神，结合本地经济社会发展和残疾人事业发展的实际情况，努力谋求突破和创新，完成《残疾人保障法》地方实施办法的修订工作。指导各地制定和修订残疾人优惠政策和扶助规定，使残疾人获得更多实实在在的利益。

四是尊重和保障残疾人在相关立法和残疾人事务中的知情权、参与权、表达权和监督权。在涉及残疾人的相关立法和重要事务中，残疾人和残疾人组织的作用不容忽视，也不可替代。相关部门应当及时通过多种形式向残疾人和残疾人组织通报相关信息，积极征询并充分尊重残疾人和残疾人组织的意见和建议。对于涉及残疾人利益的重大立法和政策制定，残疾人和残疾人组织享有监督的权利。

五是加强残疾人立法基础理论研究。积极解决残疾人立法基础理论研究薄弱问题，开展残疾人政治权利、民事权利、刑事责任减免等方面的研究，为相关立法提供依据，并积极与立法机构沟通协调，促进相关法律的制定和修订，保障残疾人权益。

2. 法律实施和监督工作

《残疾人保障法》的公布实施，标志着我国残疾人事业发展步入法制化轨道，残疾人权益保障开始进入一个全新的发展阶段。《残疾人保障法》实施20年来，我国逐步形成了党委领导、政府负责、综合协调的残疾人工作机制，法制建设、康复、教育、就业、社会保障、文化生活、无障碍建设等各项残疾人事业蓬勃发展，残疾人参与社会生活的环境和条件不断得到改善，生活水平和质量不断提高，我国残疾人事业发展在国际上赢得广泛赞誉。但是，残疾人事业法制建设中还存在许多困难和问题，如《残疾人保障法》中的一些规定在实践没有得到严格执行，侵害了残疾人的利益，损害了法律权威；需要通过进一步加强《残疾人保障法》的贯彻实施予以解决。

执法检查是各级人大及其常委会对法律实施情况进行检查监督的重要形式，也是各级人大及其常委会保证宪法和法律有效实施的

五、服务能力建设

重要手段和措施。执法视察是各级政协履行政治协商、民主监督、参政议政职能的有效方式,是人民政协开展的一项经常性工作。"十一五"期间,各级人大开展《残疾人保障法》等法律法规的执法检查、调研活动6000余次;各级政协开展执法视察、调研活动5000余次。通过这些执法检查、视察和调研活动,有力地推动了《残疾人保障法》的贯彻实施,有效促进了各级政府和社会各界依法做好各项残疾人工作,依法维护残疾人权益。

"十二五"期间,我国将全面落实依法治国基本方略,加强宪法和法律实施力度,维护社会主义法制的统一、尊严和权威。残疾人事业法制建设工作将从注重立法转向立法和法律实施监督并重,努力推进《残疾人保障法》等法律法规的各项规定得到有效执行,充分发挥《残疾人保障法》等法律法规对促进残疾人事业发展和保障残疾人权益的作用。主要措施有:

一是各级政府及相关部门要高度重视,采取有效措施,积极配合各级人大、政协开展执法检查、视察和调研活动,进一步加大《残疾人保障法》等法律法规的实施力度,以维护国家法律的权威与尊严,确保国家保障残疾人权益的措施落到实处。

二是着重解决一批法律法规实施中的重点、难点问题。如国家机关、国有企事业单位不按比例安排残疾人就业问题,集中安置残疾人就业企业专产专营问题,残疾人参加社会保险和享受社会保险待遇问题,残疾儿童接受义务教育问题等。要深入研究这些重点、难点问题的症结所在,积极制定解决方案,确保相关法律法规的有效实施。

三是积极开展立法后评估工作。积极配合各级人大、各级政府开展《残疾人保障法》等法律法规的立法后评估工作,总结推广《残疾人保障法》等法律法规实施中的经验,对相关法律制度进行认真评估分析,提出进一步完善相关法律制度的意见和建议。

3. 法制宣传教育工作

普法宣传教育工作是提高残疾人、残疾人亲友和残疾人工作者法律意识和维权能力的有效途径和重要方式。"十一五"期间,根据残疾人事业发展的实际情况和残疾人对普法工作的需求,中国残联及时制定实施了《全国残疾人联合会系统法制宣传教育第五个五年规划》,各地也积极制定实施了本地区普法宣传教育"五年"规划。同时,努力把《残疾人保障法》的修订作为一次向社会宣传普及残疾人权益保障法律法规的有利时机,通过广播、电视、报刊、图书、网络等多种途径宣传保障残疾人权益的法律知识。《残疾人保障法》修订通过后,中宣部、司法部、中国残联、全国普法办联合印发《关于进一步加强〈中华人民共和国残疾人保障法〉普法宣传工作的通知》,司法部、中国残联、全国普法办联合举办《残疾人保障法》卫星远程普法讲座,各地通过举办学习讲座、培训班,召开座谈会、新闻通气会等多种形式加强对《残疾人保障法》的宣传,务求《残疾人保障法》普法宣传工作取得实效。各级政府和残联还利用奥运会、残奥会、全国助残日、全国法制宣传日、国际残疾人日等重大节日和活动契机,开展送法进街道、进社区、进特殊教育学校、进残疾人福利企业、进残疾人家庭等活动,提高残疾人依法维护自身权益的能力和社会各界依法维护残疾人权益的意识。五年来,各级残联共举办各种普法宣传教育活动近30000次,印制发放普法宣传材料近5000万份,举办各类普法宣传培训班1万余个,参加培训的人员达到150多万人。

"十二五"期间,我国将实施"六五"普法规划,深入开展法制宣传教育,树立社会主义法治理念,弘扬法治精神,形成人人学法守法的良好社会氛围。残联系统的普法宣传教育工作是亟待加强的一项工作。"十二五"期间,要加强领导,强化依法维护残疾人权益是政府责任、全社会义务的理念,采取灵活多样的形式,促进残疾人普法宣传教育见成效、残疾人法制教育培训工作上水平。主要措施有：

一是将《残疾人保障法》等与残疾人权益保障密切相关的法律法规纳入国家"六五"普法规划，及时制定实施残联系统"六五"普法规划。利用《残疾人保障法》实施20周年等契机，开展形式多样的普法宣传活动，注重发挥新媒介在普法教育工作中的重要作用，开展丰富多彩、全方位、多层次、多角度的普法宣传活动，进一步提高残疾人依法维护自身权益的能力和全社会依法维护残疾人权益的意识。

二是切实做好法制教育培训工作。将《残疾人保障法》等与残疾人权益保障密切相关的法律法规纳入各级政府的法制教育培训规划，进一步加强政府及各部门工作人员对残疾人事业的了解，提高其在实际工作中自觉维护残疾人权益的意识。制定残联系统工作人员法制教育培训的具体计划，逐级开展法制教育培训，提高各级残联工作人员依法维护残疾人权益的能力和水平。

三是注重普法宣传教育工作的实效。根据国家普法宣传教育工作的整体要求和残联系统普法宣传教育工作的实际，探索建立残联系统普法宣传教育工作的评估考核体系，切实提高残疾人对《残疾人保障法》等法律法规的知晓率，提升残疾人运用法律武器维护自身合法权益的能力。

（三）科技工作

科学技术是第一生产力，也是促进残疾人事业发展的助推器。残疾人科技工作的目的就是研发和利用科技成果，帮助残疾人弥补身体上的缺陷，改善其功能，提高他们"平等、参与、共享"的能力，使更多残疾人融入社会，实现自己的人生价值。

"十一五"期间，通过贯彻落实《国家中长期科学和技术发展规划纲要（2006-2020年）》精神，坚持"以残疾人为本"的理念，残疾人科技工作取得了历史性突破。2006年5月，中国残联与中国科学院联合开展《科技助残行动计划（2006-2015年）》，以帮助解决残疾人迫切需求为目标，通过科技创新和技术集成，组织实施一批重点科技攻关项目，研制系列高科技产品，直接服务于残疾人，让残疾人分享科技进步的成果，推动残疾人康复、教育、文化、辅助器具等领域的创新和发展。行动计划实施几年来，在中国残联和中国科学院的共同推动下，"科技助残"项目课题单位在多个领域进行了广泛、深入的合作，已经实施课题23个，参与单位达到23个之多。行动计划的开展不但研发了广大残疾人急需的"新型盲文印刷系统"、"便携导盲系统"、"抗感染导尿管"等成果，中国残联系统科技人才队伍也通过国家科技队伍的引领帮助，得到了进一步锻炼和加强。

2008年，中国残联第一次以项目组织单位的身份承担了科技部国家科技支撑计划重点项目——《中国残疾人信息无障碍关键技术支撑体系及示范应用》。该项目致力于残疾人信息无障碍共性关键技术、残疾人社会化信息服务平台支撑体系、残疾人管理与服务信息化创新模式等在内的残疾人信息无障碍建设的研究，积极推进残疾人信息无障碍技术的研发、推广与应用，旨在建设一个无障碍的和谐社会环境，实现残疾人与信息社会的和谐发展。项目包括残疾人信息无障碍核心服务支撑平台、残疾人信息无障碍服务关键技术及信息资源支撑、残疾人信息无障碍数字化交互关键技术及产品、残疾人信息无障碍综合业务应用服务示范、残疾人重大赛事与活动信息无障碍技术服务示范、残疾人信息无障碍社区服务示范等6个课题。项目实施期3年，总经费为14957万元，其中财政预算资金4957万元，自筹资金10000万元。中国残联组织23家单位、高等院校和企业，始终坚持以服务残疾人为宗旨，以科技创新为驱动力，不断推进信息无障碍事业创新发展，在信息无障碍核心关键技术、服务支撑平台、数字交互产品、信息资源建设等方面取得了一批重要的科技创新成果，并在2008年北京奥运会和残奥会、2008-2010年北京福祉博览会、2010年上海世博会、2010广州亚运会和亚残会等重大活动中开展了服务示范，取得了良好的社会效益，赢得广泛的关注和好评。

残疾人科技工作虽然取得了显著的成绩，但依然存在许多问题和不足，主要表现在：残疾人事业领域的科技创新和成果应用与广大残疾人的需求相比差距较大，科技项目管理机制还不够完善，科技队伍有待进一步加强，与国内外残疾人科技领域著名的高校和研究机构的合作还不够紧密，科研成果的转化机制还不够完善。

1. 主要任务

为贯彻落实科学发展观，尽快缩小残疾人事业与经济社会发展水平的差距，让残疾人分享改革开放的成果，提高参与社会的能力，残疾人事业"十二五"发展纲要提出的残疾人科技工作任务是：加强残疾人事业领域的科技创新和成果应用工作，为残疾人社会保障体系和服务体系提供技术支撑。这是历次残疾人事业五年纲要中第一次提出科技工作任务，充分体现了新时期中国残联对科技工作的重视和期待。

2. 主要政策措施

为实现"十二五"科技工作任务,把残疾人科技工作做得更好,需要采取以下措施:

(1) **实施科技项目,开展科技创新**

争取国家科技支撑计划、自然科学基金、社会科学基金等支持,发挥中国残疾人信息和无障碍技术研究中心作用,重点开展《残疾人康复服务平台研发及应用示范》项目,即以我国残疾人康复的紧迫需求为驱动,建立一个面向广大残疾人的康复服务平台;在此基础上重点开展面向康复机构的残疾人康复应用示范、面向社区与家庭的残疾人康复应用示范和残疾人康复档案服务应用示范三大应用示范,重点研发与推广各类与残疾人康复相关的产品与系统,并形成满足我国残疾人需求和自主创新的"政、产、学、研、用"相结合的科研成果转化机制,为"人人享有康复服务"目标的实现提供有力的科技支撑。目前,中国残联已正式向科技部报送了项目建议书。同时,积极配合中国科学院继续实施《科技助残行动计划》。

(2) **推广科技成果,服务残疾人群**

《中国残疾人信息无障碍关键技术支撑体系及示范应用》项目已经结题,《科技助残行动计划》项目中已有6个课题通过了验收。下一步,要发挥所有项目参与单位的优势,积极做好有关成果的转化工作,并在此基础上争取得到国家及社会各界持续性的支持,使有需求的残疾人能够尽早享受到科技成果带来的便利,将科技为残疾人服务落到实处。

(3) **建立科技项目库,夯实项目基础**

为更多地反映残疾人的科技需求,及时向国家有关部门申请科技项目,"十二五"期间,中国残联拟建立科技项目库,将符合条件的项目信息纳入其中,同时完善项目规划、立项和评估机制。

(4) **建立科学标准,完善技术体系**

鼓励和支持高等院校、科研结构和企事业单位研究残疾鉴定、康复、特殊教育、职业技能鉴定、辅助器具、信息化等领域的标准体系和技术体系,建立全国残联系统的标准化统一工作机制。

(5) **重视科技工作,开展科技活动**

各级残联要高度重视科技工作,有条件的地方应从满足广大残疾人的需求出发,组织社会各界力量或利用自有研发能力,通过科技创新和技术集成,组织实施一批重点科技项目,直接服务于残疾人及残疾人服务机构,因地制宜地开展残疾人科技工作。重点是推动残疾人康复、教育、文化、体育、辅助器具等领域的科技创新,实现科技成果为残疾人所用。同时,通过科技项目的实施,积极选择好合作企业,尤其是与那些更加关心关注残疾人事业发展的企业合作,培育一批以科技为先导的为残疾人服务的企业和产业品牌。

（四）信息化建设

全球已进入信息时代，信息化不仅提高了效率，更重要的是改变了人们的生产和生活方式，深刻影响着人类生活和经济社会的方方面面，已成为不可逆反的历史趋势。

加强残疾人事业信息化建设是实现残疾人事业现代化的重要手段，也是国家政务信息化建设的任务要求。"十一五"期间，残疾人事业信息化工作在残疾人人口基础数据库建设、政务网站建设、信息资源建设、信息化工作队伍建设等方面取得显著成效，信息化作为残疾人事业全面发展的重要战略举措，已经融入各项业务工作，发挥着重要的支撑作用。

1. 主要任务

党的"十七大"将信息化提到与工业化、城镇化、市场化、国际化同等重要甚至更为重要的位置，充分显示了党中央对信息化趋势的肯定和重视。"十二五"期间，必须抓住机遇，加强信息化建设工作，提高残疾人事业的信息化管理水平，构建便残、惠残的信息服务网络，实现残疾人事业信息化建设跨越式发展。主要任务是：以服务基层、面向残疾人为宗旨，完善残联信息化基础设施，全面推进重点业务领域信息化应用，实现与国家社会保障和公共服务管理信息平台资源共享，加强残联系统网站管理政务信息公开力度，加快中国残疾人服务网建设，积极推进网站信息无障碍建设，为残疾人社会保障体系和服务体系建设提供技术支撑。

2. 主要政策措施

（1）**依托国家电子政务外网，建设中国残联和省级残联两级动态、实时的数据采集、交换和管理平台。**

国家电子政务外网是我国电子政务的重要基础设施，2005年正式启动建设，经过"十一五"的努力，初步具备了承载部门业务应用的能力，一些部门和地方的业务应用已在政务外网上运行，并取得了明显成效。

"十一五"期间，各级残联依托互联网初步实现了系统内的互联互通和资源共享，除西部一些偏远区县外，全国绝大部分区县残联实现了网络覆盖。康复、教育领域及统计、残疾证办理等业务已实现网络版软件部署，各类业务系统用户上万人。但是，残疾人事业信息化基础设施整体还比较薄弱，地区发展水平还不平衡。"十二五"期间，将依托国家政务外网，统一规划网络互联规范，逐步推进"中央－省"二级信息网络在政务外网上的部署，形成纵向跨地区、横向跨部门的网络互联，建设完备、可靠的网路安全保障机制，为残疾人"两个体系"建设提供快速、安全、可靠的信息高速公路，解决信息安全性低、资源利用率低、信息共享和业务协同难等问题。

（2）**建设残疾人人口综合数据管理系统，实现与社会保障和公共服务管理信息平台数据交换和资源共享。**

"十二五"期间，信息化协同将成为残疾人"两个体系"建设与国家社会保障体系、公共服务体系之间最重要、最有效的工作模式。残疾人人口综合数据管理系统的主要任务是建设"残疾人人口综合数据库"，是在"十一五""残疾人人口基础数据管理系统"基础上，收集全国所有可探知的残疾人人口综合信息，主要包括残疾人在康复、教育、就业、扶贫、社会保障、残疾人证管理等方面的综合信息，加大残疾人人口基础数据采集的广度和深度，提高残疾人数据资源的共享程度,为残联系统、政府部门、涉残单位、残疾人和社会公众提供完整、准确的数据共享服务。

以国家构建覆盖城乡居民的就业和社会保障信息服务体系为契机,进一步建立残疾人人口综合数据与公安、社保、民政、卫生、扶贫等部门和单位数据的共享交换机制,使残疾人参加城镇基本医疗保险、城镇居民养老保险、新型农村合作医疗、新型农村养老保险、最低生活保障、扶贫、救助等制度时切实享受普惠加特惠的政策扶持,为政府宏观决策提供支持。

(3)开发、整合残疾人信息资源,利用中国残疾人服务网为残疾人提供无障碍的信息资源公共服务。

"十一五"期间,中国残联及省级残联网站建设基本完成,成为服务于社会和广大残疾人的电子政务信息平台,在新闻宣传、政务公开、信息服务等方面发挥了积极作用。为加强残疾人服务体系建设,针对残疾人的信息化服务和信息无障碍水平还比较欠缺的矛盾,2010年在科技部《中国残疾人信息无障碍关键技术支撑体系及示范应用》项目的支持下,建立了中国残疾人服务网,网址为www.cdpsn.org.cn。网站建设的目标是汇集各级残联、政府、社会各界有关残疾人的信息资源,打造一个强大的应用服务交互平台和统一权威的信息发布窗口,对持有残疾人证的用户开展多形式、个性化的网上信息服务。

"十二五"期间,要按照《中华人民共和国政府信息公开条例》的要求,继续加大残联网站政务信息公开力度,推进残联政务信息服务向基层延伸。不断加强完善网站管理和安全防护措施,健全网站评估体系和工作制度。利用统一搭建的残疾人事业信息资源管理系统,开展地方信息资源库建设试点工作,逐步开展涉残资源的开发利用。要通过吸引多元化投入,充分利用中国残疾人服务网这个平台,探索残疾人信息服务社会化模式,做好爱心捐赠、创业扶助、政策法规、辅助器具、远程教育、康复知识、就业指导、无障碍互动游戏、残疾人数字图书馆等栏目的内容建设和延伸服务,满足残疾人、政府部门和社会公众对信息的需求,产生更大的社会效益和经济效益。

各级残联要积极推进信息和交流无障碍建设,要将信息交流无障碍纳入信息化建设规划,继续推动政府公共服务部门网站无障碍技术服务与示范,提高全社会无障碍意识,改善残疾人公平获取信息环境。

(4) 继续完善基层残疾人事业信息化工作管理体系

"十一五"期间,各级残联信息化工作队伍建设取得长足发展。2010年中国残疾人事业统计资料显示,截至2010年底,全国共有22个省级残联设有信息化主管部门,省级残联信息技术专业人员127人;地市级残联共有信息技术专业人员587人;县级残联共有4687名干部从事信息统计工作。

信息化建设是一项涉及面广、技术和资金密集型的系统工程。为确保信息化工程发挥整体效应,各级残联党组、理事会要重视信息化工作,积极组建信息化建设工作机构,落实职能、编制,落实人员、经费,切实承担起信息化建设的具体职责。信息化工作领导小组要经常性地研究做好本地区本单位的信息化统筹和协调工作。信息化建设的成败关键取决于是否有一支敬业、奉献的高素质专业技术队伍,要加大各级残联信息化工作人员的专业技术培养和培训,对各级残联业务人员加强信息技术应用技能的普及培训,切实有效地提高残联系统人员计算机应用整体水平。

（五）基础设施建设

残疾人事业基础设施建设是健全残疾人服务体系的重要支撑和保障，是满足残疾人特殊性、多样性、类别化的服务需求的载体，是为残疾人提供康复、教育、就业、职业培训、托养、文化体育、法律等服务的重要场所。随着我国经济社会快速发展，国家对发展残疾人事业更加重视，残疾人参与社会的意识普遍增强，要求"平等、参与、共享"的愿望越发强烈，加快推进残疾人事业基础设施建设的紧迫性、必要性更加突出。

根据残疾人事业"十一五"发展纲要和中央 7 号文件提出的"针对残疾人特殊性、多样性、类别化的服务需求，建立健全以专业机构为骨干、社区为基础、家庭邻里为依托，以生活照料、医疗卫生、康复、社会保障、教育、就业、文化体育、维权为主要内容的残疾人服务体系"的要求，在各级政府的大力支持下，残疾人事业基础设施建设取得了明显成效，主要表现在：

（1）残疾人综合服务设施建设得到进一步发展，全国残疾人综合服务设施网络初步建立，为基层更好地开展残疾人基础性服务提供了基础条件。据 2010 年《中国残疾人事业统计年鉴》统计，截至 2010 年底，全国已竣工并投入使用的各级残疾人综合服务设施共计 2544 个。其中，省级综合服务设施 70 个，市级综合服务设施 308 个，县级综合服务设施 2166 个。

（2）为规范残疾人综合服务设施建设，在国家有关部委的支持下，中国残联作为主编部门，与中国建筑标准设计研究院组成编制组共同编写了《地方残疾人综合服务设施建设标准》，把残疾人综合服务设施业务用房界定为就业服务、职业培训、康复指导、文体活动、辅具供应、法律服务六类，并按照服务人群将市级城市和县级城市（或建制镇、区）的新建、改建、扩建设施分为两级四类，确定了相应的建筑标准。该标准从 2010 年 12 月 1 日开始实施。

（3）为贯彻落实残疾人"两个体系"建设的要求，各地积极开展残疾人专业康复和托养机构建设，取得初步成效。截至 2010 年底，全国已建成 380 个专业康复机构和 47 个托养机构。

残疾人事业基础设施建设虽然取得了较大的成绩，提高了基层为残疾人服务的能力，为构建残疾人服务体系打下了一定的基础，但起步晚、底子薄，存在的问题仍十分突出：一是供给和需求差距大，据 2010 年度中国残疾人状况监测数据统计，残疾人康复和托养服务覆盖率分别仅为 33% 和不足 1%；二是现有机构基础条件差、规模小、业务不完整，难以完全发挥作用；三是社会参与不够，现有民办机构生存困难。

1. 主要任务

为加强残疾人"两个体系"建设，残疾人事业"十二五"发展纲要提出的任务是：加强残疾人事业基础设施建设，完善布局，改善条件，增强服务能力。

全面实现更高水平的小康社会是国家提出的战略发展目标，为了按期完成这个目标，必须把握住"十二五"这个发展关键时期。残疾人事业是国家经济社会发展的重要组成部分，近年来，在各级政府和有关部门的大力支持下，虽然取得了可喜的成绩，但与经济社会发展水平相比还存在较大差距，加快残疾人事业发展是必然的选择，必须加强作为"硬件"的基础设施建设。具体任务如下：

（1）"十二五"期间，**力争使每个省、市、县都拥有一个残疾人综合服务设施，充分发挥基础性服务网络的优势。**

将残疾人综合服务设施建成为集就业服务、职业培训、康复指导、文体活动、辅具供应、法律服务为一体的综合服务平台，并承担对下级地方残疾人综合服务设施和社区、乡镇服务机构提供业务指导和专业人员培训等服务。为了促进残疾人事业的进一步发展,建立系统规范的残疾人基础性服务网络,地级城市和县级城市(或建制镇、区)残疾人综合服务设施需要在现有基础上,根据本地实际,按照《地方残疾人综合服务设施建设标准》进行新建、改建或扩建。

(2) **按照残疾人事业"两个体系"建设的要求,大部分地区要建设残疾人专业康复和托养机构,初步构建残疾人基础设施骨干框架,提升为残疾人服务的能力和水平,奠定残疾人服务体系坚实基础。**

为了贯彻落实中央 7 号文件和国办 19 号文件精神,推进残疾人专业康复和托养设施规范建设,提高为残疾人服务能力,促进和谐社会建设,中国残联已向国家发改委上报了《残疾人服务设施项目建设规划》,制定了《残疾人康复、托养设施建设指导意见》,旨在利用中央补助投资支持残疾人专业康复、托养设施建设。

残疾人专业康复设施是以康复医学为基础,运用医疗、工程、教育、职业、心理、社会等康复手段,对残疾人进行康复治疗和训练服务,提高或恢复其功能,使他们能够重返社会生活的场所,是残疾人康复的示范窗口和技术资源中心,包括康复中心、聋儿康复中心和辅助器具中心。三级康复机构是有机的整体,上级康复机构具有指导下级机构的职能,三级机构之间还应有双向转介服务功能。

残疾人专业托养设施是残疾人托养的示范窗口和技术资源中心,其基本任务包括:为智力、精神和其他重度残疾人提供日间基本生活照料服务,开展日常生活技能训练,培养并提高生活自理能力;有针对性地进行劳动功能康复训练;组织残疾人进行职业技能培训与教育,帮助残疾人获取职业资格,提升就业能力;进行就业前适应性训练,帮助残疾人提高就业适应能力,增强就业信心;组织残疾人通过简单生产劳动,从事与残疾状况和职业能力相适应的工作,达到辅助性就业的目的。

2. 主要措施

(1) 加强领导,联合推进

各级政府要贯彻落实中央 7 号文件和国办 19 号文件精神,高度重视残疾人康复和托养事业的发展,把残疾人康复和托养工作列入重要议事日程,明确分管领导,将残疾人综合服务、康复、医疗卫生、教育、就业服务、托养、文化体育等基础设施建设纳入当地国民经济和社会发展规划。同时,建立以发展改革部门牵头,残联、民政、卫生、财政等部门参加的协调机制,落实划拨建设用地、建设资金等项目要素,有效推动基础设施建设。

(2) 科学规划,整合资源

各级残联要重视基础设施建设项目的规划工作,综合考虑当地残疾人的需求和财力状况,量力而行、合理规划。应充分考虑现有相关的医疗康复机构、社区服务机构、特殊教育机构、社会福利机构等资源,做到功能不重叠、相互有配合,逐步形成有机的整体。对于残疾人综合服务设施应建未建、规模未达标和无障碍设施不健全的地区,应结合当地实际情况,根据新出台的国家建设标准进行新建、扩建和改造,新扩建的综合服务设施可以与其他设施合并建设。

(3) 完善制度,创新机制

一是严格执行基本建设程序,完善基本建设制度,规范运作。二是加大对项目资金的监管力度,保证康复、托养和综合服务设施建设资金专款专用,防止资金被挤占挪用。三是根据住房和城乡建设部《关于下达 2010 年建设标准编制项目计划的通知》(建标〔2010〕180 号),中国残联已经组织专家进行调研和问卷调查,开展《残疾人康复机构建设标准》和《残疾人托养服务机构建设标准》的编制工作。在有关标准正式出台前,各地建设残疾人康复和托养设施时应按照《残疾人康复和托养设施建设指导意见》有关规定执行。四是理念创新,引入现代化管理方式,建立适宜而稳定的运行机制,包括建立公建公营、公建民营、民办公助等多种运营模式。

(4) 培养人才,建设队伍

人才队伍建设是残疾人专业康复和托养服务网络建设的重要条件。各级专业康复和托养机构要创造吸引人才、激励人才、人尽其才的良好发展环境,吸引更多的优秀人才投身残疾人事业。要充分利用现有机构,包括高等院校、国家级康复机构等资源,加强康复和托养专业人员的培养和培训,建立高水平的专业化队伍,提高为广大残疾人服务的能力和水平。同时,要加大对社区康复和托养工作者的培训,提高基层为残疾人服务的能力,增强为残疾人服务的意识和责任感。

(5) 完善政策,改善环境

一是逐步将残疾人及其康复纳入基本医疗保障体系。将残疾人纳入城镇职工基本医疗保险、城镇居民基本医疗保险和新型农村合作医疗范围,落实和完善残疾人医疗保障有关政府补贴的政策。逐步将符合规定的残疾人医疗康复项目纳入各类医疗保险报销范围,保障残疾人的医疗康复需求。二是加强宣传,营造氛围。各级政府要利用各种宣传工具,宣传残疾人现状、残疾人事业成就、残疾人自强不息的典型事迹,在全社会营造关注残疾人、支持残疾人、推动残疾人事业发展的良好氛围。三是通过积极完善财政、金融等政策,鼓励社会力量参与兴办残疾人服务业,建立有利于民间参与的投资机制,形成全社会共同建设残疾人康复和托养设施的格局。

（6）把握动态，夯实基础

国家在"十二五"期间将对残疾人康复和托养设施建设予以重点扶持，各地要把握机遇，扎实做好基础性工作。省级残联应督促所属市、县，认真填报残疾人基础设施台账，并定期将项目进展情况报送中国残联计财部，便于中国残联掌握项目的动态情况，及时向国家发改委申报中央补助资金，促进残疾人服务设施建设规划顺利实施。

（六）统计与监测

残疾人统计的任务是对残疾人事业的发展状况和残联系统的业务工作进行统计调查、统计分析、统计预测和统计监督。统计形式包括为收集残疾人工作情况及残疾人事业发展情况制发的各类定期、不定期报表和组织的各种专门调查、问卷调查以及运用计算机网络等技术开展的调查。从广义上来说，残疾人统计包括残疾人日常工作统计和残疾人专项统计调查。各级残联设置统计机构或明确统计主管部门并设专（兼）职统计人员，负责承担残疾人日常统计工作的开展。大型的残疾人专项统计调查工作，如全国残疾人抽样调查、全国残疾人状况监测等，通常成立或设置专门机构单独组织开展。

1. 统　　计

本部分所说的统计工作，主要是指以为收集残疾人工作情况及残疾人事业发展情况制发的各类定期、不定期报表为主的残疾人日常工作统计。

残疾人统计工作是残疾人事业和国家统计的重要组成部分，承担着全面反映残疾人事业发展状况，及时客观评测残疾人工作成效和问题的职责。伴随着残疾人事业的发展，各级政府和部门对残疾人统计工作更加重视，社会各界广泛关注统计数据，统计需求急剧扩大。与此同时，残疾人统计对象规模巨大、结构复杂、变化频繁，统计内容日益广泛、多样性显著增强，统计工作难度越来越大，要求越来越高，任务越来越艰巨。而残联系统的基层统计工作基础薄弱，统计能力和统计需求之间的矛盾比较突出，源头数据质量有待进一步提高。

(1) 主要任务

"十二五"期间，将继续加强和改进统计工作，充分发挥残疾人统计在宏观决策和残疾人工作管理中的基础性作用，提高统计能力和统计数据质量。具体任务如下：

第一，根据残疾人社会保障体系和服务体系建设的要求，健全和完善统计指标，制定残疾人事业统计数据标准。

统计制度和标准是统计工作的龙头，是科学统计的前提。残疾人工作涵盖残疾人的方方面面，社会化工作方式也使得残疾人统计工作涉及多部门、多领域，指标设计复杂。

"十一五"期间，残疾人统计为残疾人事业的发展提供了重要的依据和支持，但统计指标设置也存在不合理的问题：指标庞杂、核心指标不突出；指标之间不相配套；报表种类多、基层负担重等等；特别是部分残疾人业务领域缺少基础统计数据，与相关部门之间的信息资源没有得到有效整合。此外，目前全国没有建立统一规范的、可供相关部门和地区遵循的统计指标标准，各业务部门、地区自行统计的基础数据五花八门，缺乏科学性、逻辑性、平衡性。

改善现有残疾人统计指标体系，积极构建标准完备、指标完善、方法科学的统计工作体系，是"十二五"统计工作的重要任务，也是提高统计数据质量和公信力、为残疾人"两个体系"建设提供科学准确依据的基础性工作。

第二，加强统计能力建设，提高统计数据质量，推进统计信息化建设，提升残疾人事业统计工作水平。

随着残疾人事业的发展和逐步完善，残疾人统计工作任务、难度和复杂性不断增加。但是，当前的残疾人统计工作还存在一些突出矛盾和问题，难以适应残疾人事业发展的要求。

"十二五"期间，通过继续加强基层统计台账建设，提高残疾人统计源头数据的真实性、准确性，利用信息化手段加强业务和统计工作的有效管理，提高数据的报送审核效率和数据质量，提升残疾人统计工作的水平和效能,满足各级领导和业务部门实时掌握和管理基层业务工作进展的需要。

(2) 主要政策措施

第一,制定统计指标和标准,提高统计的科学性、适用性。

"十二五"期间,要改革过去统计工作指标体系"只做加法、不做减法",片面追求"五脏俱全"、面面俱到的设置模式,下决心删除过时、用处不大的指标,建立与残疾人事业发展相适应、科学简约的统计指标框架体系。强化综合协调,消除业务分割,避免重复交叉,节约统计成本,提高数据效率。围绕残疾人"两个体系"建设,统一规划设计,优化统计指标结构,合理控制统计指标数量,按照易于获得、便于理解和抗干扰性强的原则,构建科学、适用、简约的残疾人事业统计指标体系。

积极协调相关部门在其涉及残疾人的统计工作中设立残疾人相关基础指标,推进残疾人事业相关统计指标纳入我国社会保障和公共服务统计指标体系,逐步建立与涉残相关部门的数据交换和共享平台。

研究建立统一规范的残疾人统计口径标准体系,建立健全数据标准应用管理规范。协调解决与相关部门之间、各业务部门间统计之间、各地区或区域之间统计标准不统一的问题,加快统计标准体系建设和管理。

第二,加强统计基础建设,提高统计工作效能和数据质量。

基层统计台账是统计数据的基础和源头,统计基础不扎实,技术手段再先进,统计工作也难以实现科学发展,统计数据质量也难以真正提高。各地残联要加强统计基础建设,建立健全基层电子化业务台账,改善基层统计手段,提高工作效率,确保统计源头数据质量。把台账作为业务工作和统计工作考核的重要依据,促进基层统计工作的规范化、制度化,提高残疾人统计数据整体质量。在基层台账的基础上适时开展统计季报制度,提高残疾人统计数据的时效性和对业务工作管理的辅助支持作用。

统计数据的真实可信、准确完整是统计工作的生命线。各级残联业务部门要与综合统计部门通力协作、紧密配合，加强统计能力建设，以提高统计数据的准确性，提高统计工作的主动性和适应性，使统计数据真实反映业务开展情况，发挥统计在业务开展和工作管理上的服务、指导和监督作用，实现业务工作与统计工作的相互促进，更好更快地适应"十二五"残疾人事业发展对统计工作提出的新要求。

要充分发挥统计工作运用现代信息技术的优势，进一步加大现代信息技术在统计应用中的投入力度，充分利用现代信息技术武装各级统计机构和统计人员，以满足统计业务需要为目的，进一步强化统计信息化与统计工作的结合。建立健全一套涵盖报表、台账、数据报送、审核、发布等内容的残疾人事业统计系统，实现利用信息化手段加强业务和统计工作的有效管理。

建立统计数据质量控制体系，科学设置考核指标及目标值，完善数据审核评估规则，对数据的完整性、规范性、逻辑性、合理性、统一性进行审核，不定期对基层统计数据进行抽查。严把源头信息质量关，加强数据采集、处理、应用等各环节的质量监控。

第三，加强统计工作的集中统一管理。

要切实维护统计工作的统一性，强化统计工作的集中统一领导和管理，打破多头管理、重复交叉的业务统计实施模式，建立集中采集、统一处理的统计报表制度体系，统一布置和填报工作。严格执行国家和残联系统统一的统计标准、指标体系、统计方法和统计工作规程，尽量避免或减少临时增加调查项目，减轻基层工作负担。

提供优质高效的统计服务是统计工作的出发点和根本归宿。各级领导需要统计部门发挥参谋助手作用，政策研究和业务部门及社会公众也需要越来越多的统计信息服务。各级残联要规范统计数据的发布和使用管理，确保统计数据的统一性和权威性。要加强数据的分析与研究，提高数据的分析与服务水平，加强数据成果的利用，为领导和业务工作决策提供数据参考。通过定期或不定期的报刊、书籍、磁介质和网络等形式,及时广泛发布相关统计资料,更好地为各级党政领导、残疾人工作人员和社会各界提供统计信息服务。

第四,推进统计工作队伍建设和发展。

队伍建设是统计工作的核心问题。统计工作任务繁重而艰巨,要完成这些任务,关键是加强统计基础建设和统计队伍建设。统计队伍建设不仅包括统计主管部门和统计人员,也包括各级残联统计工作主管领导和各部门业务工作人员。努力钻研残疾人业务工作,学习统计知识,提高自身业务素质和工作能力,是"十二五"残疾人事业对各级统计人员与业务工作人员的基本要求。各级统计人员和业务工作人员的业务素质和工作水平要适应残疾人工作的需要,相互之间通力协作、紧密配合,保证统计数据真正反映业务工作发展,实现统计在业务开展和工作管理上的服务、指导和监督职能,从而实现残疾人业务工作与统计工作的相互促进。

各级残联要结合自身实际,按要求合理设置统计岗位,配备和培养统计人员,为他们提供和创造良好的工作条件,提供统计专业知识进修及培训的机会,重视稳定统计队伍;要切实加强对基层残联业务部门和统计部门的业务与统计培训,重点放在残疾人业务培训、统计业务培训、统计分析和信息化能力培训等方面,着重提高计算机、网络、数据库等现代信息技术的运用能力。

各级残联要高度重视统计工作,加强统计管理,积极支持统计部门开展工作,建立统计工作规章制度,将统计工作纳入业务相关人员的考核范围;要改善基层统计工作条件,保障基层统计业务经费,加强基层以统计信息化为重点的基础建设,提高基层统计工作水平,完善基层统计工作机制,夯实统计数据采集基础,加快推进基层统计工作的制度化和标准化。

2. 监　　测

1987 年我国开展了第一次全国残疾人抽样调查，随后中国残联建立，《残疾人保障法》颁布实施，残疾人事业有了一个大的发展。2006 年开展第二次全国残疾人抽样调查，并将调查结果向社会发布。党中央、国务院要求在抽样调查基础上掌握残疾人状况，研究制定政策措施，进一步促进残疾人事业发展。

第二次全国残疾人抽样调查之后，鉴于未来十几年是我国全面建设更高水平小康社会的关键时期，经济社会快速发展，残疾人各方面状况也会发生变化，而大规模残疾人调查周期长、花费大，不可能经常性开展，为及时、准确、全面地掌握残疾人状况的变化情况，为相关政策、规划及业务工作的调整、评估提供依据，中国残联、国家统计局、民政部、卫生部决定利用第二次全国残疾人抽样调查的资源，建立全国残疾人状况监测系统，开展年度监测工作。

全国残疾人状况监测在 31 个省、市、自治区开展，在第二次全国残疾人抽样调查的 734 个县级样本中各抽选一个调查小区作为国家级监测样本单位，对该小区已定性的全部残疾人及其家庭状况进行监测。经专家研究讨论，确定国家级监测样本约 2.4 万残疾人，涉及 2.1 万户残疾人家庭。残疾人城乡比例和残疾人构成与第二次全国残疾人抽样调查相同。监测内容依据残疾人小康指标体系和第二次全国残疾人抽样调查的主要指标确定，包括残疾人生存、发展和环境状况，涉及残疾人生活、康复、教育、就业、社区服务、无障碍环境、法律服务等方面的内容，问卷有 100 多个指标。

自 2007 年开展年度监测工作以来，年度全国残疾人状况及小康进程监测报告均向社会公开发布，中央电视台、新华社、《人民日报》等新闻媒体予以公开报道，并收录于年度《中国社会形势分析与预测》社会蓝皮书。监测报告为国家有关残疾人政策法规的制定提供了数据支撑，并为进一步分析预测残疾人状况变化与发展趋势，评估残疾人事业"十二五"发展纲要执行情况，制定并完善相关政策提供了可靠依据。同时，监测工作也是对国家有关社会发展与人口调查统计体系的重要补充，是促进残疾人实现小康、共享发展成果、共建和谐社会的长期性、基础性工作。

（1）**主要任务**

中央7号文件明确提出了缩小残疾人生活状况与平均水平的差距，实现残疾人事业与经济社会协调发展，努力使残疾人同全国人民一道向着更高水平的小康社会迈进的目标，同时明确要求"加强残疾人状况的调查、统计、监测"。残疾人事业"十二五"发展纲要提出的监测工作的主要任务是：加强统计和监测，掌握残疾人基本状况和基础数据，及时跟踪残疾人事业有关工作的进展情况和取得的成效。

（2）**主要措施**

第一，充分认识监测工作的重要性，做好年度监测工作。

欲知残情冷暖事，监测到户进万家。是否有鲜活可信的数字说话，是否察实情、说实话、出实招、办实事，衡量一个地方残疾人工作是否扎实的重要内容。残疾人状况监测作为残疾人事业的一项基础性工作具有不可替代的重要作用，要继续加强领导，总结经验，改进工作，完善激励机制，确保监测工作的顺利进行。

第二，稳定工作队伍，落实保障条件。

监测工作的内容包括监测员省级培训、监测对象名录核对、底册编制、现场入户、填写问卷，以及对问卷编码审核等一系列环环相扣的程序性、技术性工作。做好这项工作，不但要有求真、务实的态度，而且要求有科学、严谨的业务素质，各种基本保障条件必不可少。各地残联必须做到人员、经费、各项保障"三落实"。

第三，提高数据质量，加强分析利用。

监测数据质量是监测的生命线，确保监测数据质量是监测工作的核心。残疾人状况监测工作已进行了4年,取得了丰富的残疾人及其家庭的数据,对制定相关政策、指导残疾人工作起到了重要的作用。但是,随着监测工作的进行,也出现了样本老化、低年龄组残疾人空缺、外来和新生人口中的残疾人未进入监测范围等问题,影响了监测资料的完整性和监测数据的代表性,因此,亟须对调查样本进行轮换和适当调整补充。2011年度残疾人监测样本的调整补充、工作模式和程序都与第二次全国残疾人抽样调查大体相同,是一次小型残疾人口抽样调查。要认真做好2011年度新一轮全国残疾人状况监测,确保"十二五"监测样本数量和监测工作质量。统计部门要积极支持监测工作,给予必要的业务指导;民政部门配合做好入户监测工作;卫生部门对有关残疾预防、康复医疗等指标的监测和分析给予指导。

残疾人"两个体系"建设是"十二五"残疾人事业发展的最重要的任务目标,全国残疾人状况监测工作是实施保障与提供服务的前提和基础,监测指标要适时增加"两个体系"的有关重要指标。通过监测,动态掌握残疾人小康实现情况,及时掌握"十二五"残疾人事业发展过程中的新情况、新问题,并根据监测数据对"两个体系"建设成效作出评估。同时,定期向社会发布监测报告,实现信息共享。

在确保年度监测工作的同时,要积极筹备第三次全国残疾人抽样调查,推进残疾人监测、抽样调查的制度化、规范化。

（七）理论与实践研究

中央 7 号文件提出要"重视残疾人事业政策理论研究"，国办发 19 号同样要求"加强残疾人社会保障和服务政策理论研究"。加强残疾人事业理论与实践研究是加快推进残疾人"两个体系"建设，使残疾人与全国人民一道迈向更高水平小康社会的基础性工作，是促进残疾人事业与时俱进，又好又快地发展的必然要求。

残疾人事业理论与实践研究工作要坚持以科学发展观为指导，进一步弘扬人道主义思想，把服务决策、推进事业作为研究的根本目标，把破解难题作为研究的主攻方向，把指导实践作为研究的最终归宿。理论研究和业务工作相辅相成，相互渗透，对实践有重大的指导作用。

1. 我国残疾人事业理论与实践研究取得丰硕成果

改革开放以来，残疾人事业理论与实践研究伴随着残疾人事业的发展，弘扬中华优秀传统文化和人道主义思想，紧密结合残疾人工作实际，初步形成了有自身特点的理论体系，有力推动了残疾人事业的发展，也丰富了中国特色社会主义的理论。具体表现在以下几个方面：

（1）"发扬人道主义精神，发展残疾人事业"写进党的"十七大"报告和十六届六中全会决定，人道主义作为社会的重要基础思想已经确立。改革开放初期，我国残疾人事业突破思想界理论界的禁区，大力宣传弘扬人道主义精神，为残疾人事业崛起和发展奠定了思想基础。朴方同志身体力行，大力倡导并努力践行人道主义，带领千千万万残疾人和残疾人工作者，探索并走出了一条中国特色残疾人事业的发展道路。他深刻指出，人道主义是人类共同的精神财富，应该在马列主义思想范畴之内，是社会主义社会的基础思想之一,是中国残疾人事业的一面旗帜。1999年3月,记录着邓朴方同志从1983年到1998年15年间有关人道主义、残疾人问题和残疾人事业重要论述的《人道主义的呼唤》一卷本出版,标志着"平等、参与、共享"为核心的现代文明社会残疾人观的初步形成。2006年12月邓朴方同志《人道主义的呼唤》三卷本出版,成为人道主义实践的生动记录和残疾人工作者的思想指南,也是这一阶段最重要的理论成果。

(2)残疾人事业通过贯彻实施五个五年纲要,组织体系、业务体系、法律法规和政策体系逐步确立,为理论研究和政策创新打下了丰厚的实践基础。1991年《中华人民共和国残疾人保障法》的制定、颁布实施和2008年的修订,标志着残疾人事业开始走上依法推进的历史新阶段,是我国残疾人事业理论与实践研究与时俱进的生动体现。

(3)残疾人事业理论与实践研究在学术专业研究方面取得突破,残疾人事业发展研究机构陆续建立,研究队伍不断壮大,研究水平不断提高,理论研讨日益活跃。武汉、郑州、江苏、广东、广西、江西等地相继成立残疾人事业发展研究社会团体。中国残联同北京大学、中国人民大学、山东大学、吉林大学和南京大学合作,成立残疾人事业发展研究中心(基地)、研究。举办"残疾人事业发展论坛",启动全国残疾人状况监测工作,开展残疾人小康实现进程监测分析研究,一批残疾人事业理论与实践研究的著作、论文陆续出版和发表。这是残疾人事业理论与实践研究工作发挥专业研究机构和残疾人组织积极性,积聚人才和智力的机制创新和战略转型。

但是,制约残疾人事业理论与实践研究的瓶颈依然存在,残疾人事业理论研究与快速发展的残疾人事业和社会主义和谐社会建设的要求还存在差距,总体上滞后于实际工作。主要表现在:一是残疾人事业理论与实践研究尚未纳入国家社会科学、自然科学研究主流,国内高等院校、科研院所的专家学者对残疾人事业理论与实践了解不多,认识不够,研究甚少;二是残联系统对理论与实践研究认识不足，重视不够，投入不够，人才匮乏；三是一些现有的研究还停留在工作总结层面，缺少理论的积累、提炼和创新；四是残联与专业研究机构横向联系不多，研究机构和专家介入不够；五是理论与实践研究地区发展不平衡。

加强残疾人事业理论与实践研究是我国残疾人事业科学发展的迫切需要。任何一项事业都包含实践和理论两个方面，残疾人事业的发展不仅表现在残疾人工作各项业务的进展程度，也表现在理论与实践研究的发展水平。"十二五"期间，残疾人事业面临着更为艰巨的任务，进一步贯彻实施《中华人民共和国残疾人保障法》，履约联合国《残疾人权利公约》，促进残疾人事业与经济社会协调发展。残疾人事业是社会性、实践性很强的事业，没有一成不变的模式，需要继承发展，不断创新；残疾人工作是跨部门、跨领域、跨学科的社会工作，需要开阔视野，综合分析，通盘考虑。残疾人事业发展问题既是实践问题，又是理论问题，残疾人事业的实践经验需要从理论上进行分析、总结和论证，上升为系统化、理论化的思想、观点、原则；残疾人工作的方针政策、法律法规需要不断完善，这些都需要理论上的探索和指导。"十二五"是我国残疾人事业发展的关键时期，光荣的使命和责任对我们的干部队伍建设提出了新的更高的要求。加强残疾人事业理论与实践研究，是促进干部队伍提高理论素养和水平，切实贯彻残疾人事业政策法规，增强工作的主动性、自觉性和创造性等的重要途径。

2. "十二五"时期残疾人事业理论与实践研究的主要任务

"十二五"时期是残疾人事业理论与实践研究的重大发展机遇。根据残疾人事业"十二五"发展纲要的要求，要着力加强以下工作：

（1）坚持"以残疾人为本"，继续弘扬人道主义思想，保障残疾人公民权利，围绕残疾人事业发展方向的基础问题和残疾人"两个体系"建设的难点、热点和重点问题展开研究。残疾人"两个体系"建设，包括制定出台政策法规、科学规划事业布局、争取财政加大投入、规范服务标准、鼓励社会或民间力量参与等,都需要理论与实践研究的支持和保证。

同时,要加强基础性调查研究工作,汲取各国先进经验,探索更加适合中国国情的制度安排和服务模式,使残疾人事业进一步融入国家发展大局,在更大范围和更高层次惠及广大残疾人,实现制度的可持续发展,为残疾人带来更多和更长久的福祉。

(2)继续发挥高等院校、科研院所残疾人事业研究基地的学术优势和积极性,加强和推动与残疾人事业相关的社会学、法学、经济学、教育学、人口学和管理学等学科建设,主要包括学科凝炼、队伍汇聚、人才培养、科学研究基地建设等方面。高等院校和科研院所在安排科研计划和人才计划等相关建设项目时,应充分考虑残疾人事业发展需要,并给予支持和倾斜;整合各种资源,制定相关政策和具体建设措施,在师资队伍、科学研究、人才培养、国际合作与交流等方面,给予人力、物力和政策的倾斜。建立残疾人事业相关学科建设的多元投入机制,共同筹集学科建设经费。

(3)办好残疾人事业发展研究会。研究会是经国务院批准,2008年12月1日在北京成立的第一个全国性残疾人事业发展研究社团,宗旨是弘扬人道主义思想,开展残疾人事业政策理论与实践研究和学术交流,推动残疾人事业科学发展。主要业务是组织开展残疾人事业理论与实践研究、科研课题的申报与研究工作、与国内外相关组织、机构之间的学术研讨、交流与合作及有关培训、咨询服务。依照有关规定出版会刊,编印翻译学术书籍及资料。主管单位为中国残联。全国政协副主席、中国残联名誉主席邓朴方任名誉会长。理事会主要由高等院校、科研院所的专家、教授和国家有关部委的人员及残疾人专业工作者组成。秘书处设在中国残联研究室,承担日常工作,并在常务理事会和秘书长领导下开展工作。

研究会按照《社团登记管理条例》、《残疾人事业发展研究会章程》规定召开会员全国代表大会、理事会和常务理事会;遵守国家法律和相关政策,加强自身建设;按照章程开展多层次学术研究,积极推动国内外学术交流；办好会刊《残疾人研究》杂志；不断改进研究会网站；编好《工作通讯》；依照《社团登记管理条例》履行社团年检与组织机构代码证书验证等相关手续；完成设立残疾预防、残疾人社会保障、残疾人服务三个专业委员会的申报审批程序；逐步健全研究会秘书处工作机制，积极开展相关工作；

（4）加强残疾人事业理论与实践研究年度课题管理，加大投入，推动课题研究数量和质量有一个明显的提高。编写出版残疾人社会保障和服务研究、培训系列丛书，加强残疾人事业理论研究成果转化，资助残疾人事业理论研究专著出版，力争"十二五"时期在残疾人"两个体系"建设和残疾预防等领域推出一批重大研究成果。继续支持举办残疾人事业发展论坛，提高与北京大学、中国人民大学、山东大学、吉林大学和南京大学等院校共同举办的研讨会的学术水平、指导性和影响力。

（八）社会环境

中央 7 号文件明确指出："增强全社会扶残助残意识。围绕建设社会主义核心价值体系，在全社会大力弘扬人道主义思想和中华民族传统美德，倡导'平等、参与、共享'的现代文明社会残疾人观，消除对残疾人的歧视和偏见，形成人人理解、尊重、关心、帮助残疾人的良好社会风尚。"人道主义思想和现代文明社会残疾人观是残疾人事业的重要理论支撑，也是残疾人事业宣传工作的主导思想，需要在残疾人"两个体系"建设、推动残疾人事业发展的进程中大力弘扬和积极倡导，提高全社会对残疾人事业的认识，增进对残疾人群体的理解和支持，建立和谐、友爱、互助的新型人际关系，广泛唤起社会各界广泛参与、支持、推动残疾人事业健康持续发展的巨大热情。

"十二五"残疾人事业宣传工作的主要任务：进一步弘扬人道主义思想，广泛宣传"平等、参与、共享"的现代文明社会残疾人观，为残疾人社会保障体系和服务体系建设营造良好社会环境。主要政策措施如下：

1. 宣传、文化、广播影视、新闻出版等部门和单位采取有效措施，进一步支持残疾人事业。

党和政府历来高度重视、关心支持残疾人事业。各级新闻宣传和文化出版部门为推动残疾人事业的发展、改善残疾人群体状况、构建和谐社会氛围做了大量卓有成效的工作。

中央 7 号文件要求："宣传、文化、新闻、出版等部门和单位要采取有效措施，积极宣传残疾人事业，宣传残疾人自强模范和扶残助残先进事迹。"

《残疾人保障法》规定："组织和扶持盲文读物、盲人有声读物及其他残疾人读物的编写和出版,根据盲人的实际需要,在公共图书馆设立盲文读物、盲人有声读物图书室。"

"十二五"期间,将继续加大残疾人自强不息、顽强拼搏的典型人物和社会各界扶残助残先进事迹的宣传力度,鼓励社会多拍摄、出版残疾人题材的优秀影视作品和图书,并对盲文出版物予以扶持。

2. 新闻媒体要加大残疾人事业宣传力度,广泛宣传党和政府扶残助残优惠政策措施、社会各界的助残善举和残疾人的自强精神,加强网络等新媒体宣传。

残疾人事业宣传工作是保障残疾人事业可持续发展,培育良好社会舆论环境和风尚,满足广大残疾人日益增长的精神文化生活需求的基础,也是党的宣传工作和社会主义精神文明建设的重要组成部分。

残疾人事业新闻宣传报道以各级新闻媒体为主要传播途径,必须充分调动报刊、电视、广播、网络等新闻媒体的积极性,突出精品意识,善于抓住宣传契机,注重宣传内容策划,充分利用网络等新媒体,广泛深入地宣传残疾人事业,反映残疾人事业发展状况。发挥媒体的宣传、教育、监督作用,形成残疾人事业宣传工作的规模效应。

3. 省、设区市广播电台要积极创造条件开设残疾人专题节目,电视台要积极创造条件开办手语栏目。对困难地区广播电台开设残疾人专题节目、电视台开设手语栏目给予扶持。继续推进影视剧和电视节目加配字幕。

残疾人与健全人一样享有平等获取信息的权利。广大听力、视力残疾人获取信息存在极大障碍。消除残疾人信息障碍,为残疾人提供适合其残疾特点的信息服务,是政府的责任和社会的义务。

《残疾人保障法》明确规定:"通过广播、电影、电视、报刊、图书、网络等形式,及时宣传报道残疾人的工作、生活等情况,为残疾人服务。""开办电视手语节目,开办残疾人专题广播栏目,推进电视栏目、影视作品加配字幕、解说。"广播、电视节目是目前我国残疾人获取信息的主要来源。在电视台开设手语栏目,广播电台开设残疾人专题节目,是推进信息无障碍的重要途径,也是国际上众多国家的通行做法。

据 2011 年《中国残疾人事业统计公报》统计,截至 2010 年年底,全国有 26 个省级电视台和 146 个地市级电视台开设了手语新闻节目;全国省级广播电台共开设了 48 个残疾人专题节目,地市级广播电台开设了 352 个残疾人专题节目。这些节目成为我国人权保障和社会主义精神文明建设的重要宣传窗口,得到了残疾人群体和社会各界的广泛认同。

"十二五"期间,国家将扶持尚未开设手语新闻的省级及地市级电视台的开播工作。

4. 组织好全国残疾人事业好新闻作品评选和各地人民广播电台残疾人专题节目展播活动。组织好全国助残日、国际残疾人日、人道主义进校园等主题宣传活动。继续开展"手拉手红领巾助残"等活动。

为推动开展残疾人事业新闻宣传工作,提升残疾人题材的新闻作品质量,中国残联每两年举办一次全国残疾人事业好新闻评选活动和各地人民广播电台残疾人专题节目展播活动,优秀新闻作品予以表彰和奖励,获奖广播作品在中央人民广播电台《残疾人之友》栏目中播出。"十二五"期间,两个将分别在 2012 年、2014 年举行。

《残疾人保障法》规定"每年五月的第 3 个周日是全国助残日"。全国助残日活动始于 1991 年。从 1992 年起,依据当年残疾人事业的工作重点确立活动主题,2011 年全国助残日活动主题为"改善残疾人民生,保障残疾人权益"。截至 2011 年,全国共组织开展了 21 次助残日活动。经第 47 次联合国大会残疾人问题特别会议决定,从 1992 年开始,每年的 12 月 3 日为国际残疾人日。全国助残日和国际残疾人日活动是宣传人道主义和现代文明社会残疾人观的良好契机,促进各部门、企事业单位和社会各界更加了解残疾人状况和需求、更加理解支持残疾人事业,为广大残疾人提供了各种切实的服务和帮助,极大推进了扶残助残的舆论氛围和社会风尚。"十二五"期间,各级残联和部门应结合群众性精神文明创建和扶残助残活动,精心组织每年的助残日和残疾人日活动。动员社会更加关注支持残疾人事业,激励广大残疾人自尊、自信、自强、自立精神。

"人道主义进校园"和"手拉手红领巾助残"活动是对广大少年儿童进行人道主义教育的生动形式。"人道主义进校园"主要是结合中小学德育等课程,通过学习《人道主义读本》等方式,进行人道主义思想、自强与助残教育。"手拉手红领巾助残"始于1986年,全国少先队员积极响应,以学校、班级或者小组为单位组织助残小分队,建立助残联谊网,在学习和生活中开展以帮助残疾人、帮助残疾小伙伴、帮助困难残疾人子女为主要内容的助残活动。少年儿童不仅从小培育了关心他人和乐于奉献的道德品德,也接受了自强自立和顽强拼搏的人生教育。

（九）国际交流与合作

改革开放以来，我国残疾人事业领域的对外交流与合作呈现出前所未有的快速发展态势，取得了举世瞩目的成就。一是积极参与国际残疾人组织及其活动。中国残联及其地方组织和专门协会陆续加入了残疾人国际、康复国际、世界盲人联盟、世界聋人联合会和融合国际等主要国际残疾人组织，参与有关组织或其在亚太地区的分支机构开展的各项国际活动，与30多个国家的残疾人组织保持经常性的友好联系和合作关系。二是交往对象不断扩大。不仅有周边国家和地区，还有五大洲不同的广大发达国家和发展中国家。三是交往形式多种多样。既有政府残疾人事务主管部门和机构之间的交流和合作，也有与各国、各地区间残疾人组织、专业服务机构之间的广泛交往，既有双边的，也有多边的。四是对外交流和合作的水平不断提高。从开始小规模的交流与合作，发展到诸如推动联合国制定《残疾人权利公约》、倡议发动和支持"亚太残疾人十年"、与国际狮子会合作开展"视觉第一中国行动"项目等重大国际合作活动，产生了重要的国际影响。

残疾人事业领域的国际交流与合作，是中国不断加深了解世界的过程，也是"平等、参与、共享"理念以及康复、无障碍、残奥会和特奥会、残疾人职业技能竞赛等新生事物在中国落地生根，不断发展的过程，国际交流与合作为我国残疾人事业的发展提供了宝贵的观念、信息、技术和资金支持。同时，国际交流与合作也是向国际社会宣传和展示中国改革开放形象和残疾人事业辉煌成就的重要途径。2003年10月，中国残联主席邓朴方，因其为中国和世界残疾人事业及人权事业的发展所作出的杰出贡献，荣获"联合国人权奖"，中国残疾人事业赢得了国际社会的广泛关注和赞誉。

1. 主要任务和要求

"十二五"期间,对残疾人工作在改善残疾人状况、促进社会文明进步和对外展示我国人权保障和社会发展成果的重要性,应站在全球化和国际化的高度给予充分认识。从有利于促进我国残疾人事业发展和有利于配合国家外交大局出发,并考虑国际标准和要求来部署和开展残疾人事业国际交流与合作。

(1) 拓展国际交流领域,提高国际合作水平。

配合我国残疾人事业的全面发展及残疾人"两个体系"建设,逐步扩大残疾人事业对外交流和合作的广度和深度,在交流和合作规模、范围和领域方面,不断有所突破和发展,提高对外交流和合作的层次和水平,努力开创全方位对外交流和合作的新格局。既要重视与发达国家和地区的交流和合作,也要加强与广大发展中国家和地区的交流和合作,建立、完善并不断扩大我国残疾人事业国际交流与合作的网络。

(2) 积极参与国际事务,做好《残疾人权利公约》履约工作。

随着我国残疾人事业国际交流和合作的扩大和影响力的增强,国际社会对我国残疾人事业的关注和期待与日俱增。在做好国内残疾人工作的同时,要有计划、有意识地注意国内残疾人工作与国际残疾人事务的衔接,鼓励和支持有条件的地区和部门,积极参与国际交流和合作,扩大和发挥我国残疾人事业在国际上的影响和作用。2008年6月26日,十一届全国人大常委会第三次会议正式批准加入联合国《残疾人权利公约》,"十二五"期间,要继续积极推进履约工作,把它当做一项具有战略性和前瞻性的重点工作务求做实做好。

（3）**充分展示我国经济社会发展和残疾人事业的伟大成就。**

残疾人事业是我国人权保障事业的重要组成部分，产生了广泛的国际影响，为树立我国人权保障的良好形象作出了积极贡献。"十二五"期间，在残疾人事业国际交流和合作中，要充分展示我国经济社会发展和人权保障的伟大成就，加强对外宣传的针对性和实效性，有力地服务和支持国家外交大局。

（4）**掌握、研究和借鉴国际残疾人事业的新动态、新理念和新方法，丰富加深对残疾人事业的理解和认识，结合我国残疾人工作实际，拓展工作视野和思路，促进我国残疾人事业发展。**

2. 国际残疾人运动纲领性文件

1982年第37届联大通过的《关于残疾人的世界行动纲领》、1993第48届联大通过的《残疾人机会均等标准规则》和2006年第62届联大通过的《残疾人权利公约》，是联合国通过的国际残疾人运动的三大纲领性文件。这三大国际文书相互协同，互为补充，是世界各国制定残疾人法律、政策及发展规划的核心文件。《关于残疾人的世界行动纲领》和《残疾人机会均等标准规则》侧重于规划及战略性的实施、监测和评估，在监测上与《残疾人权利公约》采取了不同的方法。《残疾人权利公约》更强调人权的视角，把普遍适用的人权准则运用于残疾人领域，以一个全面的人权公约的形式体现出来，成为联合国历史上首部为保护残疾人权利而专门制定的具有法律约束力的国际公约。

《残疾人权利公约》列举了一般性原则：尊重残疾人固有的尊严和个人自由；反对基于残疾的歧视；充分和切实地参与和融入社会；尊重差异，接受残疾人是人的多样性的一部分和人类的一分子；机会均等；无障碍；男女平等；尊重残疾儿童逐步发展的能力并尊重残疾儿童保持其身份特性的权利等。《公约》明确规定的残疾人各项具体权利包括：(1) 法律上的平等和不歧视；(2) 生命、人身自由和安全；(3) 法律面前获得平等承认和法律能力；(4) 免于酷刑；(5) 免于剥削、暴力和虐待；(6) 身心完整受到尊重；(7) 迁徙自由和取得国籍；(8) 在社区内生活和独立生活的权利；(9) 表达和见解自由；(10) 尊重隐私；(11) 尊重家居和家庭；(12) 教育权；(13) 工作权；(14) 保持适足生活水平和获得社会保护的权利；(15) 参与政治和公共事务的权利；(16) 参与文化生活的权利。《公约》从尊重、保护和实现残疾人权利三方面规定了缔约国的义务，为缔约国促进社会发展、实现残疾人的权利提供了一个基本的行动框架。

中国是《残疾人权利公约》最早发起国之一。中国政府和中国残联积极参与《残疾人权利公约》起草和磋商，是参加公约特委会工作组的27个国家之一。2007年3月30日，中国政府签署《公约》，成为首批缔约国之一。2008年6月26日，全国人民代表大会常务委员会批准《公约》，同年8月31日，《公约》对中国正式生效。按照《公约》第35条规定，各缔约国承诺：在该公约对其生效后两年内，及其后至少每四年向联合国秘书长提交一份报告，说明为履行本公约规定的义务而采取的措施。2010年8月31日，中国向联合国残疾人权利委员会正式递交了首次履约报告。

作为缔约国，我国政府在国家发展框架内采取切实措施履行《公约》，践行国际义务，保障残疾人权益。国务院残疾人工作委员会包括38个部委和人民团体，是中国政府协调、制定、指导、监督残疾人工作政策、规划和实施的机构，负责实施本公约的事项，包括协调有关部门和地方政府采取行动。国务院残疾人工作委员会成员部门均承担有残疾人权益保障任务，根据职责分工制定实施本部门涉及残疾人权益保障的相关工作。全国人大常委会定期就《公约》履约工作进行执法检查。全国政协就残疾人权益保障情况进行执法视察和调研，对法律执行和政策的制定提出建议和意见。各级地方人大和政协也开展类似执法检查和视察、调研活动。

中国政府将在"十二五"期间 2014 年 8 月 31 日，向联合国第二次提交履约报告。

3. 国际涉残组织

（1）联合国涉及残疾人事务的机构

联合国是由主权国家成员组成的最重要的国际组织。联合国高度重视残疾人的平等权利，积极推动残疾人充分参与社会生活，并通过了三个国际文书以保障残疾人的权利与尊严：《关于残疾人的世界行动纲领》（1982 年）、《残疾人机会均等标准规则》（1994 年）和《残疾人权利公约》（2006 年）。

联合国秘书处是为整个联合国系统运转提供服务的常设办事机构。其中，经济和社会事务部（DESA）是秘书处内协调残疾人事务的核心业务部门，特别是其中的社会政策和发展司，承担着支持、监督和评估联合国《关于残疾人的世界行动纲领》、《残疾人机会均等标准规则》和《残疾人权利公约》的执行，发布有关残疾人事务的信息，促进政府和区域性残疾人行动等具体工作。

联合国从事或涉及残疾人事务的组织和机构有很多，除秘书处内的经济和社会事务部外，主要机构还有：联大的社会、人道主义和文化委员会（即"第三委员会"）、经社理事会下辖的社会发展委员会及其残疾人事务特别报告员和人权委员会。"第三委员会"是处理残疾人问题的一个主要机构，在联合国历史上，许多有关残疾人的重要决议、宣言和行动，都是由这个委员会率先审议并作出报告，然后以联大决议形式正式公之于世的。经社理事会下辖的社会发展委员会，是由 46 名委员组成、负责向经社理事会就社会政策提出建议的一个职能委员会，也是联合国内部处理残疾人事务的主要机构。联合国社会发展委员会于 1994 年专门设立了一个"残疾人事务特别报告员",作为负责监督《残疾人机会均等标准规则》执行的机制。报告员的主要工作是对各国进行工作访问、发放问卷表,在残疾人问题专家小组的协助下,就执行《标准规则》过程中发现的主要问题提出意见和建议。人权委员会近年来越来越关注残疾人人权保障。从1994年起,人权委员会每两年通过一项关于残疾人人权的决议。这一系列决议强调要从人权的角度来看待残疾人的问题,要求各国政府按照国际人权文书规定的标准来保护残疾人的人权,并在其履约报告中增加关残疾人人权保护的内容。

联合国在各地区还有一些分支机构,例如负责亚太地区的联合国亚洲及太平洋地区经济社会委员会(简称"亚太经社会"或ESCAP),负责促进本地区经济和社会事务。

此外,联合国系统内部还有许多职能机构和专门机构,它们在其职责范围内开展与残疾人有关或影响到残疾人的工作,比较重要的有联合国开发计划署、联合国儿童基金会、联合国教科文组织、世界卫生组织和国际劳工组织等。

中国残联一贯重视与联合国的合作,双方关系健康发展。自1998年至今,中国残联在联合国经济与社会理事会一直享有特别咨商地位。

(2)主要国际残疾人组织

康复国际(英文名称为 Rehabilitation International,简称 RI) 是一个长期致力于促进残疾人康复和福利的国际非政府组织。康复国际在美国纽约设有秘书处,在近100个国家拥有700多个会员和准会员,还有若干个国际组织会员。康复国际与联合国系统特别是联合国经济与社会理事会、联合国教育、科学和文化组织、联合国儿童基金会、世界卫生组织、国际劳工组织以及联合国各区域性机构保持密切联系,并在这些组织中具有咨商地位。康复国际是最早积极倡导残疾人康复和服务的国际组织,率先提出了目前国际通用的"无障碍"标志。对于推动发起"联合国残疾人年"、制定和实施联合国《关于残疾人的世界行动纲领》等重大国际行动发挥过重要影响。中国残联为康复国际正式会员。

残疾人国际（英文名称为 Disabled People's International，简称 DPI）是一个跨残疾类别、强调残疾人自我代表和管理并积极致力于促进残疾人平等参与和权利的国际残疾人组织，是在联合国经济与社会理事会享有咨商地位的5个主要残疾人组织之一。1981年12月在新加坡成立，总部和常设秘书处设在加拿大。中国残联于1991年加入残疾人国际并成为正式会员，从此与残疾人国际开始了长期友好的关系。

融合国际（英文名称为 Inclusion International，简称 II）是一个为智力障碍者倡导平等权利并促进其融入社会的国际非政府组织，是在联合国经济与社会理事会享有咨商地位的五个主要国际残疾人组织之一。中国残联是融合国际的正式成员。

世界盲人联盟（英文名称为 World Blind Union，简称"世盲联"，即 WBU）是一个为全世界盲人和视力障碍人士争取平等机会和权利的国际非政府组织。成立于1984年，由其前身国际盲人联合会和世界盲人福利会合并而成。世界盲人联盟是在联合国经社理事会享有咨商地位的5个主要国际残疾人组织之一。中国盲人协会的前身组织中国盲人和聋哑人协会是参与成立该组织的创始成员。

世界聋人联合会（英文名称为 World Federation of the Deaf，简称"世聋联"，即 WFD）是一个争取聋人权益的国际非政府组织，是在联合国经社理事会享有咨商地位的五个主要国际残疾人组织之一。中国聋人协会为世聋联正式会员。

国际残疾人奥林匹克委员会（英文名称为 International Paralympic Committee，简称 IPC）是残疾人体育运动的国际性代表组织。IPC 负责组织并指导、协调残疾人奥林匹克运动会和其他高水平残疾人体育比赛，主要是重要的世界和地区锦标赛。我国于2008年9月在北京成功举办北京2008年残疾人奥林匹克运动会。

国际特殊奥林匹克理事会（英文名称为 Special Olympics International,简称 SOI) 是一个国际性的弱智人体育运动的民间团体,创立于 1968 年。其主要任务是帮助和推动世界各国开展弱智人体育运动,定期举办国际性特殊奥运会。我国于 2007 年 10 月在上海成功举办上海世界夏季特殊奥林匹克运动会。

六、纲要的实施、监测和绩效评估

（一）纲要的实施

残疾人事业是中国特色社会主义事业的重要组成部分，残疾人工作是保障和改善民生的重点和难点。实施好残疾人事业"十二五"发展纲要是各级政府和全社会义不容辞的责任。

要充分发挥政府在纲要实施中的主导作用。要进一步完善党委领导、政府负责的残疾人工作领导体制，把残疾人工作纳入全面建设小康社会的进程，放在保障和改善民生各项工作的突出位置，带着深厚的感情关心残疾人，以高度的政治责任感重视残疾人工作。各地区要制定本地区残疾人事业"十二五"规划，各有关部门要制定配套实施方案，要将残疾人事业"十二五"时期发展的任务指标纳入本地区国民经济和社会发展总体规划、纳入本系统发展规划，统一部署、统筹安排、同步实施。要综合运用各种财税支持手段，积极引导社会力量投入，形成多渠道、全方位的资金投入格局，建立投入稳定增长的残疾人事业发展经费保障长效机制。

各级残联在推进纲要的实施中肩负着重要的责任。各级残联是党和政府联系残疾人的桥梁和纽带，也是残疾人工作的主要管理部门。各级政府要按照加强和创新社会管理的新要求，进一步加强残联建设，发挥好残联的作用。要落实政策支持保障、经费投入保障、干部队伍保障、工作条件保障，支持残联参与社会管理和公共服务。各级残联要牢牢把握"十二五"时期残疾人事业的新要求，进一步加强思想、组织和作风建设，协助党委、政府和有关部门做好残疾人工作，不断提高为残疾人服务的能力和水平，切实履行好"代表、服务、管理"职责，成为"残疾人之家"。广大残疾人工作者要秉持"人道、廉洁、服务、奉献"的职业道德,再接再厉、勤勉敬业,全心全意为残疾人服务,满腔热忱地做好各项工作,为"十二五"时期残疾人事业的发展再创佳绩。

残疾人事业"十二五"发展纲要第一次纳入"纲要的实施、监测和绩效评估"的内容,是党和政府更加重视、支持、关心残疾人和残疾人事业的生动体现,也是残疾人事业贯彻落实科学发展观的必然要求。做好监测和绩效评估,有利于把握各项业务的进展和各项任务指标的完成落实情况,保证纲要既定目标的实现。

(二) 评估制度

纲要的监测和绩效评估是保障纲要有效实施的必要环节。加强对纲要实施的检查监督,方式之一就是在纲要实施过程中开展纲要监测和绩效评估工作,为此必须建立完善的监测评估制度。

完善监测评估制度,重点是加快推进纲要监测评估工作的制度化。一是要加强监测评估能力建设。健全纲要监测评估机构,配备纲要监测评估人员,提高监测评估工作的质量和水平。二是要建立纲要实施情况年度评估机制。纲要主管部门要对约束性指标和预期性指标实现情况进行年度考核评估,对重点任务完成情况进行年度检查评估,针对纲要实施不力之处、薄弱环节和突出问题,纲要主管部门可以有针对性地开展重点专题评估。三是要健全纲要实施情况中期和期末评估机制。纲要实施中期阶段和期末,由国务院残疾人工作委员会组织开展全面评估,并将评估报告提交审议,以适当方式向社会公布。四是要强化评估结果运用。把评估结果迅速反馈到决策层面,根据评估报告提出的建议对纲要实施方案进行修正,对纲要实施薄弱领域进行强化,加强纲要评估工作的作用和效果。

（三）评估内容

残疾人事业"十二五"发展纲要提出了评估指标体系。该体系由社会保障、公共服务和生活水平三个部分20个指标组成。其中，社会保障包括贫困残疾人生活补助比例、重度残疾人护理补贴比例、城镇残疾人参加基本养老保险比例、城镇残疾人参加基本医疗保险比例、农村残疾人参加新农合比例、农村残疾人参加新农保比例（试点地区）、农村残疾人生活救助和扶贫开发人数等7个指标；公共服务包括重点康复工程服务人数、康复服务比例、学龄残疾儿童少年接受义务教育比例、城镇新增残疾人就业人数、农村残疾人实用技术培训人数、残疾人接受托养服务人数、社区服务比例、社区活动参与率等8个指标；生活水平包括城镇残疾人人均可支配收入、农村残疾人人均纯收入、城镇残疾人家庭恩格尔系数、农村残疾人家庭恩格尔系数、百户残疾人家庭彩色电视机拥有量等5个指标。

评估指标体系中的指标分为约束性指标和预期性指标。其中，农村残疾人生活救助和扶贫开发人数、重点康复工程服务人数、城镇新增残疾人就业人数、农村残疾人实用技术培训人数、残疾人接受托养服务人数等5个指标为约束性指标，其余均为预期性指标。所谓预期性指标是指在导向性基础上进一步强化了实现意愿的指标。政府要通过适时调整宏观调控方向和力度，综合运用财政、产业、投资等政策，引导社会资源配置，努力争取实现。所谓约束性指标是在预期性基础上进一步强化了政府意志的指标，是政府在公共服务和涉及公共利益领域对有关部门提出的工作要求。政府要通过合理配置公共资源和有效运用行政力量，确保实现。

评估指标体系中的指标又分为正指标和逆指标。其中，城镇残疾人家庭恩格尔系数和农村残疾人家庭恩格尔系数2个指标为逆指标，其余均为正指标。所谓正指标，是指实际值越大，在考核评价中所起的正面效应也越大的指标，而逆指标恰恰相反。

（四）评估方法

评估方法采用综合指数法。

1. 单指标指数计算方法

由于评价指标中既有正指标，又有逆指标，所以计算它们的指数方法有所不同。

（1）正指标指数计算公式：$z_i = \dfrac{x_i}{x_{i0}} \times 100$，其中 x_i 为评估指标值，x_{i0} 为对应的评估指标目标值。

（2）逆指标指数计算公式：$z_i = \dfrac{x_{i0}}{x_i} \times 100$，其中 x_i 为评估指标值，x_{i0} 为对应的评估指标目标值。

2. 多指标综合指数计算方法

综合指数是由单指标指数综合而成。计算公式为：$f = \sum_i w_i z_i$。其中，f 为综合指数，z_i 为评估指标指数，w_i 为对应权数。

（五）评估指标简要说明

1. 贫困残疾人生活补助比例　贫困残疾人生活补助，是指针对享受低保待遇的残疾人发放的专项经常性补贴。而贫困残疾人生活补助比例是指已领取贫困残疾人生活补助的残疾人占贫困人口的比例。其中，贫困残疾人指生活在国定扶贫标准以下的农村贫困残疾人（享受低保待遇），为当地扶贫部门认可的贫困人口中残疾人的数量。

2. 重度残疾人护理补贴比例　重度残疾人护理补贴，是指针对重度残疾人的护理需求发放的专项经常性补贴。而重度残疾人护理补贴比例是指已领取重度残疾人护理补贴的残疾人占重度残疾人口的比例。其中,重度残疾人指按照《残疾人残疾分类和分级》国家标准,残疾等级为一级与二级的残疾人。

3. 城镇残疾人参加基本养老保险比例　是指已参加基本养老保险的城镇残疾人占应享受基本养老保险城镇残疾人口的比例。

4. 城镇残疾人参加基本医疗保险比例　是指已参加基本医疗保险的城镇残疾人占应享受基本医疗保险城镇残疾人口的比例。

5. 农村残疾人参加新农合比例　是指参加新型农村合作医疗的残疾人占农村残疾人口的比例。

6. 农村残疾人参加"新农保"比例(试点地区)　是指在已开展新型农村养老保险试点(含国家级试点和省级试点)工作的地区,已参保残疾人占应参保残疾人口的比例。其中,应参保残疾人指试点地区具有农村户籍、年满16周岁(不含在校生)、未参加城镇职工基本养老保险的农村残疾人。

7. 农村残疾人生活救助和扶贫开发人数　指接受各种社会救助(包括最低生活保障、五保供养、定期补助和临时救济)的农村残疾人和通过各种扶贫方式扶持的农村贫困残疾人数。

8. 重点康复工程服务人数　是指通过实施国家重点康复工程获得康复服务的残疾人数。其中,国家重点康复工程包括贫困白内障患者复明、盲人定向行走训练、低视力残疾人康复、聋人听力语言康复、肢体残疾人矫治手术及康复训练、麻风畸残矫治手术及防护用品配置、智力残疾人康复训练与服务、精神病防治康复、残疾人辅助器具适配及彩票公益金康复项目、残疾儿童抢救性康复项目等。

9. 康复服务比例　是指已享受康复服务的残疾人数占辖区内有康复需求的残疾人数的比例。其中,康复服务包括从各类医疗卫生机构、康复机构、社区服务机构、学校、幼儿园、福利企事业单位、工疗站、残疾人活动场所等机构获得康复医疗、用品用具配用、训练指导、心理疏导、知识普及、残疾人亲友培训、简易训练器具制作和转介服务等。

10. 学龄残疾儿童少年接受义务教育比例 是指学年初适龄残疾儿童少年中在校生人数占学年初残疾儿童少年总数的比例。

11. 城镇新增残疾人就业人数 是指通过集中就业、按比例就业、个体就业等形式新安排城镇残疾人就业的人数。

12. 农村残疾人实用技术培训人数 是指通过多种培训方式接受实用技术培训的农村贫困残疾人数。

13. 残疾人接受托养服务人数 是指获得政府补贴，通过集中托养、日间照料和居家托养的形式，接受托养服务的智力、精神和重度残疾人数，包括接受中央财政"阳光家园计划"资助的残疾人数。

14. 社区服务比例 是指得到社区提供各项服务的残疾人数占辖区内全部残疾人数的比例。

15. 社区活动参与率 是指参加社区（包括农村社区）文化、体育、娱乐等活动以及参与社区建设、社区服务的残疾人数占辖区内全部残疾人数的比例。

16. 城镇残疾人人均可支配收入 是指城镇残疾人家庭人均可以用来自由支配的收入。其中，可支配收入是从居民家庭总收入中扣除了缴纳给国家的各项税费，扣除了缴纳的各项社会保险，比如医疗保险、养老保险、失业保险等余下的收入。

17. 农村残疾人人均纯收入 是指按农村残疾人家庭人口平均的纯收入，反映的是一个国家或地区农村残疾人家庭收入的平均水平。其中，纯收入是指家庭总收入中，扣除从事生产和非生产经营费用支出、缴纳税款和上交承包集体任务金额以后剩余的，可直接用于进行生产性、非生产性建设投资、生活消费和积蓄的那一部分收入。

18. 城镇残疾人家庭恩格尔系数 是指城镇残疾人家庭食物支出占生活消费总支出的比重。

19. 农村残疾人家庭恩格尔系数 是指农村残疾人家庭食物支出占生活消费总支出的比重。

20. 百户残疾人家庭彩色电视机拥有量 是指每百户残疾人家庭平均拥有彩色电视机数量。本指标反映残疾人的信息化水平。

中共中央 国务院
关于促进残疾人事业发展的意见

(中发〔2008〕7号)

关心残疾人,是社会文明进步的重要标志。残疾人事业是中国特色社会主义事业的重要组成部分。为贯彻落实党的"十七大"精神,进一步促进残疾人事业发展,现提出以下意见。

一、增强促进残疾人事业发展的责任感和使命感

(一)**认清残疾人事业发展的形势**。残疾人是一个数量众多、特性突出、特别需要帮助的社会群体。我国有8300多万残疾人,涉及2.6亿家庭人口。党和政府历来十分关心残疾人,高度重视发展残疾人事业,特别是改革开放以来,采取了一系列重大举措,推动残疾人事业不断发展壮大,残疾人参与社会生活的环境和条件明显改善,生活水平和质量不断提高,我国残疾人事业发展在国际上赢得广泛赞誉。但是,必须清醒地看到,我国残疾人事业基础还比较薄弱,残疾人社会保障政策措施还不够完善,残疾人在基本生活、医疗卫生、康复、教育、就业、社会参与等方面还存在许多困难,总体生活状况与社会平均水平存在较大差距。一些地方和部门对发展残疾人事业重视不够,一些人扶残助残意识不强,歧视残疾人、侵害残疾人权益的现象时有发生。促进残疾人事业发展,改善残疾人状况,已成为全面建设小康社会和构建社会主义和谐社会一项重要而紧迫的任务。

(二)**认识促进残疾人事业发展的重要意义**。促进残疾人事业发

展,有利于维护残疾人合法权益,促进社会公平正义,实现全体人民共享改革发展成果;有利于调动残疾人的积极性、主动性和创造性,发挥残疾人在促进改革发展稳定中的重要作用,实现经济社会又好又快发展;有利于促进我国人权事业全面发展,体现社会主义制度的优越性,树立我国良好的国际形象。各级党委和政府要从坚持立党为公、执政为民的高度,从全面建设小康社会、构建社会主义和谐社会的高度,充分认识发展残疾人事业的重要意义,进一步增强责任感和使命感,切实采取有力措施,促进残疾人事业在新的起点上加快发展。

(三) **明确促进残疾人事业发展的总体要求**。促进残疾人事业发展,必须高举中国特色社会主义伟大旗帜,以邓小平理论和"三个代表"重要思想为指导,深入贯彻落实科学发展观,紧紧围绕全面建设小康社会奋斗目标,着眼于解决残疾人最关心、最直接、最现实的利益问题,坚持政府主导、社会参与,国家扶持、市场推动,统筹兼顾、分类指导,立足基层、面向群众,完善促进残疾人事业发展的法律法规和政策措施,健全残疾人社会保障制度,加强残疾人服务体系建设,营造残疾人平等参与的社会环境,缩小残疾人生活状况与社会平均水平的差距,实现残疾人事业与经济社会协调发展,努力使残疾人同全国人民一道向着更高水平的小康社会迈进。

二、加强残疾人医疗康复和残疾预防工作

(四) **保障残疾人享有基本医疗卫生服务**。覆盖城乡居民的基本医疗卫生服务体系要为残疾人提供安全、有效、方便、价廉的服务。将残疾人纳入城镇职工基本医疗保险、城镇居民基本医疗保险和新型农村合作医疗制度,落实和完善残疾人医疗保障有关政府补贴政策。逐步将符合规定的残疾人医疗康复项目纳入城镇职工基本医疗保险、城镇居民基本医疗保险和新型农村合作医疗范围,保障残疾人的医疗康复需求。城乡医疗救助制度要将贫困残疾人作为重点救

助对象。做好残疾人参加社会医疗保险和医疗救助的衔接工作。

（五）**健全残疾人康复服务保障措施**。将残疾人康复纳入国家基本医疗卫生制度和基层医疗卫生服务内容，逐步实现残疾人人人享有康复服务。大力开展社区康复，推进康复进社区、服务到家庭。继续实施国家重点康复工程，着力解决农村及边远地区贫困残疾人康复难的突出问题。制定和完善残疾人康复救助办法，对贫困残疾人康复训练、辅助器具适配等基本康复需求给予补贴。优先开展残疾儿童抢救性治疗和康复，对贫困残疾儿童康复给予补助，研究建立残疾儿童康复救助制度。支持开展残疾人康复科学技术研究和应用，提高康复质量和水平。

（六）**建立健全残疾预防体系**。制定和实施国家残疾预防行动计划，建立综合性、社会化预防和控制网络，形成信息准确、方法科学、管理完善、监控有效的残疾预防机制。广泛开展以社区为基础、以一级预防为重点的三级预防工作。提高出生人口素质，开展心理健康教育和保健，注重精神残疾预防，做好补碘、改水等工作，强化安全生产、劳动保护和交通安全等措施，有效控制残疾的发生和发展。制定国家残疾标准，建立残疾报告制度，加强信息收集、监测和研究。普及残疾预防知识，提高公众残疾预防意识。

三、保障残疾人基本生活

（七）**做好残疾人生活救助工作**。按照重点保障和特殊扶助的要求，研究制定针对残疾人特殊困难和需求的社会保障政策措施。进一步完善城乡居民最低生活保障、农村五保供养等生活救助政策，保证符合条件的贫困残疾人能够享受城乡居民最低生活保障和有关生活救助待遇。着力解决好重度残疾、一户多残、老残一体等特殊困难家庭的基本生活保障问题，做好低收入残疾人家庭生活救助。安置和照顾好伤残军人。加快实施农村贫困残疾人家庭危房改造项目，城市廉租住房政策和农村危房改造计划优先照顾贫困残疾人家庭。

（八）**完善残疾人社会保险政策**。加强监督检查，确保城镇残疾职工按照规定参加基本养老、失业、工伤和生育保险。落实城镇贫困残疾人个体户参加基本养老保险补贴政策，鼓励并组织个体就业残疾人参加社会保险。已开展试点的地区帮助农村残疾人参加农村社会养老保险。

（九）**发展残疾人社会福利和慈善事业**。完善残疾人社会福利政策，逐步扩大残疾人社会福利范围，适当提高残疾人社会福利水平。重点做好残疾老人和残疾儿童的福利服务。各级政府要按照彩票公益金的使用宗旨，逐步加大彩票公益金支持残疾人事业的力度。鼓励社会捐赠，支持发展残疾人社会福利和慈善事业。

四、促进残疾人全面发展

（十）**发展残疾人教育**。鼓励从事特殊教育，加强师资队伍建设，提高特殊教育质量。完善残疾学生的助学政策，保障残疾学生和残疾人家庭子女免费接受义务教育。发展残疾儿童学前康复教育，加快发展高中阶段特殊教育，鼓励和支持普通高等学校开办特殊教育专业。逐步解决重度肢体残疾、重度智力残疾、失明、失聪、脑瘫、孤独症等残疾儿童少年的教育问题。采取多种措施扫除残疾青壮年文盲。积极开展残疾人职业教育培训，有条件的地方实行对残疾人就读中等职业学校给予学费减免等优惠政策。支持师范院校培养特殊教育师资。实施中西部地区特殊教育学校建设工程，落实特殊教育学校教师特殊岗位津贴政策。各级各类学校在招生、入学等方面不得歧视残疾学生。

（十一）**促进残疾人就业**。认真贯彻促进残疾人就业的法律法规和政策措施，保障残疾人平等就业的机会和权利。依法推进按比例安排残疾人就业，鼓励和扶持兴办福利企业、盲人按摩机构、工（农）疗机构、辅助性工场等残疾人集中就业单位，积极扶持残疾人自主择业、自主创业。多形式开发适合残疾人就业的公益性岗位。党政机关、事业单位及国有企业要带头安置残疾人。完善资金扶持、税费减免、贷款贴息、社会保险补贴、岗位补贴、专产专营等残疾人就业保护政策措施。同等条件下，政府优先采购残疾人集中就业单位的产品和服务。将难以实现就业的残疾人列入就业困难人员范围，提供就业援助。加强残疾人职业培训和就业服务，增强残疾人就业和创业能力。切实将国家关于农村扶贫开发政策措施和支农惠农政策落实到农村贫困残疾人家庭，制定和完善针对残疾人特点的扶贫政策措施。扶持农村残疾人从事种养业、手工业和多种经营，有序组织农村残疾人转移就业，促进残疾人增加收入。

（十二）**繁荣残疾人文化体育事业**。组织残疾人开展形式多样、健康有益的群众性文化、艺术、娱乐活动，丰富残疾人精神文化生活，激发残疾人参与社会主义先进文化建设的热情和潜能。扶持残疾人文化艺术产品生产和盲人读物出版等公益性文化事业。发展残疾人特殊艺术，培养优秀特殊艺术人才。落实全民健身计划，开展残疾人群众性体育健身活动，增强体质、康复身心。开展残疾人体育科研和体育教育。实行公共文化、体育设施对残疾人优惠开放。开展残奥、特奥、聋奥运动，举办和参加国内外重大残疾人体育赛事。办好2008年北京残奥会和2010年广州亚洲残运会。

五、改善对残疾人的服务

（十三）**健全残疾人服务体系**。针对残疾人特殊性、多样性、类别化的服务需求，建立健全以专业机构为骨干、社区为基础、家庭邻里为依托，以生活照料、医疗卫生、康复、社会保障、教育、就业、文化体育、维权为主要内容的残疾人服务体系。公共服务机构要为残疾人提供优先优惠的服务。残疾人专业服务机构要改善条件，完善功能，规范管理，扩大受益面，提高服务水平。研究制定残疾人服务领域的国家和行业标准，完善行业管理政策，加强对残疾人服务的支持引导和监督管理。

（十四）**加快无障碍建设和改造**。制定、完善并严格执行有关无障碍建设的法律法规、设计规范和行业标准。新建改建城市道路、建筑物等必须建设规范的无障碍设施，已经建成的要加快无障碍改造。小城镇、农村地区逐步推行无障碍建设。加快推进与残疾人日常生活密切相关的住宅、社区、学校、福利机构、公共服务场所和设施的无障碍建设和改造，有条件的地方要对贫困残疾人家庭住宅无障碍改造提供资助。交通运输、铁路及城市公共交通要加大无障碍建设和改造力度。公共交通工具要配置无障碍设备，完善残疾人驾驶机动车的有关规定和管理办法，公共停车区要优先设置残疾人专用停车泊位。切实加强无障碍设施设备的管理和维护。积极推进信息和交流无障碍，公共机构要提供语音、文字提示、盲文、手语等无障碍服务，影视作品和节目要加配字幕，网络、电子信息和通信产品要方便残疾人使用。

（十五）**发展残疾人服务业**。依托社区开展为重度残疾人、智力残疾人、精神残疾人、老年残疾人等提供生活照料、康复养护、技能培养、文化娱乐、体育健身等公益性、综合性服务项目，推广"阳光之家"经验。鼓励发展残疾人居家服务，有条件的地方建立残疾人居家服务补贴制度。积极培育专门面向残疾人服务的社会组织，通过民办公助、政府补贴、政府购买服务等多种方式，鼓励各类组织、企业和个人建设残疾人服务设施，发展残疾人服务业。残疾人综合服务设施及康复、医疗卫生、教育、就业服务、托养、文化体育等服务设施建设要纳入城乡公益性建设项目，给予重点扶持，并适当向中西部地区和农村地区倾斜。鼓励和支持残疾人服务领域的科技研究、引进、应用和创新，提高信息化水平，扶持残疾人辅助技术和辅助器具研发、生产和推广，促进相关产业发展。

六、优化残疾人事业发展的社会环境

（十六）**增强全社会扶残助残意识**。围绕建设社会主义核心价值体系，在全社会大力弘扬人道主义思想和中华民族传统美德，倡导"平等、参与、共享"的现代文明社会残疾人观，消除对残疾人的歧视和偏见，形成人人理解、尊重、关心、帮助残疾人的良好社会风尚。宣传、文化、新闻、出版等部门和单位要采取有效措施，积极宣传残疾人事业，宣传残疾人自强模范和扶残助残先进事迹。教育部门要结合中小学德育等课程，开展人道主义、自强与助残教育。结合群众性精神文明创建活动，广泛开展形式多样的扶残助残活动。组织好"全国助残日"、"国际残疾人日"等活动。激励广大残疾人自尊、自信、自强、自立，融入社会，参与发展，共享发展成果。

（十七）**加强残疾人事业法律法规和制度建设**。认真贯彻执行《中华人民共和国残疾人保障法》和相关法律法规，加强执法监督检查。进一步完善残疾人事业法律法规体系。制定、修订各项相关法律法规和政策规定，要充分保障残疾人的平等权益，尊重残疾人对相关立法和残疾人事务的知情权、参与权、表达权、监督权。加强法制宣传教育，增强全社会依法维护残疾人权益的法制观念，提高残疾人依法维权的意识和能力。建立残疾人法律救助体系，做好残疾人法律服务、法律援助、司法救助工作。加大对侵害残疾人合法权益案件的查处力度。

（十八）**推进残疾人事业国际交流合作**。拓展国际交流领域，提高国际合作水平，积极参与国际残疾人事务，做好《残疾人权利公约》的批约和履约工作，充分展示我国社会发展和残疾人人权保障成就，借鉴国外残疾人事业的有益经验和做法，增进相互了解和友谊，促进我国残疾人事业发展。

七、加强对残疾人工作的领导

（十九）**健全残疾人工作领导体制**。各级党委和政府要高度重视残疾人事业，把残疾人工作列入重要议事日程，进一步完善党委领导、政府负责的残疾人工作领导体制。党委和政府要分别明确一位领导同志联系和分管残疾人工作，定期听取汇报，认真研究部署。各级政府残疾人工作委员会要强化职责，及时研究解决重大问题，统筹协调有关促进残疾人事业发展的方针、政策、法规、规划的制定和实施，监督检查落实情况。中央和国家机关各有关部门、单位要将残疾人工作纳入职责范围和目标管理，密切配合协作，切实提高为残疾人提供社会保障和公共服务的水平。农村基层组织要抓好残疾人工作的落实。各地要把残疾人事业纳入当地国民经济和社会发展总体规划、相关专项规划和年度计划。残疾人事业经费要列入各级财政预算，并随着国民经济发展和财政收入增长逐步增加，建立稳定的残疾人事业经费保障机制。

（二十）**发挥残疾人组织作用**。各级残疾人联合会（以下简称"残联"）是党和政府联系广大残疾人的桥梁和纽带。要支持残联依照法律法规和章程开展工作，参与残疾人事业社会管理和公共服务。政府对残联承办的社会事务和专业服务项目要给予相应的政策支持。充分发挥残疾人组织和残疾人代表在国家经济、政治、文化、社会生活中的民主参与、民主管理和民主监督作用，拓宽残疾人组织民主参与渠道。各级残联要切实履行职能，代表残疾人共同利益，维护残疾人的合法权益，努力为残疾人服务，发展和管理残疾人事业。要加强各级残联的建设，健全基层残疾人组织，解决好人员待遇问题，为残疾人工作提供有力的组织保障。中国残联要加强对全国残疾人工作的指导。

（二十一）**动员社会各界共同参与**。工会、共青团、妇联等人民团体和老龄协会等社会组织要发挥各自优势，支持残疾人工作，维护残疾职工、残疾青年、残疾妇女、残疾儿童和残疾老人的合法权益。红十字会、慈善协会、残疾人福利基金会等慈善团体要积极为残疾人事业筹集善款，开展爱心捐助活动。企事业单位要增强社会责任感，为残疾人事业发展贡献力量。

（二十二）**加强残疾人工作干部队伍建设**。抓好残疾人专职、专业和志愿者队伍建设。选好配强各级残联领导班子，将残联干部队伍建设纳入干部队伍和人才队伍建设整体规划，加大培养、使用和交流力度，从政治上、工作上、生活上关心爱护，造就一支恪守"人道、廉洁、服务、奉献"职业道德的高素质残疾人工作干部队伍。做好残疾人干部的选拔、培养和使用工作。加强残疾人状况调查、监测、统计，重视残疾人事业政策理论研究，推进相关学科建设，加快培养高素质残疾人事业专业技术人才。培育基层残疾人工作者队伍，提高为残疾人服务的能力。广泛动员社会力量，发展壮大助残志愿者队伍。

二〇〇八年三月二十八日

关于加快推进残疾人社会保障体系和服务体系建设的指导意见

中国残联　教育部　民政部　人力资源社会保障部
卫生部　中央宣传部　发展改革委　科技部
司法部　财政部　住房城乡建设部　交通运输部
工业和信息化部　文化部　人民银行　扶贫办

《中共中央国务院关于促进残疾人事业发展的意见》（中发〔2008〕7号）明确要求，健全残疾人社会保障制度，加强残疾人服务体系建设，缩小残疾人生活状况与社会平均水平的差距，实现残疾人事业与经济社会协调发展。为进一步贯彻落实党中央、国务院的要求，加快推进残疾人社会保障体系和服务体系（以下简称"两个体系"）建设，现提出以下指导意见。

一、重要意义、指导原则和目标任务

（一）**重要意义**。我国有8300多万残疾人，直接影响2.6亿家庭人口。改革开放以来，残疾人社会保障与服务状况得到了明显改善，但还存在着体系不完备、覆盖面较窄、城乡区域差别较大、投入不足、服务设施和专业人才队伍匮乏等问题，难以有效解决残疾人最关心、最直接、最现实的特殊困难和基本需求。残疾人是一个数量众多、特性突出、特别困难的社会群体，是社会保障和公共服务的重点人群。推进残疾人"两个体系"建设是中发〔2008〕7号文件的核心内容，是深入学习实践科学发展观、维护社会公平正义、

附录：关于加快推进残疾人社会保障体系和服务体系建设的指导意见

保障和改善民生、促进经济社会协调发展的必然要求，是帮助残疾人改善基本生活条件、促进残疾人全面发展、实现残疾人共享改革发展成果的根本举措。当前，国家正在加快推进覆盖城乡居民的社会保障体系建设和基本公共服务均等化，各地区、各有关部门要充分认识残疾人"两个体系"建设的重要意义，切实增强责任感和紧迫感，把残疾人"两个体系"建设作为全面建设小康社会和构建社会主义和谐社会的一项重要而紧迫的任务，纳入经济和社会发展全局，加大投入，加快推进，务求实效。

（二）**指导原则**。坚持以人为本，促进残疾人全面发展；坚持残疾人"两个体系"建设与经济社会发展水平相适应，保基本、广覆盖、多层次、可持续；坚持将残疾人"两个体系"纳入国家总体社会保障和公共服务体系，并予以优先发展；坚持政府主导与社会参与相结合，重点保障与特殊扶助相结合，一般性制度安排与专项制度安排相结合；坚持统筹兼顾，把解决当前突出问题与完善制度体系相结合；坚持资源共享，充分依靠现有公共服务体系和保障制度为残疾人服务；坚持分类指导，促进城乡区域均衡发展；加强残疾人社会保障和服务政策理论研究，建立健全法律法规和基本制度，构建残疾人"两个体系"建设的长效机制。

（三）**任务目标**。到2015年，建立起残疾人"两个体系"基本框架，使残疾人基本生活、医疗、康复、教育、就业等基本需求得到制度性保障，残疾人生活状况进一步改善。到2020年，残疾人"两个体系"更加完备，保障水平和服务能力大幅度提高，残疾人都能得到基本公共服务，实现残疾人人人享有基本生活保障，人人享有基本医疗保障和康复服务，残疾儿童少年全面普及义务教育，残疾人文化教育水平明显提高，就业更加充分，参与社会更加广泛，普遍达到小康水平。

二、健全残疾人社会保障制度，提高残疾人社会保障水平

完善残疾人社会保障体系，将残疾人纳入覆盖城乡居民的社会保障体系并予以重点保障和特殊扶助，研究制定针对残疾人特殊困难和需求的社会保障政策措施，扩大残疾人社会保障覆盖面，提高残疾人社会保障待遇。

（一）**加强残疾人社会救助**。符合城乡低保条件的残疾人应保尽保，靠父母或兄弟姐妹供养的成年重度残疾人单独立户的，按规定纳入低保范围；对享受最低生活保障待遇后生活仍有特别困难的残疾人家庭，应当采取其他措施保障其基本生活；对一户多残、老残一体等特殊困难家庭和低收入残疾人家庭，实行临时救助；对城乡流浪乞讨生活无着的残疾人，给予及时救助和妥善安置；将符合条件的城乡贫困残疾人纳入医疗救助范围，逐步提高救助标准；对贫困残疾人实施康复救助。

将住房困难的低收入残疾人家庭纳入城市住房保障和城乡住房救助制度。城市保障性住房、农村危房改造计划等优先安排符合条件的困难残疾人家庭。对符合城市廉租住房保障条件的残疾人家庭做到应保尽保，并优先安排实物配租廉租住房。将农村贫困残疾人家庭优先纳入住房补助范围，整合资源加快实施农村贫困残疾人家庭危房改造项目。

全面实施残疾学生免费义务教育，普通高校全日制本专科在校生中残疾人家庭子女及家庭经济困难的残疾学生和中等职业学校一、二年级在校生中残疾学生要全部享受国家助学金；在特殊教育学校职业高中班就读的残疾学生也应享受国家助学金；逐步实行残疾人免费接受中等职业教育。

（二）**落实残疾人社会保险补贴和各项待遇**。对符合条件的贫困残疾人参加社会保险按规定给予政府补贴。鼓励城镇残疾职工按规

定参加基本养老、医疗、工伤、失业、生育保险。按规定落实残疾人相关社会保险补贴和城镇贫困残疾人个体户缴纳基本养老保险费补贴政策，落实贫困残疾人参加城镇居民基本医疗保险、新型农村合作医疗以及农村重度残疾人参加新型农村社会养老保险个人缴费部分的政府补贴。对各类企业招用符合条件的残疾就业困难人员，按规定给予基本养老保险、基本医疗保险和失业保险补贴；支持符合条件的企业为残疾职工办理补充养老保险和补充医疗保险。逐步将符合规定的残疾人康复医疗项目纳入基本医疗保险支付范围，稳步提高待遇水平；逐步增加工伤保险职业康复项目。

（三）**着力提高残疾人社会福利水平**。逐步提高对低收入残疾人生活救助水平；有条件的地方对重度残疾人适配基本型辅助器具、残疾人家居环境无障碍建设和改造、日间照料、护理、居家服务给予政府补贴。将所有符合条件的残疾人纳入供养范围，改善供养条件，提高供养水平。实施养育、康复、教育、就业、住房相配套的孤残儿童综合性福利政策；支持对0~6岁残疾儿童免费实施抢救性康复。改善精神病人福利机构基础设施条件。落实残疾人个人所得税减免政策。对无民事行为能力或者限制民事行为能力的残疾人实行财产信托等保护措施。做好伤病残军人等的优抚安置工作。

三、加强残疾人服务体系建设，提高为残疾人服务的能力和水平

加强残疾人服务体系规划和制度建设，有效整合各方资源，统筹发展残疾人康复、教育、就业、扶贫、托养、无障碍、文化体育、维权等专项服务，不断扩大残疾人服务覆盖面。制定、完善残疾人服务机构建设、服务、技术和绩效考核标准，完善行业管理制度和评价机制，推进残疾人服务体系的规范化和专业化，全面提高为残疾人服务的能力和水平。

（一）**完善社会化康复服务网络，逐步实现残疾人人人享有康复**

服务。以专业康复机构为骨干、社区为基础、家庭为依托,发挥医疗机构、城市社区卫生服务中心、村卫生室、特教机构、残疾人集中就业单位、残疾人福利机构等的作用,形成社会化的残疾人康复服务体系,全面开展康复医疗、功能训练、辅助器具适配、心理辅导、康复转介、残疾预防、知识普及和咨询等康复服务。

加强省、市、县三级专业康复机构的建设,省、市级专业康复机构要建设成为当地残疾人康复工作的示范窗口、技术资源中心和人才培养基地,县级康复机构要开展残疾人需要的康复服务和社区康复指导。未建立专业康复机构的县的残疾人综合服务机构要充实康复服务功能,提高服务能力,发挥对城乡社区康复的辐射带动作用。大力开展社区康复,城市社区卫生服务中心、乡镇卫生院要根据康复服务需求设立康复室,开展康复训练、家庭病床、转诊随访、亲属培训和健康教育等服务。有条件的二级以上综合医院设立康复医学科室,开展康复治疗与训练、人员培训、技术指导、临床研究等工作。制定完善聋儿语训、脑瘫、智力残疾、孤独症儿童康复训练、辅助器具适配等方面的专业康复机构建设标准和康复技术标准,推进康复机构规范化建设,提高康复服务的针对性和有效性。

(二)完善残疾人教育服务体系,不断提高残疾人受教育水平。贯彻落实《残疾人教育条例》,完善以特殊教育学校为骨干、随班就读和特教班为主体的残疾儿童少年义务教育体系;将随班就读工作纳入教师绩效工资考核内容,建立完善残疾儿童少年随班就读支持保障体系。以社区教育、送教上门等多种形式对重度肢体残疾、重度智力残疾、孤独症、脑瘫和多重残疾儿童少年等实施义务教育;有条件的地方可以举办专门招收重度残疾儿童少年的康复教育学校。依托各类残疾儿童康复机构、福利机构和学前教育机构开展学前残疾儿童早期干预、早期教育和康复,做好残疾儿童接受义务教育的转移衔接服务。依托各类教育培训、文化服务和残疾人集中就业机构,大力扫除残疾人青壮年文盲。

加快发展以职业教育为主的高级中等以上教育。有条件的设区的市和特殊教育学校举办残疾人高中阶段教育。加强残疾人中等职业学校和高等特殊教育学院（专业）建设，拓宽专业设置，扩大招生规模，提高办学质量。推动特殊教育学校和职业学校联合办学，促进职业教育培训实训基地等资源共享。鼓励各级各类特殊教育学校（院）、职业学校及其他教育培训机构开展多层次残疾人职业教育培训，建立残疾人职业培训补贴与培训质量、一次性就业率相衔接的机制。

合理配置特殊教育资源，加强特殊教育研究，加强特殊教育师资力量培训，加快特殊教育信息化建设，推进特殊教育课程改革和创新，不断提高特殊教育的质量和水平。加强特殊教育学校规划和建设，改善办学条件。充分发挥特殊教育学校在残疾儿童少年随班就读、社区教育、家长培训、选派巡回教师等工作中的作用。

（三）**建立健全残疾人就业服务网络，促进残疾人稳定就业**。贯彻《残疾人就业条例》，落实残疾人按比例就业、安置残疾人单位税收优惠、残疾人个体就业扶持、政府优先采购集中使用残疾人的用人单位的产品或服务等残疾人就业促进和保护政策，完善残疾人就业保障金征收使用管理等政策。政府开发的公益性岗位要按规定安置符合条件的残疾人；用人单位招用残疾人职工，应当依法与其签订劳动合同或服务协议，提供适合其身体状况的劳动条件和劳动保护，在晋职、晋级、评定职称、报酬、社会保险、生活福利等方面不得歧视残疾人。妥善解决残疾人劳动争议，依法维护残疾人劳动就业权利，切实保障残疾人享有平等就业机会。

残疾人就业服务机构是公共就业服务机构的重要组成部分。加强省、市、县三级残疾人就业服务机构的建设，将其纳入公共就业服务体系统筹管理，在人力资源社会保障部门指导和委托下，综合管理残疾人劳动就业工作，为用人单位提供就业信息发布等支持性服务，为残疾人提供职业指导、职业介绍、职业适应评估、就业和失业登记等就业服务；开展盲人按摩管理指导和服务工作；引导、支持智力、精神和重度肢体残疾人辅助性就业。加强残疾人职业技能鉴定工作。开展统一服务对象、统一业务流程、统一机构标识、统一人员标准和统一服务准则的残疾人就业服务机构规范化建设。公共就业服务机构设立残疾人服务窗口和服务项目,免费为残疾人提供就业服务和就业援助。人力资源市场信息网络将残疾人就业信息纳入其中,实现资源共享。

（四）**加强农村残疾人扶贫服务,促进残疾人脱贫**。政府有关部门要将农村贫困残疾人作为扶贫开发重点对象予以扶持,农村金融机构要向残疾人提供方便可及的金融服务,农民专业合作社、农业农村各种社会化服务组织等要加强对残疾人的帮扶。充分发挥县乡两级残疾人服务社的作用,依托政府有关部门、农村金融机构和农民专业合作社、农业农村各种社会化服务组织等,扶持农村残疾人从事种植业、养殖业、手工业、家庭副业等多种形式的生产劳动,提供产前、产中、产后配套服务,帮助农村残疾人获得扶贫贴息贷款,保障农村残疾人充分享受各项惠农政策和社会保障政策,推动残疾人扶贫开发政策与各项社会保障政策的有效衔接。

（五）**健全残疾人托养服务体系,大力发展居家助残服务**。建立健全以省级或省会城市托养服务机构为示范、设区的市和有条件的县托养服务机构为骨干、乡镇（街道）和社区日间照料服务为主体、居家安养服务为基础的残疾人托养服务体系,为精神、智力残疾人和其他各类重度残疾人提供生活照料、职业康复、辅助性就业和工疗、农疗、文化体育、心理疏导、娱乐等服务。省级托养服务机构负责全省托养工作的服务示范、业务指导和培训；设区的市和县级托养服务机构为残疾人提供基本和急需的托养服务,对日间照料和居家安养服务进行指导。乡镇（街道）、社区依托社区服务设施、福利机构开展日间照料等服务,以多种形式支持残疾人居家安养。实施好"阳光家园计划"。

（六）**加快推进无障碍建设,方便残疾人生活**。加强无障碍设施建设和管理,提高无障碍设施建设质量。住房城乡建设部门修订完善无障碍相关标准、规范,加快推进城市道路、公共建筑、居住建筑、居住区、公园绿地无障碍设施建设和改造。教育、民政、铁道、交通运输、残联等部门制定完善特殊教育学校、福利机构、残疾人综合服务设施、铁路旅客车站、码头、城市交通设施、民用机场旅客航站区等行业无障碍标准并监督实施。公共交通逐步完善无障碍设备。

推进信息和交流无障碍建设,提高全社会无障碍意识。有关部门要将信息交流无障碍纳入信息化建设规划,制定信息无障碍技术标准,推进互联网和手机、电脑等信息无障碍实用技术和产品研发。政府政务信息公开要采取信息无障碍措施,公共服务机构要提供语音、文字提示、盲文、手语等无障碍服务。图书和声像资源数字化建设要实现信息无障碍。

(七)**发展残疾人文化体育服务,丰富残疾人精神文化生活**。鼓励残疾人广泛参与基层文化体育活动,特殊教育学校、残疾人专门协会、社区残疾人组织要积极开展残疾人群众性文化体育活动,文化信息资源共享、流动舞台车、全民健身等政府重点文化体育工程要有为残疾人服务的内容。加强各级残疾人文化艺术组织和团体建设,鼓励残疾人参与文化艺术创作。

图书馆、博物馆、体育场馆、群众艺术馆、文化馆和乡镇综合文化站、社区文化中心(街道文化站)等公共文化体育设施免费向残疾人开放,并为残疾人参加文化体育活动提供便利;有条件的公共图书馆设立盲文和盲人有声读物阅览室。加强盲文出版和文化资讯建设,加大对盲文、盲人有声读物、残疾人题材的图书、音像制品出版等的扶持力度。各地电台、电视台积极创造条件,开设残疾人专题节目和手语节目,影视作品和节目要加配字幕。

(八)**健全残疾人法律服务体系,维护残疾人合法权益**。建立以各级司法行政部门、法律援助机构提供的法律服务和法律援助为主导,以有关部门、残联、社会力量等提供的法律救助为补充的残疾人法律救助体系。建立各级残疾人法律救助工作协调机制,充分发挥县级以上残联残疾人法律救助工作站的作用,鼓励和扶持民间组织、高等院校等通过多种形式为残疾人提供法律救助服务。进一步完善残疾人信访工作机制，畅通信访渠道，健全信访事项督查督办与突发群体性事件应急处置机制。将《中华人民共和国残疾人保障法》等法律法规纳入国家普法规划，不断增强全社会维护残疾人权益的意识。

建设残疾人口基础信息管理系统和残疾人社会保障与服务信息管理平台，实现其与社会保障和公共服务管理信息平台数据交换和资源共享。加强残疾人社会保障和服务的统计工作，开展残疾人基本状况动态监测和调查。新建、扩建、改建一批骨干服务设施，使残疾人服务设施布局合理、条件改善、服务能力增强。

四、建立完善残疾人社会保障体系和服务体系建设的体制机制

（一）**加强组织领导**。地方各级政府要把残疾人"两个体系"建设纳入本地国民经济和社会发展总体规划、相关专项规划和年度计划，各有关部门和单位要将残疾人"两个体系"建设列入职责范围和目标管理，各级政府残疾人工作委员会要加强统筹协调和监督检查，城乡基层组织要发挥在残疾人"两个体系"建设中的基础性作用，将残疾人社会保障和服务列入社区建设规划，抓好各项政策措施的落实，确保取得实效。西部地区要突出重点，优先解决残疾人的基本生活、就学、就医等迫切需求；中部地区要加快发展，缩小残疾人社会保障和服务与社会平均水平的差距；东部地区要全面建设，努力实现保障和服务的能力、水平与残疾人的需求相适应，率先实现残疾人社会保障和服务的制度化、专业化和标准化。要按照城乡一体化要求，完善农村残疾人保障制度和服务设施，加快推进城乡残疾人社会保障一体化和服务均等化。

（二）**完善政策法规**。建立稳定的经费保障机制，残疾人社会保障和公共服务等经费通过各级财政预算安排、社会捐助及个人与单

位负担等多渠道筹集,其中财政投入随着国民经济发展和财政收入增长逐步增加;加大彩票公益金对残疾人"两个体系"建设的支持力度。将残疾人康复、教育、就业、托养、文化体育、综合服务等专业服务设施建设纳入城乡公益性建设项目,在立项、规划和建设用地等方面优先安排,加大投入,重点扶持,并向中西部地区和农村地区倾斜。鼓励各类民间组织、企业、个人和社会资本参与发展残疾人服务业,在资金、场地、人才等方面予以扶持。大力发展残疾人慈善事业。

加快残疾人康复、教育、就业、托养、文化体育、社会工作等专门人才培养,将其纳入国家教育和人才培养计划,鼓励高等学校开设相关课程。按照国家有关规定落实对为残疾人服务的工作人员的工资待遇倾斜政策。通过国家科技支撑计划、自然科学基金、哲学社会科学基金等渠道,支持、鼓励高等院校、科研院所、企事业单位研究开发、推广应用为残疾人服务的辅助技术和产品。制定政策鼓励扶持辅助器具等相关产业发展。

研究制定无障碍建设条例、残疾预防和残疾人康复条例和残疾人社会福利、特殊劳动权益及就业保护规定,制定国家残疾人分类分级标准及配套措施,修订《残疾人教育条例》。

(三)**加强宣传引导**。调动各种宣传资源,运用各种宣传方式,大力宣传党中央、国务院对促进残疾人事业的高度重视,宣传加快推进残疾人"两个体系"建设的重要意义、政策措施、先进典型和新经验、新成效,营造良好的舆论氛围。大力弘扬人道主义思想和中华民族传统美德,开展形式多样的扶残助残活动,建立稳定的志愿者队伍,培育良好的社会风尚。

(四)**发挥残疾人组织作用**。各级残联受政府委托,承办和管理残疾人康复、就业、职业教育、托养等服务项目,做好残疾评估、鉴定和制发第二代残疾人证工作,掌握残疾人社会保障和服务的基本情况和基础数据,积极向政府反映残疾人的特殊困难和需求,协助政府做好有关政策法规、规划的制定和行业管理工作。发挥残疾人专门协会的代表、服务、维权职能。乡镇（街道）、社区（村）残疾人组织和残疾人协会专职委员要深入开展调查摸底工作，建立残疾人需求与保障档案，做好残疾人需求分析和转介服务，促进各项社会保障和服务措施的落实。

重要名词术语索引

本索引所收辅导部分中与残疾人、残疾人工作和残疾人事业相关的重要名词术语，均有较详细解释，残疾人事业"十二五"发展纲要及领导讲话部分不予收录。

《关于促进残疾人事业发展的意见》
　　56、291
《关于加快推进残疾人社会保障体系和服务体系的指导意见》
　　57、300
《中华人民共和国残疾人保障法》　57
《残疾人权利公约》
　　57、206、278－281
《残疾人就业条例》　58、138、139
第二次全国残疾人抽样调查　59
北京残奥会　60
上海世界特奥会　60
广州亚残运会　60
上海世博会生命阳光馆　61
全国残疾人职业技能竞赛　61
"自尊、自信、自强、自立"
　　73、238、239
城镇居民养老保险　91
城镇居民基本医疗保险　91
城镇残疾人基本医疗保险　63
新型农村合作医疗　63
新型农村社会养老保险　63、90

《农村残疾人扶贫开发计划
　　（2001－2010年）》　64
残疾人综合服务设施　64、254
文化进社区　65、167
中国盲文图书馆　65
中国视障文化资讯服务中心　65、169
中国残疾人艺术团　65、170
无障碍城市　65
信息无障碍　65、192—194
手语新闻栏目　65、274
中国残联第五次全国代表大会　65
全国残疾人状况监测　66、265
残疾人小康实现程度　67
残疾人歧视　67
国家基本公共服务体系规划　68
三十二字方针　69
中央党校加强与创新社会管理
　　专题研讨班　70
残疾人社会保障体系　71、81
残疾人服务体系　71
进残疾人"两个体系"建设　71、74
以残疾人为本　72

311

残疾人事业"十二五"发展纲要
　　指导原则　72
残疾人工作领导体制　75
社会化工作方式　75
残疾人事业"十二五"发展纲要
　　总目标　77
残疾人事业"十二五"发展纲要
　　主要工作目标　78
残疾人事业"十二五"发展纲要
　　执行评估指标体系　78、287
残疾人社会救助　83
残疾人康复医疗需求　86、99、
残疾人社会保险　87
残疾人社会福利　93
残疾人财产信托　94
《伤病残军人退役安置规定》　95
残疾人慈善事业　95
残疾人"人人享有康复服务"　98
残疾人康复法规政策体系　100
残疾人康复服务体系　100
残疾人康复机构　101
康复医学　103
残疾人社区康复　107
辅助器具服务　109
辅助器具服务体系　110
千万残疾人康复工程　114
0－6岁残疾儿童抢救性康复　115
《国家中长期教育改革和发展规划
　　纲要（2010－2020年）》　117
残疾儿童学前教育　119
阳光助学计划　120
《残疾人中等职业教育学校设置

标准》　123
《残疾人教育条例》　126
《特殊教育学校建设标准》　128
《中西部地区特殊教育学校建设
　　规划》　128
特教津贴　129
两免一补　130
残疾人事业专项彩票公益金助学
　　项目　131、132
通向明天——交通银行残疾青少年助
学计划　131、132
《中国手语》　134
《手语翻译员国家职业资格标准》
　　134
现行盲文　134
双拼盲文　134、135
国家手语和盲文研究中心　136
残疾人就业服务体系　139
《关于促进残疾人就业税收
　　优惠政策》　139
《残疾人就业保障金暂行管理
　　规定的通知》　140
百万残疾人就业工程　141
残疾人职业培训　142
《盲人按摩医疗管理办法》　142
残疾人职业技能鉴定辅助标准　143
《残疾人就业服务机构建设规范》
　　143
《中国农村扶贫开发纲要
　　（2001－2010年）》　146
《农村残疾人扶贫开发计划
　　（2001－2010年）》　147

《农村残疾人扶贫开发规划
　　（2011－2020年）》　147
康复扶贫贴息贷款　148
农村残疾人实用技术培训　150
阳光安居工程　151
农村残疾人扶贫服务社　152
农村残疾人扶贫社会化帮扶　152
阳光助残扶贫基地建设工程　153
阳光之家　155
温馨家园　155
阳光家园计划　156、158、161
残疾人托养服务体系　158
《残疾人康复和托养设施建设
　　规划》　159
居家托养服务　160
农家书屋　166
全国文化信息资源共享工程　166
残疾人文化周　167
盲文和盲人有声读物阅览室
　　168、274
中国盲文出版社　169
残疾人特殊艺术　169
全国残疾人文化艺术博览会　170
中国残疾人作家联谊会　170
中国残疾人美术家联谊会　170
中国残疾人书法家联谊会　170
《关于进一步加强残疾人体育
　　发展的意见》　171
《关于切实加强新时期残疾人
　　群众体育工作的意见》　171
更快、更高、更强　172
残疾人群众体育　173

公共体育设施免费向残疾人开放　175
《全民健身计划（2011－2015年）》
　　175、177、179
社会体育指导员　175
残疾人自强健身工程　177
全民健身助残工程　178
残疾人群众体育活动示范点　178
残疾人体育健身指导员　179
《中国残疾人事业中长期人才发展规划
　　纲要（2011－2020年）》　179
残疾人竞技体育　180
《全国残疾人体育竞赛管理办法》
　　180
无障碍环境　183
《无障碍环境建设条例》
　　183、185、207
创建全国无障碍建设城市　183
《中国残疾人信息无障碍关键技术
　　支撑体系及示范应用》项目
　　184、246
无障碍建设标准体系　186
贫困残疾人家庭无障碍改造工程　190
残疾人综合服务设施无障碍
　　改造工程　192
残疾人法律救助　195
《关于加强残疾人法律救助
　　工作的意见》　195
残疾人法律救助工作站　195
残疾人参政议政　197
残疾人信访　198
残疾预防　201
《中国提高出生人口素质、

313

减少出生缺陷和残疾行动计划
  (2002-2010年)》 202
《关于进一步加强精神卫生工作的
  指导意见》 202
《全国防盲治盲规划
  (2006-2010年)》 202
首届国际听力障碍预防
  与康复大会 202
《北京宣言》 202
《全国听力障碍预防与康复规划
  (2007-2015年)》 202
《残疾人十年工作的全球行动纲领》
  204
残疾和康复行动计划 205
中国残疾预防对策研究 207、214
《残疾人残疾分类和分级》 207
《残疾预防和残疾人康复条例》 207
国家残疾预防行动计划 208、211
人口出生缺陷干预工程 210
重点残疾预防工程 212
"三个活跃"目标 215、216
"代表、服务、管理" 215、216
"横向到边,纵向到底" 216
《关于进一步加强和规范基层残疾人
  组织建设的意见》 216、224
《关于进一步加强基层残疾人组织
  建设的意见》 217
《关于加强社区残疾人工作的意见》
  218
《社区残疾人工作"十五"
  实施方案》 218
《中国残疾人事业中长期

人才发展规划纲要
  (2011-2020年)》 219
助残志愿者 219
《关于加强志愿助残工作的意见》
  220
手拉手红领巾助残 220、276
青年志愿者助残 220
文化助残 220
科技助残 220、246
法律助残 220
残疾人专门协会 221
"代表、服务、维权" 221、227
第二代残疾人证 223
"人道、廉洁、服务、奉献"
  228、230、239
《全国残联系统干部教育培训规划
  (2011-2015年)》 230、232
残疾人代表大会制度 231
残疾人人才库 231
康复人才培养工程 232
听力语言康复人才培养工程 233
就业服务人才队伍培养工程 233
信息化建设人才工程 234
残疾人特殊艺术人才培养工程 234
残疾人体育人才培养工程 234
残疾人人才投资优先保障政策 235
残疾人人才合理流动政策 235
残疾人人才激励保障政策 235
"志愿助残阳光行动" 236、237
《关于加强志愿助残工作的意见》
  236
"自强与助残"表彰活动 238、239

残疾人立法 240
残疾人权益保障 242
残疾人普法宣传 244
《科技助残行动计划
　　（2006－2015 年）》 246
残疾人人口综合数据管理系统 251
残疾人人口综合数据库 251
中国残疾人服务网 252
残疾人专业康复和托养机构 256
残疾人专业康复设施 256
残疾人专业托养设施 256
《残疾人康复和托养设施建设
　　指导意见》 258
残疾人统计 260
人道主义 268
《人道主义的呼唤》 269
现代文明社会残疾人观 269
残疾人事业发展研究中心 269
残疾人事业发展论坛 269
残疾人事业发展研究会 271
《残疾人研究》 272
全国残疾人事业好新闻作品评选
　　275
各地人民广播电台残疾人专题
　　节目展播 275
"人道主义进校园" 276
《关于残疾人的世界行动纲领》
　　279、281
《残疾人机会均等标准规则》
　　279、281
联合国秘书处经济和社会事务部
　　281

社会、人道主义和文化委员会
　　281
残疾人事务特别报告员 281
康复国际 282
残疾人国际 283
融合国际 283
世界盲人联盟 283
世界聋人联合会 283
国际残疾人奥林匹克委员会 283
国际特殊奥林匹克理事会 283
单指标指数计算方法 288
多指标综合指数计算方法 288
贫困残疾人生活补助比例 288
重度残疾人护理补贴比例 288
城镇残疾人参加基本养老
　　保险比例 289
城镇残疾人参加基本医疗
　　保险比例 289
农村残疾人参加新农合比例 289
农村残疾人参加"新农保"比例 289
农村残疾人生活救助和扶贫
　　开发人数 289
重点康复工程服务人数 289
康复服务比例 289
学龄残疾儿童少年接受义务
　　教育比例 290
城镇新增残疾人就业人数 290
农村残疾人实用技术培训人数 290
残疾人接受托养服务人数 290
社区服务比例 290
社区活动参与率 290
城镇残疾人人均可支配收入 290

农村残疾人人均纯收入 290
城镇残疾人家庭恩格尔系数 66、290
农村残疾人家庭恩格尔系数 66、290

百户残疾人家庭彩色电视机拥有量 290

图书在版编目（CIP）数据

中国残疾人事业十二五发展纲要辅导读本／中国残疾人联合会编．—北京：华夏出版社，2011.5
ISBN 978－7－5080－6492－5

Ⅰ.①中… Ⅱ.①中… Ⅲ.①残疾人－社会福利事业－五年计划－中国－2011－2015 Ⅳ.D669.69

中国版本图书馆CIP数据核字（2011）第087557号

华夏出版社出版发行
（北京东直门外香河园北里4号 邮编：100028）
新 华 书 店 经 销
北京世界知识印刷厂印刷
三河市杨庄双欣装订厂装订

*

880×1230 1/32开本 10.25印张 250千字
2011年5月北京第1版 2011年5月北京第1次印刷
定价：20.00元

本版图书凡印刷装订错误可及时与我社发行部联系调换